칼빈과 낙스

홍치모 · 권태경 편저

도서출판 새한

John Calvin & John Knox

edited by

Chi Mo Hong
Tae Kyoung Kwon

2009
SaeHan Publishing Co.
Seoul, Korea

삼가 이 책을

겔프대학 명예교수이신

Standford W. Reid 박사님에게

드립니다.

머리말

이 책에 수록된 10편의 글은 지난 10여 년동안 주로 캐나다의 칼빈주의 역사가로서 칼빈의 종교개혁과 스코틀랜드의 종교개혁사를 연구한 스탠포드 리이드(Standford Reid) 교수의 논문들을 번역한 것들이다.

그 중에서 1장과 2장은 본인의 저서 「宗敎改革史」(성광문화사)에서 발췌하여 그것을 다시 한글로 고쳤다. 제 3장은 리이드 교수가 오래 전 팸플릿으로 간행한 것을 이번에 번역하여 수록하였다.

제 4장의 〈칼빈과 자본주의〉는 1984년 성광문화사에서 작은 책자로 간행했던 것으로 이 분야에 관심을 가지고 연구하려는 분들을 위해서 길잡이가 될 것이라고 생각한다. 이 글은 역시 리이드 교수가 오래 전에 영국에서 간행된 복음주의 학생연맹에서 발행하는 신학잡지에 게재했던 것으로서 원 제목은 〈요한 칼빈은 자본주의의 창시자인가〉로 되어 있다.

제 5장은 리이드 교수와 제 6장은 미국 웨스트민스터 신학교 늣슨(Robert D. Kundsen)이 각각 쓴 글로써 리이드 교수가 편집한 John

Calvin : His influence in the western world(Zondervan, 1982)에 실려 있는 것을 발췌하여 번역한 것이며 오래전에 〈神學指南〉에 게재했던 것들이다.

제 7장 〈칼빈과 낙스〉는 필자가 쓴 것으로서 역시 〈神學指南〉에게 재했던 글이다.

제 8장 〈John Knox의 정부론〉은 리이드 교수가 *The Sixteenth Centery Journal* 제 19권 제 4호(1988년 겨울)에 게재했던 글 〈John Knox Theology of Political Government〉을 번역하여 역시 〈神學指南〉에 게재했던 것을 수록하였다.

제 9장 〈칼빈과 루터의 역사이해〉는 총신대학 대학부 교수들의 논문집 〈기독교와 문화〉(총신대학 출판부, 1979)에 실렸던 글이다.

끝으로 제 10장 〈기독교 역사가와 그의 역사신학〉은 리이드 교수가 고 박윤선(故 朴允善) 목사님의 성역 50주년을 기념하여 엮은 〈경건과 학문〉(영음사, 1987)에 기고한 것을 필자가 번역한 것이다. 물론 필자에게 보내 온 것을 번역하여 기념 논총에 실렸다는 것을 밝혀둔다.

그러므로 10장 중에서 5장은 리이드 교수의 글을 번역한 것이다. 돌이켜 보건대 지난 11년간 소용돌이 속에서나마 근근이 리이드 교수의 글을 번역할 수 있었다는 것을 하나님께 감사드린다.

지금도 잊을 수 없는 것은 1980년, 필자는 리이드 교수를 한국에 초청하여 총신대학에서 특별강연을 하려고 했으나 불행하게도 계엄령이 선포되어 학교는 임시 휴교를 하게 되었음으로 부득이 김창인 목사님의 배려로 충무로에 있던 충현교회당에서 2~3일간 저녁마다 집회를 가질 수 있었다. 김창인 목사님에게 다시금 감사의 뜻을 표해 마지 않는다. 그리고 당시 필자가 리이드 교수의 체재비를 부담하기로 되어 있었으나 본인의 사부(師父)이신 박윤선(朴允善) 교수님께서 전적으로

그분의 체재비용을 부담해 주셨다. 리이드 교수는 박윤선 교수님과 웨
스트민스터 신학교에서 같이 수학하였으므로 동창생이었다. 지금도
리이드 교수는 카나다 궬프대학교의 명예교수로서 80이 가까운 고령
이지만 연구를 계속하고 있다. 리이드 교수의 건강과 장수를 이 자리
를 빌어 기원해 마지 않는다.

　끝으로 본인의 보잘 것 없는 글을 전적으로 출판해주시는 성광문화
사 이승하 장로님에게 다시금 심심한 감사를 드린다. 이 원고를 정리
하느라 수고한 이용학 전도사에게 아울러 감사를 드린다.

주후 1991년 10월 31일
사당동에서 편자 적음

개정판을 내면서

금년 7월 10일이면 칼빈 탄생 5백주년을 맞이하게 된다. 그러므로 칼빈 탄생 5백주년을 기념하는 뜻으로 편자는 1991년 성광문화사에서 출판한 〈칼빈과 녹스〉를 재판하여 간행하기로 하였다.

초판에는 스탠포드 리이드 교수에게 바치는 헌사를 썼지만 리이드 교수는 작고하셨음으로 헌사는 삭제하기로 하였다.

이 개정판은 초판의 내용을 대부분 그대로 수록하였고 일부 내용만 첨가하였다. 특히 8장에는 미국 칼빈대학 칼빈연구소(Henry Meeter Research Center) 소장으로 있는 Karin Maag 여사가 쓴 논문을 삽입하였고 제 9장과 10장은 삭제하고 대신 총신대학교 역사교육과 교수 권태경 교수의 논문 두 편을 게재하였다. 그러므로 이 책은 보완 개정판이라고 할 수 있다. 이 보완 개정판을 간행함에 있어서 성광문화사 사장 이승하 장로님이 쾌히 허락하여 주신데 대하여 진심으로 감사하여 마지 않는다.

이 책이 출판되는데 도움을 준 제자 교수들과 총신대학교 역사교육과 동문 졸업생들, 그리고 이 책의 출판을 맡아 주신 도서출판 새한 민병문 장로님께 감사를 드린다.

2009년 6월
편자 홍치모 씀

Contents

제 1 장

칼빈과 인문주의

머리말

종교개혁과 문예부흥의 역사적 연관성에 대한 문제는 과거에도 그러했듯이 현재에 있어서도 역사가들의 연구 과제가 되어 있는 것은 변함없는 사실이다. 최근 구미의 많은 역사가들은 두 운동을 여러 각도에서 연구함으로써 역사적으로 양 운동의 공통점과 차이점을 규명하려고 시도하고 있다. 그리고 한걸음 더 나아가서 어떤 역사가들은 종교개혁운동을 Renaissance Humanism 운동의 범위 안에서 파악하려는 인상마저 주고 있다.[1]

---

1) Calvin과 Humanism 사상과의 관계를 논한 최근의 연구 성과를 소개하면 다음과 같다.

R. W Battenhause, "The Doctrine of Man in Calvin and in Renaissance Platonism," *Journal of the History of Ideas*(1948), vol. 9, 00. 447~471.

C. Trinkaus, "The Problem of the Free will in the Renaissance and the Reformation," *Journal of the History of Ideas*(1949), vol. 10, pp. 51~62.

Hiram Haydn "The Counter Renaissance"(New York, 1950).

C. Trinkaus, "Renaissance Problem in Calvin's Theology", *Studies in the Renaissance*(1954) vol. I, pp. 59~80.

비록 역사가들이 종교개혁운동을 Humanism 운동의 범주 속에서
규명해보려고 양 운동의 동질성을 추구하는데 어느 정도 성과를 거두
었다고 할 수 있을지는 모르나 양 운동이 내포하고 있는 역사적 성격
과 상호 간의 연관성을 빈틈없이 밝혔다고 할 수는 없다. 이런 전제하
에 칼빈과 Humanism과의 관계를 규명한 연구는 그다지 많지 않다. 칼
빈이 인문주의자로서 출발하여 회심한 후 신학자가 되고 나서 인문주
의 사상을 그대로 지니고 있었는가를 고려해 볼 때 우리들의 이해에
혼란을 야기시키는 점이 나타난다. 즉 칼빈은 그의 사상의 결정체라고
할 수 있는 「기독교 강요」에서 인문주의적 교양의 필요성과 희랍 및 로

Johan Huizing, "Erasmus an the Age of Reformation"(New York, 1957) 최초는 화
란어로 1924년에 간행되었음.
Karl Holl, "The Cultual Significance of the Reformation"(New York, 1959) 이 저
서는 Karl Holl 교수가 1911년에 집필한 것으로써 1948년에 수정판을 토대로 영역
한 것임.
André Biéler, "L' humanism social de Calvin"(Geneva, 1961).
Wilhelm Pauck, "The Heritage of the Reformation"(New York, 1961).
H. A. E. Van Gelder, "The Two Reformations of the 16th Century"(The Hague, 1961).
A. G. Dickens, "Reformation and Society in Sixteenth-Century Europe"(New York, 1966).
Quirinus Breen, "Humanism and the Reformation,"
Jerald C. Braner, "The Impact of the Church Upon its Culture"(Chicago, 1968), pp. 145~171.
Leuis W. Spitz., "Humanism un the Reformation", in Anthony Molho and John A. Tedeschi, eds., Renaissance Studies in Honor of Hans Baron(Dekald, Ⅲ, 1971), pp. 641~662.
Henry Heller, "The Evangelicalism of Lefévre d'. Etaples : 1525," Studies in the Renaissance vol. 19(1972), pp. 42~77.
Basil Hall, "John Calvin : Humanist and Theologian", rev. ed.(London, 1967)
Q. Breen, "John Calvin : A Study in French Humanism"(Grand Rapids, Mich : Eerdmans, 1931).
J. T. McNeill, "The History and Character of Calvinism"(New York, 1967)

마시대의 고전연구의 중요성을 역설했던 것이다. 우리는 이 사실을 어떻게 이해함으로서 칼빈과 Humanism과의 관계를 정당하게 파악할 수 있을 것인가를 규명하면 될 것이다. 그러므로 필자는 가능한 한 현재까지 사가들이 연구한 것을 기초로 하여 Renaissance Humanism의 역사적 성격을 간략하게 요약한 후 칼빈이 그의 전 생애를 통해서 Humanism 사상에 대하여 시종일관 어떠한 태도를 가지고 있었는가를 고찰하고 또한 칼빈이 받은 인문주의 교육의 역사적 배경과 아울러 그의 고전 연구의 태도가 어떠했었는가를 밝혀 보고자 한다.

1

Renaissance Humanism의 역사적 성격과 본질이 무엇인가에 대해서 당대의 인문주의자들을 비롯해서 오늘에 이르기까지 많은 학자들의 연구와 그들 상호간에 거듭된 논의를 통해서 큰 성과를 거두었다고 할 수 있겠으나 누구를 막론하고 보편적으로 받아들일만한 개념상의 정의를 내린 학자는 아직 나타나지 않고 있다. 더구나 르네상스 시대에 활약한 인문주의자들을 사상적인 측면에서 정확하게 분류하여 구체적으로 체계화시킨 사람은 전무하다.

이와 같이 Renaissance Humanism에 대한 정의를 내리는 작업이 힘든 까닭은 이 운동이 내포하고 있는 역사적 다양성과 복잡성 때문이다. 이 문제와 밀접한 연관성이 있는 기독교 인문주의(Christian Humanism)의 경우도 마찬가지로 그 성격과 본질을 파악하는 것은 결코 쉬운 일이 아니다. 우리들이 기독교 인문주의에 대해서 최선의 노력을 기울여 정의를 내린다고 하더라고 16세기의 기독교 인문주의자들은 그들 스스로가 어떤 본질적인 문제에 직면했을 때 저마다 상이한 견해를 표시했을뿐만 아니라 그들 중에서 로마교회에 끝까지 남아 있던 사람들이 있는가 하면 반면에 프로테스탄트로 개종한 인문주의자들도 적지 않았다. 이들은 양진영에서 각기 활동하면서 그들 나름대로 인생관과 세계관을 형성했으며 또한 이들이 연구하고 활동한 분야도 넓고 다채로웠다. 즉 그들은 철학자, 시인, 수사학자, 고전어 연구가 및 문학가 그리고 신학자들로 구성되어 있었다.[2]

이와 같이 복잡한 내용과 성격을 내포하고 있는 Humanism에 대해서 Breen 교수는 다음과 같이 두 종류로 구분하고 있다. 첫째는 특수적 인문주의(Particular Humanism)요, 둘째는 일반적 인문주의(General Humanism)이다. 전자는 주로 고전적 문학과 수사학을 연구했던 인문주의자들이었고 후자는 철학과 기타 분야의 학문을 연구하던 인문주의자들이었다. 그런데 기독교 인문주의자들은 어느 분야를 막론하고 학문의 전 영역에서 연구 종사하고 있었으므로 그들 스스로의 사상과 행동은 다양하고도 풍부했다.[3]

우리는 여기서 특수적 인문주의와 일반적 인문주의의 역사적 성격을 비교함으로써 어느 쪽이 보다 더 기독교 인문주의에 접근하고 있었는가, 혹은 반대로 기독교 인문주의가 어느 편에서 보다 많은 관심과 호의를 가지고 있었는가를 고찰할 필요가 있다. 그러므로 특수적 인문주의의 개념부터 알아보기로 하자. 우선 Paul O. Kristeller 교수의 해

---

2) Robert D. Linder, "Calvinism and Humanism : The first Generation" *Church History*(1975, June), p. 168.

3) Quirinus Breen, "Humanism and the Reformation," *op. cit.,* p. 147.
   Charles Trinkhaus, "A Humanist's Image of Humanism, The Inaugural Orations of Bartolomeo della Fonte (1446~1513)," *Studies in the Renaissance,* Vol. 7(1960), pp. 90~125

석을 인용하여 소개할 것 같으면 다음과 같다.

르네상스 전성기에 사용된 "Humanitas"라는 말은 실제에 있어서
보다 오랜 말에서 나왔다. 이 말의 어원은 "humanities" 또는
"Studia humanitatis"에서 유래되었다. 이 용어는 확실히 Cicero
나 Gellius와 같은 고대 로마시대의 작가들이 자유 또는 문학교육
이라는 일반적 의미로 사용하였다. 그런데 이 말은 14세기 후기에
이르러 이태리 인문주의자들에 의하여 다시 사용되었던 것이다. 그
리하여 15세기 초엽에서 중세에 이르는 기간에 인문학 연구
(Studia humani-tatis)는 학문적 훈련을 통해서 명백하게 그 의미
를 나타냈다. 특히 문법, 수사학, 역사학, 시학 그리고 도덕 철학연
구에 있어서도 그와 같은 방법을 적용시켰다. 이와 같은 개별적인
학문연구에 있어서도 그와 같은 방법이 적용되었다. 이와 같은 개
별적인 학문연구는 고대의 희랍과 로마의 작가들의 작품을 읽는
법과 해석하는 법을 포함시키고 있었다. 비록 연구의 범위가 제한
되어 있기는 했지만 르네상스 인문주의는 어떤 철학적 경향이나
체계가 아니라 인간의 중요한 사실을 강조하고 발전시켰던 문화적
또는 교육적 프로그램이었다.[4]

이와 같은 학문연구의 경향과 내용을 기독교 인문주의자들의 학문
연구의 내용과 비교해 볼 때 양자 간에 표면적 유사성이 있음을 발견
하게 된다. 기독교 인문주의자들의 학문연구의 목적은 기독교 고전을
연구함으로써 그리스도의 교훈과 사업을 배우고 실천하여 "지금 여기
서(hic et nunc)" 재현시키는 데 있었다. 따라서 고전어와 고전연구는

---

4) Paul O. Kristeller, *Renaissance thought*(New York, 1961) pp. 9~10

어떤 목적을 실현하기 위한 수단이지 목적 그 자체는 아니었다. Erasmus와 John Colet은 이것을 실행한 가장 전형적인 기독교 인문주의자였다.

다음은 일반적 인문주의의 역사적 성격에 관해서 언급하기로 하자. 대다수의 역사가들은 일반적으로 Renaissance Humanist들은 고전에 대해서 문학적, 철학적, 수사학적으로 연구에 몰두하고 있었던 것보다는 훨씬 넓은 범위에서 Renaissance Humanism의 본질과 그 성격을 규명하려고 시도하고 있다.

그러므로 그들은 말하기를 일반적 인문주의는 인간 스스로의 여러 능력과 행동에 보다 깊은 관심을 표시하는데 그 특징을 찾아볼 수 있다고 한다. 그것은 곧 인간의 존엄성을 예찬하는 것으로 나타난다. 그리하여 인간의 존엄성을 추구하는데 르네상스시대의 인문주의자들은 총동원하여 시, 연극, 회화, 조각, 그리고 철학연구를 통해서 인간의 존엄성을 표현하는데 그들의 천재적 소질을 유감없이 발휘했다고 볼 수 있다.[5]

그러면 칼빈(Calvin)은 이와 같은 르네상스 인문주의 사상의 이대 조류 가운데서 어느 쪽을 배경으로 삼고 자신의 교양과 사상을 형성시켰는가를 고찰하기로 하자.

5) Eugenio Garin, "Italian Humanism"(Oxford, 1965), pp. 1~17.
L. W. Spitz, "The Religious Renaissance of the German Humanists"(Cambridge Mass, 1963), pp. 239~240.
Ferguson, "Renaissance in Historical Thought"(New York, 1950), pp. 1~46
Quirinus Breen, "Humanism and the Reformation," op. cit., pp. 145~147.
R. D. Linder, op. cit., P. 169.

2

칼빈이 인문주의자로서 학문을 연구하고 교양을 쌓기 시작한 것은
법률학을 공부하기 위해서 오르레앙에 입학한 후였다. 칼빈이 오를레
앙대학에 입학했을 때 이미 Erasmus는 라틴어를, Reuchlin은 히브리
어를, 그리고 Aleander와 Wolmar가 희랍어를 각각 가르치고 있었다.
이들 가운데서 Erasmus와 Reuchlin은 훗날 Christian Humanist로서
명성을 떨쳤거니와 그들 이외에도 당시 프랑스의 최고 법률학자 레트
와르(Pierre de L'Etoile)가 그의 명성을 떨치고 있었다. 칼빈은 그 밑에
서 법학을 공부했다. 그러나 칼빈에게 가장 결정적인 영향을 준 사람
은 Wolmar 교수였다. 훗날 칼빈의 전기를 쓴 Theodor Beza는 이 사실
을 다음과 같이 기술하고 있다.

> 나는 그의 이름을 부르는 것이 즐겁다. Wolmar는 나의……소년
> 시대에 이르기까지 가르쳐주신 ……유일한 선생이다. 그의 재능,
> 학식, 덕이 너무나 높고 위대하기 때문에 평가할 수 없다. 칼빈은
> 그의 기도와 도움으로 희랍어를 배웠다. 훗날 그는 Wolmar 선생
> 으로부터 받은 은혜를 생각하여 고린도 전서의 주해서를 Wolmar
> 선생에게 증정함으로써 선생에 대한 감사의 뜻을 표시했다.[6]

칼빈은 오르레앙(Orléans)대학에서 얻은 학업성적이 우수하여 그 대
학을 졸업할 때 교수회에서 무시험으로 법학박사의 학위를 수여하려
고 하였으나 칼빈 자신이 그것을 사양할 정도였다. 칼빈이 오르레앙대

---

6) Theodor Beza, "The Life of John Calvin" tr. by H. Beveridge, (Edinburgh, 1884) p.
   23.

학을 떠날 무렵 베리(Berry)지방의 왕비 마그리트(Marguerite de Navarre)는 많은 인문주의자들을 자기 주변에 끌어들이고 있었다. 이들의 활동의 중심지는 브르제대학(University of Bourges)이었다. 1529년 브르제대학은 오르레앙대학에 있는 볼마아르(Wolmar)를 초청하였고 또한 유럽에서 가장 명망이 높았던 법학자 앙드레 알세(Andre Alciat)를 이태리로부터 초빙하였다.

이와 같이 브르제대학이 새 학문(New-Learning)의 중심을 이루고 있을 때 칼빈은 이 대학에 적을 두었다.[7] 브르제대학에서 법학을 수업한 칼빈은 다시 파리에 돌아와서 히브리어와 고전을 연구했다. 칼빈이 공부한 경력은 Erasmus가 공부한 것보다 월등하고 화려했다.

칼빈이 인문주의 교육을 받았다는 사실도 중요하지만 그가 프랑스의 인문주의자들과 넓게 교제하여 인생과 학문의 시야를 넓힘으로서 훗날 「기독교 강요」를 집필할 때 루터에게서는 찾아볼 수 없는 풍부한 고전에 관한 지식을 인용할 수 있었다.[8]는 것을 잊어서는 안된다. 칼빈이 인문주의자로서 두각을 나타내기 시작한 것은 1532년 「세네카의 관용론」(*Commentary on the De Clementia of Seneca*)을 집필한 후였다. Wendel 교수는 칼빈이 쓴 글에 대해서 다음과 같이 그 의의를 높이 평가하고 있다. 즉 "칼빈은 Seneca의 주석에서 이태리 인문주의자 Valla를 비롯하여 Erasmus와 Budé가 수행했던 것과 같은 방법으로 아름다운 문장을 구사하여 자신의 박학한 지식을 유감없이 표현했다는

---

7) J. Mackinnon, "Calvin and the Reformation"(Londonm 1936), p. 14.
8) Quirinus Breen, John Calvin, *op, cit.,* pp. 10-66.
   칼빈이 가장 가깝게 교제했던 인문주의자들의 이름은 다음과 같다.
   Cordier, Wolmar, Andera Alciari, Pierre Danes, Francois Vatable, Claude Hangest, Pierre Robert (Olivétan), Nicholas Cop, Gerard Rousel, Francois Daniel, Nicholas Duchemin, Francois de Connan.

사실에 유의할만한 가치가 있다…."[9]고 Wendel 교수는 칼빈의 세네카 론을 마치 Erasmus의 「*Paraphrases*(격언집)」이나 Guillaume와 Budé 의 「*Annotation*」과 비교할만한 수준에 도달한 작품으로 평가받을 수 있다고 보고 있다. 그의 처녀작이 잘 되고 못되고는 고사하고라도 칼 빈은 같은 시대의 인문주의자들이 그러했던 것과 같이 고전에 관한 지 식을 섭취함으로써 자신의 탁월한 천부적 재능을 유감없이 발휘하였 던 것이다.[10]

이미 언급한 바와 같이 칼빈의 젊은 날의 인문주의적 교양과 지식의 습득은 훗날 그의 위대한 신학적 저술에 반영되어 타인의 추종을 불가 능하게 했던 것이다. 그것은 칼빈의 신학논고와 신구약 성경주석이 그 것을 입증해 주고 있다.[11]

칼빈이 회심하기 전 인문주의자로서 또 한 가지 공헌을 남긴 것이 있다면 그것은 그의 문학형식이라고 할 수 있다. 즉 칼빈의 불어산문 (French Prose)은 오랫동안 문인들의 예찬의 대상이 되어 왔다. 그의 산문 실력은 라틴어 문장을 자유자재로 구사하는 것과 대등한 것이었 다. 칼빈의 산문의 특징은 단순하고 간결한 구어체 문장이었다. 이것 은 특히 당대의 기독교 인문주의자들이 그러했듯이 아마도 대중을 의 식하고 그들에게 사상적 내용을 전도하기 위해서 고안된 문체라고 말 하고 있다. 또한 칼빈의 라틴어 문장과 불어의 산문은 동사에 그의 수 사학적(Rhetoric) 방법의 표현의 일부였다.

---

9) F. Wendel, "Origins and Devleopment of His Religious Thought," trans, Philip Mairet (New York, 1963), p. 27.
10) *Ibid.,* pp. 36~37.
   Quirinus Breen, John Calvin : A study in Franch Humanism, *op. cit.,* pp. 67~85.
11) J. T. McNeill, *op. cit.,* pp. 201~235.
   John Calvin, Commentaries, 45 vols (Grand Rapids, 1948).

그의 한결같은 염원은 대중들이 책을 읽고 쉽게 이해할 수 있는 글을 쓰는데 있었다. 칼빈이 회심하고 나서 쓴 「기독교 강요」도 말하자면 그와 같은 의도에서 창작한 수사학적 노력의 산물이었다고 Breen 교수는 말하고 있다.[12]

Breen 교수가 이와 같이 주장하는 까닭은 칼빈이 회심하고 난 후에도 여전히 고전에 대한 존경심과 아울러 인문주의에 대해서 호의적 태도를 가지고 있었기 때문이다. 그러나 칼빈은 Renaissance Humanism 사상 그 자체에 대해서 결코 긍정한 일은 없었는데, 그 이유는 그리스도교의 본질과 Humanism 사상이 근본적으로 이질적인 바탕 위에 서 있기 때문이었다. 그러면 칼빈은 회심한 후 어떤 의미에서 고전연구의 필요성을 역설했을까? 이제 그의 신학연구에 있어서 철학과 고전연구의 가치를 어떻게 인정했는가를 고찰하기로 하자.

3

칼빈의 철학 및 고전연구의 태도가 어떠했었는가를 알아보기 전에 우선 당시 유행하던 철학, 즉 신플라톤주의(Neo-platonism) 철학과 어떤 관계가 있었는가를 살펴보기로 하자. 이미 언급한 바와 같이 칼빈은 「Seneca의 관용론」을 출판함으로서 고대 로마의 스토아 철학 (Stoic philosophy)에 대한 관심을 표명한 바 있었고 프로테스탄트로 개종한 후 신학자로서 칼빈이 「기독교 강요」를 집필할 때도 계속 고대 철학자들의 문헌을 자주 인용하였다. 이 사실을 중요시한 나머지

---

12) Quirinus Breen, "John Calvin and the Rhetorical tradition" *Church History*. vol. 26, (1957), pp. 3~31.

Battenhouse씨는 「The Doctrine of Man in Calvin and in Renaissance Platonism」이라는 논문에서 칼빈이 플라톤의 철학의 영향을 받았다고 주장하였고 Trinkhaus 교수도 같은 입장을 취하고 있다.[13] Battenhouse 씨가 주장하고 있는 이유는 Marguerite 왕비가 설립한 왕립연구소(Lecteurs Royaux)에서 수학자요 신 플라톤주의자인 Oronce Fine(1495~1555)이 1530년 말에 공개강의를 했을 때 칼빈이 그의 강의를 청강했다는 것이다.[14]

또한 그는 주장하기를 칼빈이 자기의 사상을 표현할 때 구사한 언어(술어)와 표현형식에 있어서 신플라톤주의자들의 도움을 받았다고 한다.[15] 그러므로 칼빈의 사고가 이성으로부터 계시로 옮겨간 원인을 검토할 때 칼빈이 궁극적으로 도달한 신학사상만을 내세울 것이 아니라 그의 사상의 저변에 깔려 있는 기초적 의식을 예리하게 분석함으로써만이 칼빈의 사상을 정당하게 평가할 수 있다는 것이다.[16]

Battenhouse씨가 주장하고 있는 것과 같이 칼빈이 왕립연구소에서 신 플라톤주의자들의 저서들을 읽으면서 그들과 자유로운 대화를 가졌다는 사실은 인정할 수 있다. 또한 이 무렵에 본래부터 가지고 있던 교회에 대한 존경심(reverentia ecclesiae)이 흔들리면서 로마교회의 교리를 마음 속에서 비판도 했을 것이라고 상상할 수 있다.

그러나 유의해야 할 것은 칼빈 스스로가 신 플라톤 철학의 제창자인

13) Roy W. Battenhouse, *op. cit.,* pp. 447~417
  C. Trinkhaus, "Renaissance Problem in Calvin's Theology", *op. cit.,* p. 59.
14) Quirinus Breen, "Humanism and the Reformation", *op. cit.,* p. 153.
15) *Ibid,* p. 155.
  칼빈이 「기독교 강요」에서 신 플라톤적 술어(Neoplatonic idiom)를 사용하고 있는데 이와 같은 술어를 어디서 발견하여 인용하였는가를 조사하는데 있다.
16) Robert Linder, *op. cit.,* p. 173.
  Quirinus Breen, "Humanism and the Reformation", *op. cit.,* p. 155.

Pico della Mirandola의 철학에 대해서 구체적으로 언급한 사실이 없
다는 것이다. 한편 Battenhouse씨는 칼빈이 프로테스탄트로 개종하는
데 도움을 받은 것이 있다면 피코(Pico)가 쓴 「인간의 존엄성」을 읽고
개체로서의 인간의 독립성을 자각한데 있었다고 하지만 철학적 자각
은 그리스도교에서 주장하는 회개와는 전적으로 다른 것이다.

또한 Quirinus Breen 교수와 Josef Bohatec 그리고 Paul
T.Fuhrmann같은 학자들은 칼빈의 Neo-platonism 사상보다는 스토아
철학(stoic Philosophy)의 영향을 강하게 받은 것을 지적하고 있다.[17]
그러나 이들의 주장에 대해서도 선뜻 동의할 수 없다. 칼빈은 금욕주
의자도 아니었고 몽상가나 도덕가도 아니었다. 만약 칼빈의 사상 속에
그와 같은 비성경적이고 이질적인 요소가 포함되어 있다고 할 것 같으
면 칼빈의 성경 중심적 사상 속에 이질적인 것이 가미되어 있다는 이
론이 성립되기 때문이다.

칼빈에게 사상적으로 큰 영향을 준 것처럼 왕립연구소를 드나들던
인문주의자들을 과대평가하는 것은 신중을 기해야 할 것이다. 물론 그
들은 프랑스의 문예부흥 초기에 활약했던 진보적인 무리들이었다. 그
러나 칼빈은 그들의 사상에 깊숙이 동화되었다고 하기보다는 그들로
부터 고전연구의 방법을 배울 수 있었다고 보는 것이 타당할 것이다.

그러면 칼빈이 「기독교 강요」에서 신 플라톤주의자들과 스토아철학
자들이 사용하던 숙어를 자주 인용하고 있다는 사실을 어떻게 설명하
면 좋을까? 이것은 결코 큰 문제가 되지 않는다. 초대 교회시대로부터
오늘에 이르기까지 많은 기독교 신학자들은 복음의 진리를 손상시키
지 않는 한 그들이 살고 있던 시대의 사람들이 일반적으로 사용하던

---

17) Robert Linder, *Ibid*, p. 173.

학술적 용어를 그대로 사용한 예가 많았다. 그러므로 칼빈이 신 플라톤주의 철학자들이 사용했던 용어를 그대로 썼다는 것은 그가 그들의 철학사상에 본질적으로 동화되어서가 아니라 단지 복음의 진리를 동시대의 지식인들에게 쉽게 이해시키기 위한 목적에서 그와 같은 용어를 사용했다고 보아야 할 것이다.[18]

다음은 칼빈이 고전 일반에 대해서 어떠한 견해를 가지고 있었는가를 알아보기로 하자. 칼빈은 「기독교 강요」에서 성경과 일반 고전과의 관계를 다음과 같이 기술하고 있다.

> 데모스테네스나 키케로를 읽으라, 플라톤이나 아리스토텔레스뿐만 아니라 다른 사람들이 쓴 작품도 읽으라. 그들은 놀라울 정도로 그대들을 매혹시키며 즐겁게 할 것이며 또한 감동을 주어 그대들의 마음을 사로잡을 것을 나는 인정한다. 그러나 그대는 성경을 읽는 데 무엇보다도 열중해야 할 것이다. 그러면 그대 스스로가 고전을 사랑하고 즐긴다고 하더라도 하나님의 말씀은 매우 깊게 그대에게 영향을 줄 것이며 그 말씀이 그대의 가슴 속에 스며들어 그대의 매우 좁다란 식견을 시정함으로써 하나님의 말씀으로부터 받는 깊은 감명은 고전이 주는 즐거움과 비교가 되지 않을 것이다. 즉 고대의 웅변가들과 철학자들이 가지고 있는 것과 같은 정력은 하나님의 말씀 앞에서 거의 무용지물(無用之物)이 되고 말 것이다. 결과적으로 성경은 인간의 노력으로 얻어진 모든 천부적인 것과 아름다운 것들보다 훨씬 뛰어나서 어떤 신적인 것과 호흡하고 있다는 사실

---

18) J. T. McNeill *op. cit.*, pp. 107~118.
McNeill 교수는 말하기를 Florence의 신 플라톤주의자들은 칼빈으로 하여금 로마 교회의 신앙에서 프로테스탄트적 신앙을 소유하는데 필요한 자유로운 사고의 계기를 마련해 주었다는 한에서 Neo-platonism의 영향을 인정할 수 있다고 하였다.

을 쉽게 알 수 있을 것이다.[19]

칼빈은 고전이 인간의 정신생활에 가져다주는 기쁨과 즐거움은 인정하면서도 하나님의 말씀인 성경은 그 이상의 것을 인간에게 준다는 것을 말하고 있다. 물론 성경과 고전문학은 그 궁극적 가치에 있어서 비교가 되지 않는다. 칼빈은 하나님의 말씀으로서의 성경의 독자적 권위를 주장한 사람이다. 그럼에도 불구하고 그는 고전의 가치와 일반적 지식의 효능에 대해서 무시하지 않았다. 진리의 유일한 창건자인 하나님은 인간의 종교적 신분 여하를 막론하고 모든 사람에게 지혜와 지식의 능력을 동일하게 선물로 주셨다고 하였다. 이와 같이 인간의 지혜와 지식이 풍부하게 담겨져 있는 고전을 가리켜 신이 주신 탁월한 선물(excellent gifts)이라고 찬양했다.

그러므로 모든 사람들은 일반적 진리가 어디서 발견되든지 결코 멸시해서는 안된다고 하였다, 우리는 여기서 칼빈이 평소에 고전에 대해서 가지고 있었던 태도를 감지하게 된다.[20]

칼빈은 루터와는 달리 넓은 의미에서 인문주의자였다고 할 수 있다. 단 세속적 인문주의자들과 구별하기 위해서 기독교 인문주의자(Christian Humanist) 또는 성서적 인문주의자(Biblical Humanist)라고 불러야 할 것이다. 이들 인문주의자들은 누구를 막론하고 고전에 관한

---

19) John Calvin, *Institutes of the Christian Religion*, tr. by Henry Beveridge(London, 1962) vol. I, p. 75.

20) *Ibid.*, p. 236.
일반 은총 영역 안에서 생활하고 있는 자연인들이라고 하더라도 선과 질서를 추구하기 위해서 학문을 연구하는 것은 그것 나름대로의 가치와 의미를 인정하고 있다. 그러므로 칼빈이 희랍과 로마시대의 고전에 나타나는 여러 가지 격언을 인용한 것은 성경의 진리를 보다 명확하게 드러내기 위한 방법과 수단에 지나지 않았다.

지식을 갖추고 있어야만 인문주의자로서의 자격을 인정받을 수 있었다. 그러기 위해서 그들은 모두가 일차적으로 고대어를 연구하지 않으면 안되었던 것이다. 대체적으로 인문주의자들은 14세기에는 라틴어 연구에 집중하였고 다음 15세기에는 희랍어 연구에 전력을 기울였다.[21]

훌륭한 인문주의자일수록 고전어 연구에 정열을 쏟는 사람들이었다. 그것은 고전적 지식을 얻는 유일한 방법이 고전어의 읽기, 쓰기 그리고 더 나아가서는 회화를 유창하게 하는데 있었기 때문이었다.

인문주의자들은 고전을 연구할 때 주로 문법, 시, 수사학, 역사, 도덕철학을 연구했다. 그런데 15세기 중엽을 넘어설 것 같으면 고전어와 문학만을 전문적으로 연구하고 가르치는 교수들을 가리켜 일반적으로 인문주의자라고 불렀다. 본래 humanus라는 말은 보다 나은 인간(homo)을 의미했다.[22] 또한 그것은 인간이 지식을 통해서 덕을 소유한다는 플라톤적 사상에서 나온 인간관을 암시하고 있거니와 Erasmus도 이와 같은 사상을 가지고 있었다. 그런데 성서적 인문주의자들의 범주 속에 들어가는 종교 개혁가들은 고전 중에서도 특히 초대교회의 교부들의 저서를 연구함으로써 그것으로부터 얻는 지식을 성경연구에 필요한 보충 재료로 활용하였다. 한편 이들은 고전 속에 파묻혀 있는 일반지식으로서의 철학과 문학에 대해서도 어느 정도 융통성 있는 태도를 표명하고 있었다. 즉 희랍과 로마시대의 산물인 고전도 인간의 다양한 정신적 활동의 표현이므로 인간의 존재 그 자체를 연구하는데 좋

21) Quirinus Breen, "Humanism and the Reformation", *op. cit.,* p. 159.
   이태리의 인문주의자로서 처음으로 Greek어를 공부한 사람으로는 1396년 Florence 의 Manuel Chrysloras 였다.
22) Augusto Compana, "The Origin of the word Humanist", *Journal of the Warburg and Courtauld Institutes,* 9(1946), pp. 60~73

은 본보기가 됨으로 그 나름대로의 가치와 의의를 인정했다. 개혁가들은 고전연구가 성경과 교부들의 사상을 이해하는데 도움이 된다고 확신하고 있었다.[23] 여기서 칼빈이 일반학문 즉 고전연구의 필요성을 인정했다는 이유를 알 수 있다.

맺는말

이상 간략하나마 주로 칼빈과 인문주의 사상과의 관계를 살펴보았다.

칼빈은 프로테스탄트로 개종한 후 신앙과 학문에 대해서 재검토할 수 있었던 지성인이었다. 즉 신학자로서 고전 연구를 재평가해야 할 입장에 서게 되었던 것이다. 그리하여 그가 도달한 결론은 다음과 같은 것이었다. 칼빈에 의할 것 같으면 고전 연구는 인간을 보다 더 풍부하게 이해하는데 필요하며 또한 복음의 진리를 전달하는데 도움이 된다는 확신을 가졌다. 그러므로 그리스도교 신자는 보다 높은 지식을 추구할 수 있는 자유가 있다는 것과 학문하는 정신은 성직자가 가지고 있는 소명감 만큼 거룩한 것이라고 확신했다.

아울러 그리스도인이 학문하는 목적은 지식을 위한 지식의 추구가 아니라 하나님께서 세계를 창조할 때 마련해 놓은 보편적 진리를 발견하고 인식함으로써 그의 영광을 드러내는데 있으므로 그리스도인의 참 신앙과 참 학문은 상호간에 충돌하지 않고 조화를 이룬다는 것이 칼빈의 궁극적 신념이었다. 칼빈은 인문주의적 교양과 지식을 체득했

---

23) Quirinus Breen, "Humanism and the Reformation", *op. cit.,* p. 161.

지만 결코 그것만을 숭상하지 않았다. 그가 철학을 배웠지만 그것에 얽매이거나 동화되지 않았다. 그는 신의 주권과 하나님의 말씀의 권위 하에서 모든 것을 생각하고 비판하고 판단했던 독보적 존재였다.

제 2 장

스트라스부르그 시대의 칼빈

머리말

제네바시에서 추방당한 칼빈은 1538년 9월부터 1541년 여름까지 스트라스부르그(Strassburg)시에 체류하였다.

칼빈이 만 3년의 망명생활을 끝내고 제네바시에 돌아오자 그의 개혁사업은 놀랄 만큼 빨랐다. 소위 「제네바교회규정」(Les Ordonnances ecelésiastiques de L'Eglise de Genéva)을 시 참사회에 제안한 사실을 보아도 명백하거니와 이와 같이 개혁사업을 신속하게 추진할 수 있었다는 것은 그가 충분한 준비를 갖추고 있었다는 것을 의미한다. 그러므로 신학자들과 역사가들은 칼빈의 스트라스부르그 시대의 의의를 중요시하여 이구동성으로 높이 평가하고 있다.

우리는 칼빈이 그곳에 체류하고 있는 동안 전혀 다른 신학적 풍토와 분위기에 접함으로서 신학적 사색을 깊이 하고 새로운 자극과 개발을 받아 개혁운동의 시야를 넓혔다는 것을 능히 추측할 수 있다.

그런데 문제는 칼빈이 스트라스부르그시에 체류하고 있는 동안 무엇을 배우고 얻었으며 그 자신이 어떻게 변모했는가에 있는 것이다.

그러나 이것은 용이한 문제가 아니다. 학자들의 의견이 구구하기 때문
이다. 칼빈 연구의 석학 August Lang 교수는 칼빈의 스트라스부르그
시대의 의의를 다음과 같이 요약하고 있다. "이 도시에서 칼빈은 무한
히 많은(unendlich viel) 것을 배웠다. 그는 이곳에 머무는 동안(3년)
마치 다른 사람이 된 것인 양 한층 더 위대해졌다."[1] 또 언급하기를
"스트라스부르그의 3년을 통해서 칼빈은 완성된 인간이 되었다. 이것
으로 그의 발전은 끝나고 말았다"라고 서술하였다.[2]

일단 Lang 교수의 견해를 받아들인다고 하더라도 문제는 남는다.
즉 그가 말한 "무한히 많은 것" 중에서 무엇이 칼빈을 새로운 인간으로
변화시켰는가에 있다. 요컨대 칼빈의 스트라스부르그 시대를 전환점
으로 하여 그의 사상형성에 어떤 두드러진 변화가 있었는지 그 여부를
가려내야 될 것이다.

이 문제에 대해서 신학자들과 역사가들의 의견은 구구하다. 그들의
주장을 종합적으로 분류할 것 같으면 연속설과 단절설로 구분할 수 있
다. 즉 연속설을 대표하는 학자로서 Emile Doumergue와 Jacaque
Pannier를 지적한다면 반대로 단절설 내지 결정적 영향설을 주장하는 사
람들도 많은 편이다. 우선 August Lang을 비롯해서 Jaques Courvoisier,
Albert Hyma, Schubert, Ernst Troeltsch, Wedermann, John Thomas
McNeill 등을 들 수 있다. 비록 이들이 결정적 영향설을 주장한다고
하더라도 그들이 제시하는 근거와 강도, 그리고 뉘앙스가 각각 다르다
는 것을 재언할 필요가 없다.

필자는 이 글에서 어떤 독창적인 견해를 표명한다든다 또는 결정적
인 결론을 내리려는 것은 아니다. 필자는 다만 칼빈의 사상형성을 그

---

1) August Lang, "joannis Calvin", (1909), p. 49.
2) *Ibid*, P. 61.

의 독자적 자기 발전에서 찾는다는 것을 일단 전제로 삼고 그가 스트라스부르그에 체류하고 있는 동안 무엇을 보았으며 또한 느꼈는가, 그리고 그가 체험한 사실이 무엇이며 그것들이 칼빈에게 어떠한 영향을 주었는가를 극히 제한된 범위 안에서 고찰해 보고자 한다.

1. 스트라스부르그 개혁운동의 배경

스트라스부르그 시에서 칼빈이 어떤 활약을 했는가를 고찰하기 전에 오래 전부터 진행되고 있던 스트라스부르그 시의 개혁운동의 여러 양상을 고찰하는 것이 필요하다고 생각된다.

미국의 저명한 교회사가였던 Philip Schaff 교수는 스트라스부르그 시에 관해서 다음과 같이 묘사하고 있다.

> 스트라스부르그는 오랫동안 중세의 제국 직할 자유도시(1254년 이래)로서 문화, 종교, 산업의 유력한 중심지였다. 스트라스부르그는 그의 화려한 고딕(Gotick)식 회당과 대규모의 교역 및 교통이 편리했던 것으로 그 이름이 널리 알려졌던 곳이었다.[3]

루터가 독일에서 개혁의 횃불을 든지 불과 6년 후인 1523년 시 참사회는 개혁을 결의하였다. 이 무렵 스트라스부르그 시에는 4인의 개혁가가 완전한 협력체제를 형성하여 동시의 복음주의화를 위해서 주야로 분투하고 있었다. 4인의 개혁가 중에서 Martin Butzer가 중심인물로 활동했고 정치가로는 Jacob Strum이 Butzer의 개혁사업을 협력

---

3) Philip Schaff, "History of the Christian Church", Vol Ⅷ, New York(1892), p. 363.

하는데 앞장을 섰다.

이와 같이 개혁운동이 순조롭게 진행되고 있던 무렵 스트라스부르그 시에 대해서 현재 독일을 대표하고 있는 종교개혁사가인 Heinrich Bornkamm 교수는 다음과 같은 문장으로 묘사하고 있다.

참으로 이 지구상에 종교개혁이 가능하도록 여러 조건이 이곳보다 잘 갖추어진 곳은 유럽 어느 곳에도 없었다. 동시의 위정자들은 종교 문제를 진지하게 생각하였고 그것을 정치적인 입장에서 능란하게 처리했다. 그 결과 스트라스부르그는 저 위대한 시장 Jacob Strum 지도 하에 비록 제국도시 가운데서 최대의 위용과 부를 자랑하지는 못했지만 다른 면에서 지도적 지위를 차지하게 되었다. 끊임없이 드나드는 인문주의자들의 무리, 학문과 교양이 풍부한 시민들, 독일 신비주의운동이 남겨 놓은 내적 경건의 전통, 라인강으로 인해 예부터 문명의 통로가 개통되어 자유로운 정신이 교류되던 곳이었다. 이와 같이 약동하는 생명력은 Butzer라는 한 개혁가의 영혼 속에 깊숙이 흘러 들어가 용해되었으니 축복받은 환경이 아닐 수 없었다.[4]

이와 같이 스트라스부르그는 역사가들에 의해서 "종교개혁의 안디옥" 또는 "서남 독일의 비텐베르크"라고 불리워질 만큼 개혁운동의 중심지가 되었다.[5]

1523년 시 당국은 스트라스부르그 시내에 있는 7개국의 교구에서 각각 선출한 목사를 당국의 승인을 얻은 후에 임명하는 절차를 제정하였다. 그리하여 Butzer는 성 아우레니우스교회의 담임 목사로 그의 친

---

4) Heinrich Bornkamm, "Martin Bucess für europäische Reformation geschich," (Gutersloh, 1952) p. 11.
5) Philip Schaff, op. cit., pp. 364~356 : Francois Wendel, "Calvin" (Colins The Fontana Library, 1973) pp. 57~68

구 Capito는 성 베드로교회의 목사로 각각 임명을 받았다. 이와 같은 절차는 종교개혁운동이 진행되는 도중 일시적으로 시행되었던 하나의 과도적 조치였다. 이 후에도 교회와 국가의 문제가 현실적으로 제기되어 교회는 그의 독자적 권위와 사명의 분야를 획득하기 위해서 시 당국과 마찰을 일으키는 일도 종종 있었다. 여하튼 개혁가들은 시급히 해결해야 할 과제로 예배규정의 초안을 작성하는 일과 신앙문답서를 집필하는 것이었다.

예배규정은 Butzer가, 신앙문답은 Capito가 각각 작성하여 시 당국에 제출하여 각각 통과를 보게 되었다.

스트라스부르그에서 로마카톨릭 식 미사(Mass)가 폐지된 것은 1529년 초였다. 그때까지 동 시에서는 미사와 신교식의 예배가 동시적으로 시행되고 있었다.

다음은 신교식 종교교육을 실시하는 것이었는데 1535년까지 시 당국은 3개의 라틴어학교(Latinish Schule)를 설치하였고, 1537년에는 3개 학교를 정비하여 스트라스부르그 대학교를 설립했다. 특히 시 당국은 당대의 유명한 인문주의 교육가 Johnnes Strum(1507~1589)을 초청하여 교육제도의 개선에 주력하였다. 그는 40년간 스트라스부르그 대학의 발전을 위해서 헌신하였다.

이와 같이 개혁이 하나하나 추진되어 감에 따라 교회조직체가 마련되는 단계에 이르게 되었다. 즉 7 교구에서 각각 대표 3인을 선출하여 21인으로 구성되는 교회사무원회(Kirchspielpleger)를 형성했다. 이들은 제각기 소속되어 있는 교구에서 목사와 더불어 별개의 교구회를 형성하여 교인들의 교회훈련에 필요한 제문제를 협의하였다. 물론 교구 목사들은 별도로 목사회를 조직하여 목사의 추천 및 선정을 담당했다. 교의상의 제문제를 결정짓는 제정권과 목사의 최종 임명권은 여전히 시 참사회가 가지고 있었다.

교회 사무원회와 교직회가 설립되자 1533년 6월 제1차 합동교회회의(Stadsynode)가 소집되었다. 이 회의에는 특히 M. A. 학위를 소지하고 있은 인사들과 학교 교사까지 참가하여 명실 공히 에큐메니칼한 성격을 지닌 회합이었다. 이 회의에서 비로소 복음주의신앙과 생활강령이라고 할 수 있는 「16개조」를 제정하여 공포하였다.[6] 이와 같이 새로 제정된 강령에 의해서 스트라스부르그 시의 개혁은 적극적으로 추진되어 가고 있었다.

2. 칼빈과 부쳐

칼빈이 스트라스부르그 시에 도착한 것은 1538년 10월이었다. 그는 부쳐의 추천으로 불란서로부터 피난온 사람들이 모여서 예배를 드리던 성 니콜라스 교회의 목사가 되었다. 칼빈이 이곳에 3년간 체류하면서 얻은 수확은 여러 가지가 있겠으나 특이할만한 사실은 그가 독일종교개혁을 직접 목격한 사실이다. 칼빈이 스트라스부르그 시에 이주하기 전까지는 Lufevre, Farel, 그리고 Olivetan을 통해서 불란서 종교개혁의 세계만을 보아 왔지만 "새 예루살렘"이라고 불리는 이 곳에서 부쳐와 Melanchthon을 통해서 비로소 독일의 종교개혁을 배울 수 있었다. 그의 선배인 Farel은 1523년경 루터의 사상이 불란서 지역으로 파급되었을 때 불란서 종교개혁을 추락시킨다고 비난한 일이 있었다. 칼빈도 그의 영향을 받아 독일의 종교개혁을 비판적인 입장에서 주시하

---

6) 안천년편, 종교개혁연구(일본, 신교출판사 1968), pp. 205~231.

고 있었다.

그러나 부쳐와 더불어 독일의 제 종교회의에 참석함으로써 칼빈의 시야는 넓어졌고, 더욱이 멜랑히톤(Melanchthon)과 교제한 후, 루터 종교개혁의 진수를 알게 되었다. 칼빈 연구가인 E. Doumerque는 칼빈과 멜랑히톤과의 관계가 자못 깊었다고 진술한 바 있거니와 칼빈은 멜랑히톤의 「신약개요」(Loci Communes)를 불어로 번역하였고 멜랑히톤은 Servetus 사건이 발생했을 때 칼빈의 입장을 지지하였다.[7]

칼빈은 루터 선생을 만나기를 희망하였으나 그가 참석했던 종교회의에 루터가 신병으로 불참하였으므로 그 뜻을 이루지 못했다. 현재 칼빈이 1541년 1월 21일 부로 루터에게 쓴 편지 한 통이 남아 있거니와 그 속에서 칼빈은 "그리스도 교회의 위대한 목사 마틴 루터 박사에게 나의 가장 존경하는 사부에게"[8] 라는 글을 서두에 썼고 또한 "비록 루터선생이 나를 악마라고 외칠지라도 나는 그를 존경하고 하나님이 선택한 종으로 부르겠다."는 말이 전해 내려오고 있다.

이와 같이 칼빈이 루터의 종교개혁과 사상을 재인식하고 공정하게 평가하게 된 것은 부쳐와 멜랑히톤의 역할이 컸기 때문이었다.

칼빈이 스트라스부르그를 처음 방문한 것은 1534년이었고 부쳐와 교제를 갖게 된 것은 1537년 Bern 회의에서였다. 이 회의에서 부쳐는 독일의 종교개혁과 스위스(swiss)의 종교개혁의 공통점을 확인하고 가능하면 양 지역의 교회를 결속시켜 보려고 노력했다. 칼빈은 부쳐의 의도를 충분히 이해하면서 양측의 주장과 성격을 예리하게 살펴본 후

7) E. Doumeque, "Jean Calvin, les hommes et les Choses de son temps", (Lausanne, 1899~1917) Vol. II, pp. 554~555.
8) Karl Holl, "Gesammelte Aufsätze zur Kirchen Geschichte" vol. III, (Tübingen, 1932), p. 262.
소평상도, カルウイリ(일본기독교단출판부, 1963), p. 70.

부쳐에게 우정있는 조언을 아끼지 않았다. 칼빈은 루터를 중심으로 한 비텐베르그의 개혁자들의 생각이 좁다는 것과 그들이 아직도 로마교 회의 구습과 전통에서 완전히 벗어나지 못하고 있음을 지적하고 무엇보다도 하나님의 말씀에 입각해서 만사를 처리해 나갈 것을 부탁했던 것이다.[9]

칼빈은 성서의 근본적인 진리를 희생시키지 않는 한 어디서나 누구하고도 협력할 수 있다는 자유로운 협동정신을 역설하였으며 이와 같은 칼빈의 주장은 부쳐가 죽을 때까지 계속하였다. 그러므로 Pannier 교수는 말하기를 1538년에서부터 1541년에 이르는 어간에 여러모로 보아 칼빈은 부쳐파가 되었다고 하였다.[10]

그러나 칼빈은 부쳐의 개혁운동에 대해서 덮어놓고 추종하는 입장을 취하지는 않았다. 부쳐가 독일 프랑크푸르트(Frankfurt)에서 칼빈을 불러서 자기와 같이 Hagenau과 Regensburg에서 개최되는 종교회의에 참석해 주기를 간청한 일이 있었다. 칼빈은 부쳐의 부름을 받고 양 회의의 참관인으로 참석하게 되었다. 이 회의가 훗날 부쳐에게 준 영향은 지대하였고, 그는 영국 켐브리지로 망명하다시피 떠나지 않으면 안 되었다. 이 회의에 참석했던 칼빈은 부쳐에게 자기의 심사를 솔직하게 털어놓고 충고를 아끼지 않았다.

칼빈이 스트라스부르그에 도착한 지 약 한 달 후에 부쳐는 헤스백작(Philip of Hess)의 요청을 받아 그의 영지를 방문하여 새로 설립되는 교회를 조직하는 일과 재세례파들의 세력을 몰아내는데 필요한 대책을 수립하는데 조언을 하고, 곧 루터를 만나기 위해서 비텐베르그를

---

9) Wilhelm Pauck, *The Heritage of the Reformation*"(Oxford University Press, 1968), pp. 89~90.
10) Paul Pannier, *Calvin a Strassburg*"(Paris, 1925), pp. 11~13.

향해 떠났다. 1538년 11월 17일 부처는 루터가 시무하고 있는 교회에서 설교를 한 후 며칠 동안 그곳에 체류하면서 로마교회의 재산 처리 문제에 대해서 의견을 나누었다. 또한 이 동안에 교회설립과 운영에 관계되는 제반 사항에 관해서 부처가 작성한 초안이 스트라스부르그 시 당국에 의해서 수리되었고 1538년 7월 24일 Eisenach 시에서 개최되었던 신교동맹회의(Schmalkaldic League)에서 스트라스부르그 시 대표에 의해서 동 법안이 제출된 일이 있음을 Hess 백작과 루터에게 각각 전하고 1539년 1월 21일 스트라스부르그 시로 돌아갔다.

3. Hess 백작의 재혼과 Regensburg 회의

1539년 부처는 뜻하지 않은 일로 독일의 정치문제에 관여하게 되어 걷잡을 수 없는 소용돌이 속으로 휘말려 들어갔다. 이로 인하여 끝내는 동료로부터 오해와 비난을 받아 평생을 두고 심혈을 기울였던 개혁운동을 포기하고 영국으로 망명의 길을 떠나지 않으면 안되었다. 문제의 발단은 다음과 같다.

독일영역 내에서 루터파가 북부와 중부지방으로 확대되어 감에 따라 신교의 세력은 유리한 고지를 점령한 것이나 다를 바 없었다. 그러나 라인강 상류지방은 사정이 달랐다. 이곳에는 많은 제국도시들이 산재하고 있어 봉건 제후들과 직접적인 이해관계가 없었고, 따라서 그들에게 충성을 바칠 이유도 없었다. 더구나 스위스와 인접해 있음으로 루터의 영향보다는 쯔빙글리의 영향을 많이 받고 있어, 루터파의 교리와 신앙생활의 실제적 훈련에 대해서 극히 비판적인 태도를 가지고 있었다.

쯔빙글리가 1531년 사망하자 라인강 상류 계곡에 있는 개혁운동가들뿐만 아니라 연방군주들까지 부쳐의 인격과 지성을 높이 평가하고 그를 상담의 대상으로 삼게 되었다. 그 중에서 Marburg 시를 장악하고 있던 헤스(Hess) 백작은 부쳐와 개인적으로 밀접한 관계를 가지고 있었다. 본래 헤스 백작은 삭소니공(Duke George of Saxsony)의 딸과 결혼하였으나, 부인이 지병으로 자리에 눕게 되자 Hess 백작은 다른 여자에 관심을 가지게 되었다. 그는 재혼할 목적으로 여자의 어머니에게 결혼을 허락해 줄 것을 청원하였다. 그녀의 모친은 조건부로 승낙했다. 즉 루터나 멜랑히톤과 같은 인물들의 양해를 얻을 수 있다면 묵인하겠다는 것이었다.

헤스 백작은 루터와 멜랑히톤의 양해를 얻는데 중간에서 협조해 줄 사람은 부쳐가 가장 적합하다고 생각하고 그에게 이 뜻을 전했다. 부쳐는 이 소식을 듣고 당황치 않을 수 없었다. 그 이유는 최근 재세례파들의 일부다처주의적 행동에 대해서 자기 자신이 맹렬한 비난과 공격을 가했기 때문이다.

헤스 백작은 자기의 주치의 겔슨 세일러(Gerson Sailer)를 부쳐에게 파송하였다. 세일러는 부쳐에게 말하기를 헤스 백작이 재혼만 한다면 그의 거친 성격이 다소 누그러질 것이라고 하였다.[11] 부쳐는 헤스 백작의 정황을 직접 조사하기 위하여 Marburg시로 갔다. 그리고 헤스 백작의 입장을 지지할 것을 약속했던 것이다. 부쳐는 곧 루터와 멜랑히톤과 만나 상의한 결과 다음과 같은 결정을 내렸다. 첫째 일부다처적 사실은 구약성서에 기록되어 있으며 어떤 경우에는 묵인된 적도 있었다. 둘째 만일 부쳐 백작이 쌀레(Saole) 양과 결혼하지 않을 경우 백작은

---

11) A.Hyma, "New light on Martin Luther"(Eredmans, 1958), p. 248.

그보다 더 심한 범죄를 저지를지도 모르며 또 저지를 가능성이 큼으로 보다 악덕한 범죄의 방지를 위해서(In order to avoid something much worse) 헤스 백작의 재혼을 시인한다는 것이었다. 이것을 "Wittenberg Advice"라고 부른다. 이와 같은 난처한 결정을 내리는데 주도적 역할을 담당했던 장본인은 루터가 아니라 바로 부쳐 자신이었다.

헤스 백작의 재혼은 예정대로 진행되었다. 본처 크리스티나(Christina)는 1539년 11월 11일 남편의 재혼을 정식으로 동의하였고 Margaret von Saole의 모친은 자기 딸의 결혼의 정당성을 대의적으로 보여주기 위해서 부쳐를 비롯하여 명망 높은 신학자들이 결혼식에참석해 줄 것을 청원했다. 부쳐는 참석을 승낙하고 멜랑히톤과 같이 당일 결혼식장에 참석했으나 루터는 불참했다.[12] 부쳐가 Marburg시를 향해 출발할 때 동료들에게는 교회문제를 협의하기 위해서 떠난다고 했다. 여기에는 그만한 또 다른 문제가 있었으므로 부쳐의 말이 전혀 거짓된 것이 아니었다.

부쳐가 처음부터 가지고 있던 의도는 헤스 백작과 같은 유력한 영방 제후의 힘을 빌려서 신교의 세력이 우세한 지역 내에 있는 로마교회의 재산을 몰수하여 신교운동의 자금으로 충당하는 것이었다. 그러나 비텐베르그 대학을 중심으로 활약하던 개혁가들과 신교를 지지하던 제후들은 이와 같은 문제를 토의하는 종교회의에 참석하는 것을 모두가 꺼리고 있었다. 쓸데없이 찰스 5세와 교황의 비위를 건드려서 노여움을 사려 할 필요가 없다고 생각했기 때문이었다. 부쳐가 신교동맹회의에 참석하고 돌아오는 길에 잠시 Marburg시에 들렀을 때 헤스 백작의 재혼에 대해서 나쁜 소문이 떠돌고 있었는데, 헤스 백작의 후처의 어

12) *Ibid* P. 248

머니가 전처의 삼촌이 되는 Duke Henry of Saxsony에 의해서 납치당하는 소동이 벌어졌던 것이다. 그때 그녀는 자기 딸이 재혼하게 된 배후에게 부쳐와 같은 신학자들의 동의가 있었음을 실토하였던 것이다. 사태가 이렇게 험악해지자 부쳐가 두려워한 것은 헤스 백작의 재혼은 신성로마제국법에 위반되는 것이기 때문에 칼 5세와 적당한 타협이 없이는 헤스 백작은 처형을 면하기 어려울 것이라고 판단했다. 이것만이 아니라 앞으로 보름스(Worms)에서 신교측 대표와 구교측 대표가 만나 양쪽의 입장을 재확인하는 회합을 가질 예정으로 되어 있는데 그때 자신이 초안하여 제출하게 될 강령(Worms Articles)이 헤스 백작의 재혼을 트집잡아 거부된다면 개혁운동에 차질이 생기게 되기 때문이다. 부쳐는 신교의 탄압자로 이름 높은 존 그로퍼(John Gropper)와 밀회를 갖고 칼 5세가 헤스 백작에 대해서 어떤 대책을 강구하기 전에 종교회의를 개최해 줄 것을 부탁했다.

1541년 1월 5일 부쳐는 가지가 초안한 강령을 가지고 헤 스백작을 찾아 초안의 한 통을 제출한 다음 곧 다른 한 통을 요야킴 선후공(Elector Joachim of Brandenburg)에게 발송했다. 요아킴은 그것을 다시 비텐베르그 신학자에게 보내서 내용을 검토하도록 요청했다. 비텐베르그 신학자들은 부쳐의 타협안을 요아킴 선후공에게 반송하면서 동의할 수 없다고 그들의 불만을 표시했다. 그러나 요아킴 선후공은 그의 초안문서를 칼 5세에게 제출했고 칼 5세의 비서관은 곧 저명한 로마교회 신학자들에게 검토시킨 후 칼 5세에게 제출했다. 얼마 후 칼 5세의 대변인인 그란벨(Granvelle)은 곧 신교측의 멜랑히톤, 부쳐와 구교측의 엘크(Eck), 메이징거(Mesinger) 등을 불러 새로운 초안을 작성할 것을 제의했다. 그런데 그 후 1541년 1월 17일 칼 5세는 돌연히 이 작업을 다음 회의 때까지 연기하라는 명령을 내리고 말았다. 부쳐는

지금까지 수고한 보람도 없이 실망을 안고 스트라스부르그 시로 돌아
왔던 것이다.

칼 5세는 1541년 2월 22일 Regensburg 시에서 종교회의를 개최한
다고 공포했다. 부쳐는 친구 칼빈을 대동하고 그 회의에 참석하기로
했다. 이 무렵 칼빈은 제네바(Geneva) 시 당국으로부터 돌아와 달라는
서신을 받았다. 칼빈은 곧 부쳐에게 이 사실을 알렸다. 부쳐는
Regensburg 회의가 끝나는 대로 칼빈과 같이 제네바로 갈 것을 약속했
다. 회의는 동년 4월 5일 칼 5세의 인도 하에 개최되었다. 황제는 개회
사에서 두 가지를 역설했다.

첫째, 제국 내에서의 종교적 일치를 희망했고, 둘째는 터키(Turkes)
족의 침입을 막는데 협조해 줄 것을 요구했다. 그리고 의장에 프레드
릭공(Count Frederick of the Palatinate)을 임명했고, 황제의 대변인
Granvelle이 보좌했다. 의장은 회의 진행 절차상 모든 발언자들에게
그로퍼(Gropper)가 작성한 초안을 의무적으로 한 시간 동안 읽을 것을
명령했다. 그러나 부쳐는 자기의 계획이 수포로 돌아갔을뿐만 아니라
오히려 구교측에게 역이용당한 것을 알고 몹시 후회했다.

멜랑히톤은 곧 이의를 제기한 후 자기가 작성한 아우구스부르그 신
앙고백서(Augusburg Confession)를 토의의 주제로 삼아주기를 신청했
다. 그러나 구교측에 의해서 거부되고 말았다. 이와 같은 기만적인 회
의를 시종일관 지켜보고 있던 칼빈은 부쳐가 지나칠 정도로 구교측과
타협을 시도하려고 동분서주한 것을 못마땅하게 생각하였다. 루터는
이와 같은 소식을 듣고 부쳐를 악당이라고 비난했다.

이와 같은 기만적인 사실의 배후에는 칼 5세의 정치적 농간이 짙게
작용하고 있었다. 그는 서부로부터 불란서의 세력을 막는 한편 동부로
부터 터키의 세력을 저지시킴으로써 부르군디(Brugundy) 지방을 포함

한 강력한 신성로마제국을 유지 확대하는데 목적이 있었으므로 신구교의 교리논쟁에는 깊은 관심이 없었다. 교황의 비위를 건드리거나 신교를 지지하는 봉건제후들을 자극시키는 것은 칼 5세에게 있어서는 모두가 불리한 처사이기 때문이었다.

Regensburg 회의를 계기로 부쳐는 루터파와 스위스의 쯔빙글리파로부터 비난과 공격을 받아 1549년 4월 6일 스트라스부르그 시로부터 추방되어 영국 켐브리지로 망명하여 그곳에서 여생을 마쳤다.[13]

칼빈은 제네바 시 당국의 간절한 요청에 못이겨 1541년 9월 13일 제네바 시로 돌아왔다. 칼빈이 제네바로 돌아온 후에도 부쳐와의 관계는 변함없었다. 부쳐가 영국으로 망명하던 1549년까지 두 사람 사이에 주고받은 서신은 불행하게도 불과 몇 통밖에 남아 있지 않지만 부쳐가 칼빈에게 띄운 서신에서 그가 칼빈에게 고백한 우정을 역력하게 엿볼 수가 있다. 그리고 부쳐의 시대는 끝나고 칼빈 시대의 막이 서서히 오르고 있었다.

4. 칼빈의 활약

칼빈은 3년간의 스트라스부르그 시의 생활을 주로 목회와 상담과 저술로 공백을 메우어 나갔다. 개혁의 견문을 넓히면서 보다 더 칼빈다운 칼빈이 될 수 있는 터전을 굳혀 갔다.[14]

칼빈의 활동 중에서 주목할만한 것은 그의 저술이다. 그는 1539년 「로마서 주석」을 간행했다. 미국 칼빈신학교의 교수였다. L.Berkhof

---

13) Wilhelm Pauck, *op. cit.*, p. 95.
14) *Ibid.*, p. 91.

교수는 칼빈의 로마서 주석 서문에서 다음과 같이 피력하였다. "만일 칼빈이 「기독교 강요」를 쓰면서 동시에 하나님의 말씀(로마서를 말함)을 열심히 연구하지 않았던들 「기독교 강요」의 개정판은 쓸 수가 없었을 것이다."라고 하였거니와[15] 그의 성서연구가 「기독교 강요」의 개정판을 내는데 밑받침이 되었던 것이다.

칼빈이 스트라스부르그에 도착하자 곧 「기독교 강요」를 다시 출판하였거니와 이 재판은 초판보다 약 3배 정도 분량이 많은 것이다. 루터는 이 재판을 읽고 매우 기뻐했다고 전해지고 있다.[16]

상기 양 저서 이외에도 칼빈은 「사돌레토 추기경에서 보내는 서신」과 「기도서(Form of Prayers)」 그리고 「성찬론(Little Treatise on the Holy Supper of Our Lord)」을 각각 집필했다. 루터는 칼빈의 「성찬론」을 서점에서 구입한 후 읽고 고백하기를 "나의 논적이 이전(토론하던 당시) 이와 같은 훌륭한 저서를 발간했었더라면 우리는 그들과 일찍부터 화해했을 것이다."라고 했다.[17]

끝으로 특이할만한 사실은 부처의 소개와 권유로 재세례파에서 이탈해 나온 과부 Idolette de Bure와 칼빈이 결혼한 일이다. 그녀는 한 남아와 여아를 거느리고 있었다. 그녀와의 결혼을 통해서 그리고 스트라스부르그 시에서 활약하던 재세례파들과의 접촉을 통해서 칼빈이 재세례파로부터 어떠한 영향을 받지 않았는지 이 문제를 가지고 거론한 학자들이 많다. 특히 독일의 신학자 트뢸취(E. Troeltsch)는 칼빈이

---

15) L. Berkhof, "Introduction in Commentaries, on the Epistle of Paul the Apostle to the Romans", (Grand Rapids, 1947).

16) John T. McNeill, "The History and Character of Calvinism" (Oxford University Press, 1967), p. 153.

17) *Ibid*

재세례파로부터 어떤 영향을 받았다고 주장한 대표적 인물이다.[18]

재세례파는 지상의 교회를 세속과 완전히 단절시킴으로서 절대적 성결과 불가견적 교회만을 추구했지만 칼빈은 재세례파에 대해서 비판하기를 "그들은 보이지 않는 교회를 위해서 싸우고 있지만 현실의 교회의 가견성을 심하게 생각하려고 하지 않는다."고 하였다. "칼빈에게 있어서 예수 그리스도의 교회는 어디까지나 하나의 현실(einetatsache)이지 결코 이상은 아니었다."고 피력한 Alfred Quervain 의 말은 적절한 표현이라고 생각된다.[19]

칼빈은 재세례파가 주장하는 교리보다는 그들의 철두철미한 윤리적 생활에 대해서 마음 속으로 존경을 표시했을지도 모른다.

칼빈은 일생에 있어서 가장 의의 깊었던 3년간의 스트라스부르그 생활을 마치고 제네바 시 당국의 요청을 받아 1541년 9월 13일 다시 제네바 시로 되돌아갔다.

---

18) E. Troeltsch, "Die Soziallehren der Christlichen Kirchen und Gruppen" (Tübingen, 1912) ; 영역판 "Protestantism and Progress A Historical Study of the Relation of Protestantism to the Modern World", trans. by W. Montgomery. (Boston : Beacon Press, 1958)을 참조할 것.

19) 신학(동양신학대학 신학회편) 칼빈기념논집(1959), p. 110.
   Quervain, Alfred ; "Calvin Sein Leben und Kämpfen", (1929), p. 40.

제 3 장

칼빈과 전통

오늘날 기독교인들은 성경과 전통의 문제에 대해 새로운 관심을 가지게 되었다. 전통이란 무엇인가? 전통은 성경과 어떻게 관련되어 있는가? 이와 유사한 질문들이 심지어는 프로테스탄트 진영에서조차 제기되고 있다. 수년 전만 하여도 프로테스탄트 진영에서는 이러한 문제를 결코 깊이 생각할만한 대상으로 여기지도 않았을뿐만 아니라 그것을 의례히 금기의 대상으로 덮어두었던 것이다. 그러나 실제적 필요성에 의해서 여러 기독교 단체들은 이러한 전반적인 문제에 대해서 재고(再考)할 수밖에 없게 되었는데, 특별히 에큐메니칼 운동을 향한 오늘날의 로마카톨릭교회의 태도로 인해 모든 기독교인들은 그들이 원하든 원하지 않든 간에 이러한 문제를 매우 신중하게 조사할 수밖에 없게 되었다.

16세기 트렌트 종교회의(The Council of Trent)에서 '성경과 전통'을 선언한 로마카톨릭교회와 '오직 성경만'을 주장한 프로테스탄트 교

회 사이에 분리의 선이 그어졌다.[1] 당시 충돌한 두 진영은 서로 배타적
인 입장을 취하였는데 이러한 태도가 오늘날까지 계속 이어지고 있다.
그런데 오늘날 프로테스탄트들 중에 어떤 이들은 로마교회와의 대화
에 관심을 기울이고 있는 것 같다. 바로 이때 그들이 첫 번째로 직면하
게 되는 것이 전통이라는 장벽이다. 로마교회와 프로테스탄트교회 양
진영 사이에 어떻게든 효과 있는 대화가 이루어지기 위해서는 양쪽 모
두 똑같이 궁극적인 권위를 인정해 주어야만 한다. 또한 이 문제를 논
의하기 위해서 두 진영은 전통에 대한 문제를 올바르게 이해하도록 끊
임없이 노력하여야 한다. 지난 수년 간 본 주제에 관한 책들이 수없이
많이 나타는 것이 이를 잘 말해주고 있다. 전통은 이제 신학적 토론에
있어서 하나의 주요한 논제로 자리를 잡고 있다.

1. 현재의 대화(The Present Dialogue)

일반적인 견해에 있어서 지난 몇 년 동안 로마카톨릭교회 안에서 사
고(Thinking)에 주요한 변화가 일어났다. 요한 23세와 현재의 교황인
바오로 6세의 비교적 짧은 재임 기간은 로마교회의 사고의 자유화를
지적해주고 있는데 이것은 전통의 문제에 대한 트렌트회의의 입장을
반영하는 듯하다. 우리는 최근에 부활하고 있는 로마카톨릭의 성경연

---

1) 트렌트 종교회의 규범집(Canons of the Council of Trent) 제 IV차 회의인 '정경에
   관하여'와 어떤 것이든 신조에 대한 개혁주의의 주장을 비교해 보라. 특별히 그중
   에서 대부분의 대륙교회와 영국과 스코틀랜드 개혁주의 교회들에 의해 인정을 받
   고 있는 제 2헬베틱신앙고백서(The Second Helvetic Confession, C. 2, S. 5)와 비교
   해 보라.

구(Biblical Studies)로부터 같은 인상을 받을 수 있다.[2] 많은 사람들은 요즘 로마교회가 성경이 말하는 바를 하나님의 말씀으로 받아들이는 데 관심을 기울이고 있다는 것을 느끼고 있다. 사실 이러한 현상은 종교개혁 이전부터 지금까지 전혀 없었던 일이며 이러한 현상에 대해 그들은 기필코 전통에 대한 역사적 입장에 하나의 변화를 가져올 것이라고 주장한다. 그래서 그들은 프로테스탄트들에 대한 새롭고 좀 더 타협적인 접근을 시도하고 있다.

그러나 Father Georges Tavard와 Fr. Yves Congar 두 사람이 끊임없이 강조하고 있듯이, 약간의 종교적 자유와 약간의 관용을 주입(注入)한다 하여 이 문제를 해결할 수는 없는 것이다. 이 문제에 관하여 서로 대화를 시도하는 사람들은 자신들의 교회론으로 부단히 되돌아가야 한다.[3] 로마카톨릭으로서는 교황의 교회(The Papal Church)가 여전히 지상에서 성경이 거주하는 장소이다. 이 말은 성경을 제쳐놓고 성례가 구원을 전달하는 본래적 양식을 가지고 있다는 것을 의미한다. 따라서 성육신의 연장(A Continuation of the Incarnation)으로서의 교회는 역사 안에서 하나님의 거하시는 곳이며, 하나님께서는 교회로부터 신자들에게 구원을 각각 나누어 주신다.[4] 하나님의 말씀으로서의 성경의 입장에서 보아 이것은 성경의 권위를 떨어뜨리는 것이 아니라, Father Tavard의 표현을 빌린다면 교회와 말씀은 '본래적 동등(Co-inherent)'인 것이다. 교회는 한 세대로부터 또 한 세대에로 계속해서 교회의 의

---

2) Faith and Order Paper No 40, '전통과 전통들'(Tradition and Traditions), Geneva, 1963, pp. 42f ; R. M. Brown, Observer in Roma, New York, 1964 pp. 11ff를 참조하라.
3) G. Tavard, Holy Writ or Holy Church, London, 1959, p. 95 ; Y. M. J Congar, La Tradition et les Traditions, Paris 1960, I. 186f, II, 232
4) Ibid. I. 186f, 195.

미에 대하여 점점 증가되는 지식과 함께 성경을 전달하여 주고 있다.
다시 Father Tavard의 말을 인용해보면 다음과 같다. "그러므로 성경
과 교회는 상호적으로 본래적(mutually inherent)이다. 존재론적 지상
권(ontological primacy)은 성경에 속하며, 인간은 교회의 수용성 안에
서만 말씀을 깨닫도록 창조되었기 때문에 역사적 지상권은 교회에 속
하는 것이다."[5]

　로마교회의 입장이 수년에 걸쳐서 거의 조금도 바뀌어 오지 않았다
는 것 말고는 우리가 이러한 견해로부터 무엇을 추론해 낼 수 있겠는
가? 사실 로마교회의 입장은 초창기보다 조금 세련된 모습으로 보일는
지는 몰라도 여전히 본질론적으로는 동일한 입장을 취하고 있다. 전통
이란 본질적으로 말씀에 대한 교회의 해석이다. 즉 성경의 가르침이
미치지 못하는 신앙에 대해서 교회의 새로운 이해를 결부시킨 것이
다.[6] 로마교회는 교회의 본질(nature)이나 교회의 전통의 본질을 실지
로 변화시키지 않고 있다.

　다른 한편 프로테스탄트 진영에서는 이 문제에 있어서 의견이 나누
어져 있다. 이들 중에 한 그룹은 전통은 아무 의미가 없으며 결코 중요
하지 않으니 결과적으로 토론에 부치는 것조차 필요하지 않다고 주장
하면서 전통에 대한 일체의 질문을 무시하려고 한다. 이와 같은 기독
교인들이 인정하는 유일한 전통은 바로 그들에게는 전통이 없다는 것
이다. 개신교 진영 안에 있어서 또 다른 한 그룹은 전자와는 정반대로
대립되는 견해를 가지고 있다. 이들은, 프로테스탄트들이 '오직 성경

---

5) Tavard, *op. cit.*, pp. 66. 95.
6) *Ibid.* p. 95 : '시공간에 있어 보편적이고, 생기를 불어 넣으시는 보혜사 성령의 임
　재하심에 의해 의도되며, 신자들의 양심에 반영된 교회 전통의 총체성만이 성경의
　총체성(totality)에 적절하다.'

만'을 주장함으로써 교회의 위치와 중요성을 무시하는 많은 실수를 범하였다고 말한다. 따라서 이들은 교회에서 전통의 위치와 중요성을 재평가해야 할 때가 도래했다고 생각하고 있다. 그래서 이들 중에 어떤 이들은 로마교회의 울타리를 넘어 멀리 가버렸다.

교회 안에 모든 전통을 부인할 정도로 자아의식(Self-Consciousness)이 거의 없는 사람들을 제외한 대부분의 프로테스탄트들은 성경과 성경의 가르침에 대한 자신들의 입장이 어느 정도는 전통을 따르고 있다는 사실을 부인하지 않을 것이다. 본문(Text) 해석에 있어서, 그리고 성경 교리의 이해에 있어서 이들은 어떤 사고의 유형들(Patterns)을 전수해왔다. 그러나 동시에 이러한 입장을 주장하는 많은 사람들은 이러한 전통들까지도 반드시 항상 성경의 심판(Judgement)과 보증(Security) 아래로 끌어들어야만 한다고 끊임없이 주장하고 있다. 그러므로 우리는 전체적으로 볼 때 프로테스탄트들이 전통에 대한 문제에 있어서 결코 한 가지 입장만을 붙들고 있지는 않다고 결론을 내릴 수 있다.

만일 우리가 전통과 전통들(Tradition and Traditions)을 다룬 신앙과 질서에 대한 몬트리얼 회의(Montreal Conference on Faith and Order, 1963)의 사고(Thinking)를 조사해 본다면, 아마도 우리는 프로테스탄트의 딜레마(Dilemma)를 가장 잘 알 수 있을 것이다. 그 회의에 파견된 일단의 신학자들은 그들의 협의 조항들을 강조하면서도 명확한 어조로 끝맺지 못했다. 그 회의의 협의 조항들의 대부분을 처음부터 끝까지 지켜본 사람은 그 토론이 매우 계몽적이지도 결정적이지도 못했다는 것을 지적했다. 전체의 토론을 실제적으로 주도한 것으로 보였던 한 그룹은 불트만 학파의 사고(The Bultmann School of Thought)에 젖어있는 자들이었다. 자신들의 사고를 양식비평

(Formgeschichte)과 비신화화(Demythologizing)의 가정(假定)과 전제 (前提)에 기초한 이 그룹은 신약성경은 초대교회의 가르침과 전통에 그 기원을 두고 있다고 주장하였다. 그러므로 20세기의 교회가 참된 가치와 본질에 이르기 위해서는 이러한 가르침 안에 있는 불필요한 전통을 제거해야만 한다는 것이 이들의 기본적인 요구사항이었다. 이 작업이 해결되면 우리는 성부께서 인간을 구원하시기 위해 예수 그리스도께 주신(Traditus) 그 전통(The Tradition)에 도달할 수 있다는 것이다. 그리스도 그 분 스스로가 참된 전통이시기에 만약 우리가 그 전통(The Tradition)의 지식에 이르려면 우리는 반드시 인격적인 만남을 통해서 그 분을 알아야만 한다.[7] 그런데 우리가 성경에서 발견하는 것은 그 전통(The Tradition)이 아니요, 그 분에 관한 일련의 전통들(A Series of Traditions)이기에 이것들은 서로 달라서 하나는 마태로부터, 다른 하나는 누가로부터, 그리고 또 다른 것들은 베드로, 바울, 요한으로부터 말미암은 것이다. 게다가 이들 각기의 전통들은 한 사람 한 사람의 기록자들이 그 전통(The Tradition)을 이해하는데 있어서 다른 이들과 차이가 있기 때문이 이들 전통들은 서로 다를 수도 있는 것이다. 그러므로 성경 각 권들(Scriptures)은 그 자체의 자율적인 성격 (Autonomous Character)을 상실했으며 초대교회로부터 말미암은 전통들의 편집물(A Collection of Tradition)이 되어 버렸다는 것이다.

만약 우리가 이러한 입장을 받아들인다면 우리는 성경이 교회로부터 기원하였다고 결론을 내릴 수밖에 없다. 따라서 진리를 찾기 위해서는 필요 없는 요소를 제거해야 하는데, 그러기 위해서 오늘날의 교회는 전통들(Traditions)과 그 전통(The Tradition)을 구별할 수 있는 방

---

7) Faith and order paper No 40, pp. 44f ; A Richardson, Hystory, Sacred and Profane, London 1964. 4장.

법을 알아야만 한다. 교회는 이 일을 성경과는 별도로 교회에 찾아오
시는 성령의 계몽(Enlightenment)과 지도(Direction)를 통해서 할 수 있
다.[8] 이리하여 본래의 프로테스탄트의 입장은 300년 전에 주장했던 것
으로부터 커다란 변화를 가져오게 되었다.[9] 성경에 대한 비평적 접근
법은 이제 교회의 전통에 대한 권위를 회복하는 수단이 되었다. 신앙
과 질서에 대한 몬트리얼 회의에 참석하여 그 협의문을 작성한 사람은
Traditio Sola(오직 전통으로만)의 사상을 받아들이도록 준비한 사람들
중의 하나였다.

조금만 숙고해 보아도 우리는 전통을 그런 식으로 해석하는 입장이
얼마나 빨리 로마카톨릭의 입장으로 들어갈 수 있었는지를 이해할 수
있다. 어떤 이들은 주장하기를, 이보다 좀 더 새로운 방법인 후기 볼트
만 학파의 신약 성경에 대한 접근법이 이 입장의 자리를 대신하고 있
으므로 이러한 입장은 사라지고 있다고 한다. 그러나 이러한 주장은
희망적 관측(Wishful Thinking)일 뿐이다. 왜냐하면 그러한 성경 해석
법은 비평적 접근법과 잘 들어맞고 있으며 또한 오늘날 어떤 프로테스
탄트그룹 안에서 매우 영향을 미치고 있는 로마교회를 향한 조류와 잘
들어맞고 있기 때문이다. 그러한 성경 해석법이 신앙과 질서에 대한
몬트리얼 회의의 사고에 영향을 미쳤다는 바로 그 사실은 이해의 양식
으로써 그러한 성경 해석법이 결코 많은 신학자들의 지지를 잃지 않았
다는 사실을 시사하고 있다.[10]

---

8) 신앙과 질서에 대한 W. C. C. 제 4차회의 ; 연구논문 Section II, '성경, 전통 그리
고 전통들', Subsection I.을 참고하라.
9) Fourth World Conference on Faith and Order, P. C. Rodger & L. Vischer, edd.
London, 1964, p. 52.
10) *Ibid.* pp. 50ff.

진술한 사실로부터 우리는 전통에 관한 문제, 즉 전통의 성경과 권위에 대한 문제가 로마카톨릭과 프로테스탄트 간에 어떤 대화를 하는데 항상 중심적인 위치를 차지하고 있다는 것을 알게 되었다. 결국 그문제는 다음과 같은 질문을 다루는 것이다. 모든 그리스도인의 신앙과실행에 있어서 최종적인 권위는 무엇인가? 그것은 오직 성경만인가? 아니면 교회의 전통에 의해서 무오하게 해석되어진 성경인가? 여기서우리는 중대한 문제에 직면하게 된다. 프로테스탄트들이 Sola Scriptura(오직 성경으로만)의 입장을 포기하고 전통의 권위를 받아들이게 되면—물론 이들이 자신들의 전통을 어떤 다른 출처(Source)로부터 이끌어내지 않는 한—이들이 전적으로 로마교회로 되돌아가는 것을 막을만한 타당한 이유가 없게 된다. 그리고 이들이 로마교회로 넘어가건 말건 간에 이렇게 되면 결국 종교개혁의 기본적인 원리를 거부하는 것이 된다.

이 점에 있어서 우리는 이 문제에 대한 칼빈의 중요한 입장을 알아볼 수 있을 것이다. 그는 종교개혁 운동을 할 때 다른 모든 것보다도신앙과 실행에 대한 그리스도인의 모든 문제에 있어서 성경의 유일하고도 최종적인 권위를 주장하였다. 그러므로 오늘날 프로테스탄트들은 칼빈의 사고(思考)를 힘써 노력하여 이해하는 것이 바람직하다. 그렇다면 이 문제에 대한 칼빈의 입장은 정확히 무엇이었는가? 더 나아가 오늘날 프로테스탄트는 칼빈이 자신의 입장에 대해 어떠한 근거를제시하였는지, 또 이것은 그의 전체 신학적 입장과 어떤 연관을 맺고있는지에 대해서 명확히 알아보아야만 한다. 이렇게 할 때에 프로테스탄트들은 오늘날 자신들의 상황에 대하여 하나의 새로운 전망(Perspective)을 분명히 갖추게 될 것이다.

2. 종교개혁 이전의 전통관(The Pre-Reformation view of Tradition)

칼빈을 이해하려면 그가 처해 있었던 역사적 상황(Context)으로부터 그를 따로 떼어내어서는 안된다. 우리는 20세기가 16세기는 아니라는 사실을 기억해야만 한다. 이는 칼빈이 저술활동을 하던 환경 (Milieu)과 그가 갖고 있던 관점을 이해하지 않고는 그를 오늘날의 상황에 직접 적용시키기에는 어렵다는 뜻이다. 우리는 때때로 역사가들이 칼빈의 직접적인 상황을 고려하지 않음으로 이해 그의 관점을 잘못 이해하고 있는 것을 발견하게 된다. 예를 들면 어떤 저자(Writer)는 칼빈의 전통관에 대해서 논할 때, 개혁가(The Reformer ; 칼빈을 말함— 역자 주)가 어떤 한계로 인해 일반적으로 전통의 권위를 받아들이기는 했지만 그러나 그가 여기서 받아들이고 있는 전통이란 전적으로 초기 5세기 동안의 교부들의 저작물에 한정되는 것이었다는 입장을 취하고 있다.[11] 그러나 이와 같은 입장은 칼빈의 견해를 거의 나타내주지 못한다. 왜냐하면 칼빈은 어거스틴(Augustine) 이후 천년 동안에 발생한 전통에 대해서도 또한 취급해야 했으며, 그리고 이 후반부에 속하는 전통이 그 앞부분 전통보다 더욱 그를 곤욕스럽게 했기 때문이다. 따라서, 이 문제에 대하여 칼빈이 어떻게 접근하였는지를 이해하기 위해서 우리는 그 당시의 사고(思考) 안에서 전통의 의미는 무엇이었는지를 알아보아야만 한다.

교회의 전통에 대한 중세적 입장을 이해하려면, 전반적인 문제에 있어서 근본적인 것은 교회에 대한 그리스도의 관계이론이었다는 것을

11) *Ibid.* C. F. H. Herny, 'The Theological Crisis in Europe : Decline of the Bultmann Era? 'Christianity Today, VIII (1964) No 25, 12f를 참조하라.

알아야만 한다. 지상에서 그리스도는 그의 백성을 위해 구속 (Redemption)을 성취하셨다. 그러나 하늘에 오르실 때 그 분은 교회가 그 분의 사역을 끊임없이 효과 있게 실행하기 위해 걸어 나아갈 여백을 세상에 남겨 놓으셨다. 그러므로 그리스도께서 교회와 교회의 성례를 통하여 성령에 의해 역사적으로 유효케 하시는 그 분의 언약 안에서 인간에게 자신의 사역의 유효성을 전달하시기 때문에 그 분의 사역의 유효성은 언제나 가능한 것이다. 이와 같이 성령을 자신의 영으로 소유한 교회는 성육신의 역사적 외연(外延)인 것이다.[12]

이와 같은 교회론에 근거하여 볼 때 우리는 칼빈시대 때 교회가 신적 계시(Divine Revelation)를 수여함으로 모든 권한을 소유한다고 주장했다는 것을 의심할 수 없다. 이러한 사고(思考)에서는 인간이 성경 없이도 교회를 통하여 하나님의 지식에 이를 수 있다고까지 할 정도로 교회 자체가 계시의 수단이 된다. 참으로 아무리 훌륭한 역사적―주경적(Historico-Exegetical) 논문들도 그 누구에게 하나님의 사랑과 은혜에 대해 좀 더 잘 알 수 있도록 해주지 못한다. 왜냐하면 성육신의 특성(Incarnation Character)으로 인해 로마교회 안에서만 인간은 하나님과 참된 교제와 교통을 할 수 있기 때문이다. 그 다음에 이것은 교회로 하여금 진리인 교회의 전통에 의해 성도의 신앙을 통제하도록 하는 교회의 권위를 확립한다.[13]

진술한 내용으로부터 우리는 기록된 하나님의 말씀으로써 성경이 성도의 지식의 유일한 수단으로 간주되지 않았다는 것과 기록되지 않은 사도적 전통들(Apostolic Traditions)도 지식의 자료를 제공해 주었

---

12) M. Reveillaud, 'L'Autorité de la Tradition Chez Calvin,' La Révue Reformée, IX, 1958, pp. 25ff
13) Congar, *op. cit.,* I 190ff

다는 것을 쉽게 알 수 있다. 게다가 신앙의 유추에 연관된 이성과 존재 유추(Reason and the Analogy of Being)가 또한 성경으로부터 유래되 지 않은 하나님에 대해서 이해할 수 있는 방법을 제공할 수 있는 것이 다. 이러한 모든 사실들을 신구약성경을 매개로 하여 주어진 계시를 교회가 무오하게 해석하고 보충할 수 있으며, 심지어는 완성할 수도 있었고 또 실지로 그렇게 했다는 것을 의미한다.[14] 이와 같은 사실이 15세기 말까지의 전통에 대한 로마교회의 공식적인 입장이었다.

그리고 이러한 현상은 로마교회가 일천 년 간 이상이나 신약성경의 교리를 멀리 벗어난 많은 교리들을 발전시킨 결과로서 단지 일상생활 에 성경의 교리들을 적용시키는 새로운 방법들을 고안해낸 것뿐만 아 니라, 또한 우리가 명백히 성경 외적인 것(Extra-Biblical)이라고, 그리 고 어떤 경우들에 있어서는 반성경적(Anti-Biblical)이라고 부를 수 있 는 가르침들을 교회가 만들어낸 것이다. 화체설(Transubstantiation), 연옥설(Purgatory), 그리고 동정녀 마리아(Virgin Mary)에 관련된 것들 은 이러한 부류의 어느 한 경우에 해당되는 것들이다. 그리고 신앙을 위한 최종적인 것으로서 교회의 권위를 받아들인다는 것은 교리들이 성경적이든 그렇지 않든 간에 성도가 그 교리들을 받아들여야만 한다 는 것을 의미했다.[15]

그러나 이러한 입장을 받아들임으로써 모든 문제들을 자동적으로 해결할 수는 없었다. 얼마 안있어 누가 교회 내에서 전통들의 성격을 규정했는지에 대한 의문이 일어났다. 교황이었는가? 신학자들이었는 가? 감독들이었는가? 아니면 전체로서의 기독교 백성의 영감받은 의 식이었는가? 이점에 대한 의견 차이는 의심의 여지없이 14세기 프랑

14) *Ibid*, pp. 192f.
15) *Ibid*.

스에서의 교황권의 바벨론 유수에 의해서, 그리고 1378년부터 1414년에 소집된 콘스탄스 회의(Council of Constance)까지 지속된 대분리(Great Schism)에 의해서 활발히 논의되었다. 그 해(1414년 : 역자주)까지 이 문제로 인한 심각한 분열이 교회 내에서 계속 일어났으며, 결국 교회의 권위있는 선언을 하게 되는 16세기 트렌트 회의(Council of Trent)가 있기까지 이러한 의견 차이로 인해 교회의 평화는 늘 위협을 받았었다.

　Father Tavard에 의하면 15세기까지 교회에는 전통의 기원에 대해 서로 다른 견해를 가진 세 집단(Three Groups)이 있었다. 첫째 집단은 열정적으로 교황제 옹호자(Papalist)의 선입견을 가진 자들로서 이들은 주장하기를, 교황이 실재적으로 하나님의 위치를 차지할 정도로 교회에 대한 교황의 권위는 절제적이라고 하였다. 그러므로 그의 권위로 인해 전통은 반드시 교회에게서 시작되어야만 한다는 것이다. 두 번째 집단은 Gerson, D'Ailly 그리고 Clamanges와 같은 자들로서 주로 프랑스인들로 이루어졌다. 이들은 성경의 궁극적 권위를 주장했으나, 또한 교회회의들(Church Councils)도 당연히 입법적 권한을 소유했다고 주장했는데 이것은 교회회의들이 성경과 동등한 권위를 차지한다는 것을 의미한 것이다. 세 번째 집단은 Thomas Netter Waldensis와 같은 사람에 의해 대표되었는데, 그는 주장하기를 사도들의 시대 이후부터 구전으로 전달된 기록되지 않은 전통들을 교회가 소유하고 있다고 하였다. Turrecremata의 John은 바로 이러한 전통들 덕분에 성경 안에 기록되지 않은 많은 가르침들을 교회가 적절하게 가르칠 수 있으며 또 교황이 전통들을 최종적으로 해석할 수 있다는 사상(Idea)을 여기에 덧

---

16) Tavard, op. cit., pp. 47ff

붙였다.[16]

몇몇의 중세 사상가들이 전통의 성경과 권위에 대해서 논의하고 있
는 와중에 다른 사람들은 오직 성경으로 돌아가야 한다는데 편향하여
모든 전통을 거부하는 노선을 취하고 있었다. 이와 같은 견해를 가진
자들이 의심의 여지 없이 언제나 교회 안에 있었던 것은 아니지만, 그
러나 이러한 사상을 지지하는 노골적인 운동은 12세기에 처음으로 나
타났다. 리옹(Lyons)의 상인 왈도(Waldo)가 이와 같은 집단들 중에 하
나를 처음으로 조직했다. 오늘날 이탈리아의 왈덴시안 교회
(Waldensian Church)는 이들의 후예이다. 14세기에 다소 유사한 현상
이 영국에서 일어났는데 이는 존 위클리프(John Wycliff)의 가르침에
서 유래하였다. 위클리프는 쟌 후스(Jan Hus)의 지도로 보헤미아
(Bohemia)에서 일어난 이와 상응한 운동(A Parallel Movement)에 간
접적으로 도움을 주었는데 후스는 1414년 콘스탄스 회의(Council of
Constance)에서 이단으로 몰려 화형에 처해졌다. 후스의 경우와 같이
교회는 이러한 중세 '프로테스탄트들'을 모두 이단자들로 간주했다.
그러나 교회 자체의 내부에서조차도 유사한 원리들을 주장한 가브리
엘 비엘(Gabriel Biel)과 레기날드 피콕(Reginald Pecock)과 같은 자들
이 나타났다. 1500년까지 교회 내부와 외부 모두에서 오직 성경만이
궁극적인 권위를 주장하는 함성소리가 점점 높아져감을 들을 수 있었
다.[17]

르네상스 인문주의는 두 가지 의미에서 이러한 동향에 도움을 주었
다. 그 한 가지는 우리가 어떤 고대 저자(Ancient Author)를 알기 위해
서는 원어로 된 저자의 작품으로 돌아가 보아야 한다고 주장했다는 것

---

17) *Ibid.* p 61 ; Congar, *op. cit.,* I, 182 ff.

이다. 기독교도들과 관계되는 한 이것은 성경의 원어인 헬라어와 라틴
어를 의미했다. 그러나 이탈리아의 피꼬 델라 미라돌라(Pico Della
Miradola)와 독일의 로이크린(Reuchlin)과 같은 몇몇 사람들은 구약의
전통적 해석으로서 탈무드를 사용해야 한다고 강조했으며 또한 신약
성경의 해석을 위해서도 유사한 전통을 찾으려고 애썼다, 이리하여 다
시금 성경의 자율성(Autonomy)을 위협하게 되었다. 그러나 일반적으
로는 인문주의의 영향은 성경의 원문으로 돌아가자는 것과 단순한 전
통(Mere Tradition)을 거부하자는 데 있었다. 이와 같은 견해는 인문주
의자들이 전통들(Traditions)에 적용시킨 역사적 비평적 방법이 나타남
으로써 더욱 지지를 얻게 되었다. 그래서 로렌조 발라(Lorenzo valla)
는 서유럽제국(Western Empire)을 교황에게 넘겨준 콘스탄틴 증서
(Donation of Constantine)가 위조임을 입증했다. 이 모든 것에 더하여
인문주의자들이 효과적으로 고전 텍스트들(Classical texts)을 유포하
는데 사용되었던 인쇄술의 발달은 일반인들도 성경을 소유할 수 있도
록 하였다. 아울러 인문주의자들이 성경의 사용을 대중화시키는데 커
다란 영향을 끼치긴 하였지만, 반면에 에라스무스(Desiderius
Erasmus)와 같이 그들 중 대부분은 교회로부터의 복종하라는 요구에
직면하자 신앙의 모든 문제에 있어서 성경만이 최종적인 권위를 가지
고 있다는 주장을 취소하고 말았다.[18]

그러나 우리는 북유럽의 인문주의자들에게는 조금 다른 경향이 나
타났다는 것을 주목해야만 한다. 존 푸퍼(John Pupper van Goch), 붸
셀 간스포르트(Wessel Gansfort), 루흐에라트(Rucherat von Wesel) 그
리고 그 외 다른 사람들—이들은 모두 토마스 아 캠피스의 그리스도를

---

18) *Ibid*, p. 184. Tavard, *op. cit.*, pp. 67ff.

본받아(*Thomas à Kempis's Imitation of Christ*)와 같은 작품을 낳은 Devotio Moderna(새로운 헌신)에 의해 영향을 받았다—은 성경연구 자체를 가치 있는 것이라고 훨씬 더 강조하였다. 이들은 또한 주로 고대 작품들에 대한 관심으로부터 착수하였던 로이크린(Reuchlin) 등과 같은 사람들처럼 행하지도 않았다. 이들은 스스로 기독교 신앙의 종교적 이해(Religious Understanding)를 추구하였다. 루흐에라트 (Rucherat)는 그의 사고에 있어서 성령이 항상 교회를 통하여 말씀하시는 것은 아니므로 오직 성경만이 최종적인 권위를 갖는다는 것을 종종 시인하였다.[19]

오직 이러한 배경에 의지하여 우리는 칼빈의 입장을 분명하게 알아볼 수 있다. 기독교 교리의 발견(The Development of Christian Doctrine)이 교회의 무오한 성경해석으로부터 발생하건, 아니면 그리스도의 신비스런 몸으로서 교회 자신의 자원(Resources)으로부터 말미암은 권위 있는 전통을 공식화하는 교회의 사제적 권한(Magisterial Power)으로부터 발생하건 간에 일반적으로 로마교회는 최종적인 권위를 기독교 교리의 발전에다 두었다. 다른 한편 로마카톨릭은 여기에 연루된 수많은 문제들(Issues)에 대해 나누어졌을 뿐만 아니라, 어떤 이들은 교회를 능가하는 성경의 절대권위를 단호히 주장하였다. 이와 같은 후자에 속하는 자들 중에 어떤 이들은 이단자라 하여 출교를 당하거나 박해를 받았다. 그런가 하면 어떤 이들은 언제 터질지 모를 반항의 상태로 교회 안에 머물러 있었다. 칼빈은 이러한 사태의 진전들 (Developments)을 알았으며 실지로 그들의 영향을 입었다. 따라서 칼빈은 그들이 말해야만 했던 것의 영향 속에서 자신의 견해를 말하였

---

19) *Ibid.*

다. 그러므로 우리는 칼빈을 로마카톨릭에 대항하여 성경의 권위를 강
조한 운동의 최고봉에 오른 사람으로 간주할 때에 비로소 그를 이해할
수 있는 것이다.

3. 칼빈의 전통 비판(Calvin's Critique of Tradition)

16세기 종교개혁가들 중에서 전통을 공격함으로써 중세교회에 대
한 대항을 시작한 사람은 아무도 없었다. 루터의 출발점은 '오직 믿음
에 의한 칭의'(Justification by faith alone)의 교리였다. 그러나 엑크
(Eck)와 다른 사람들이 루터의 가르침이 신약성경과는 명백하게 일치
하는데 반해서 교회의 전통에 대립된다고 그를 지적했을 때 그는 전통
의 권위에 대한 문제에 직면해야만 했다. 그것은 즉시 성경과 전통 중
에 어느 것이냐?의 문제로 대두되었다. 콩가(Congar)는 교회의 살아있
는 말씀(The living word of the Church) 위에 인쇄된 말씀(The Printed
word)을 놓게 한 인쇄술의 발명에다가 불공정하게 흠을 잡으려고 하지
만, 그러나 이것은 문제의 핵심을 잘못 짚은 것 같다.[20] 종교개혁가들
은 그들보다 앞선 다른 사람들과 마찬가지로 만약 전통에 대한 로마교
회의 견해가 주어졌다면 필연적으로 성경과 전통에 대한 상대적인 권
위의 문제에 대해서 대답을 해야만 했을 것이다. 왜냐하면 그들은 상
소의 최종법정에 반드시 서야만 했기 때문이다.

종교개혁의 불을 지핀 자로서 루터는 이 문제에 정면으로 대처한 프
로테스탄트 지도자들 중 최초의 인물이었다. 1518년 라이프찌히

---

20) Congar, *op. cit.*, I, 184ff.

(Leipzig) 토론에서 엑크는 루터로 하여금 교부들도, 교회법(The Canon Law)도 말고 오직 성경만이 교회를 위한 최종적인 말씀을 가지고 있다는 것을 주장할 수밖에 없도록 하였다. 이로 인해 로마카톨릭 변증가들은 그때부터 계속하여 루터를 공격하여 왔으며 오늘날도 여전히 논쟁은 계속되고 있다. 언제나 이신칭의 교회의 빛 안에서 성경을 해석해야 한다고 주장함으로써 루터는 성경 위에 군림하려 했으며, 또한 루터는 참된 교회란 오직 자신의 편애하는 교리(이신칭의—역자 주)에 동의하는 자들로만 이루어진다는 것을 주장하였다고 타바르트 (Tavard)는 선언하고 있다.[21] 그러나 타바르트가 반드시 옳았다고는 볼 수 없다. 왜냐하면 루터는 성경이 자세하게 금지하지 않는 것은 심지어는 공적 예배에서까지도 합법적인 것이라고 주장했기 때문이다. 이것은 루터가 전적으로 전통의 권위를 거부한 것이 아니라 단지 성경에 대립되는 곳에서만 거부했다는 것이다.[22] 이로 보아 루터는 성경의 권위에 대한 자기 자신의 이해(Understanding)를 논리적 결론에 이르도록 밀고 나아가지는 않은 것 같다.

프로테스탄트의 입장을 충분히 밝혀내는 일은 칼빈에게 맡겨졌다. 루터보다 더 조직적인 사유자로서 칼빈은 자신의 논증(Argument)을 논리적 결론에 이르도록 밀고 나아갔다. 더구나 그는 자신의 논증을 기독교 교리 분야뿐만 아니라 기독교인들의 생활과 교회의 생활 (Christians and the Church's life),—개인적 행동, 교회행적, 교회예배—의 모든 국면에 적용시키려고 노력하였다. 이렇게 하여 그는 성경의 권위에 대한 이해와 또한 로마카톨릭의 전통관에 대한 비판을 위한 건전한 토대를 마련하는데 성공하였다.

---

21) Tavard, *op. cit.*, pp 80ff를 참조하라.
22) Works of Martin Luther, Philadelphia, 1915~32 VI, 84f

종교개혁에 대한 논쟁들에 있어서 구교의 주역들은 자기들이 초기 5세기 동안 교부들로부터 지지를 받는다고 계속해서 주장하였다. 이들에 대하여 칼빈은 결코 교부들을 거부하지 않았으며, 오히려 어떤 제한 아래서 안내자와 교사로서의 교부들의 권위를 인정했다.[23] 그들은 사도들의 제자들을 알고 있던 교회를 대표했다. 그러므로 오늘날의 교회는 주의깊게 그리고 겸손하게 그들에게 귀를 기울여야 한다. 게다가 칼빈은 그가 한 번 이상의 경우에서 입증했듯이 공언하였을뿐만 아니라 실지로 자신이 그 시대의 최고 교부학자들 중 한 사람이라는 견지에서 그의 원리들을 실행하였다. 칼빈은 교부들에 대한 방대한 지식에 근거하여, 만약 교부들이 당대의 시대에 다시 나타난다면 결코 당시의 교회를 인정해주지 않고 개혁가들을 지지해 줄 것이라고 말할 수 있었다. 그리하여 칼빈은 "만약 논쟁이 교부의 권위(Patristic Authority)에 의해서 결정될 수 있다면 승리의 물결은—매우 온화하게—우리 편으로 흐르게 될 것이다"라고 믿었던 것이다.[24]

교부들 가운데 어거스틴(Augustine of Hippo)이 최고의 신학자라고 칼빈은 주장하였다. 그는 「기독교 강요」에서 어거스틴을 3000번 이상 인용하고 있으며 또한 다른 작품에서도 어거스틴은 신학에 있어서 일종의 북극성(Pole star)으로 등장하고 있다.[25] 그러나 칼빈은 맹목적으

---

23) Revillaud는 앞에 기록된 그의 책 p. 30에서 다음과 같이 주장하고 있다. 즉 칼빈은 교리와 행동의 방법(les manieres de faire) 사이에 구별을 짓고 전통은 오직 교회의 행정(Polity)과 교육(Discipline)에서만 권위를 갖는다고 했다. 그러나 칼빈은 결코 이러한 영역까지도 전통에 넘겨버리지는 않았다. 교부들처럼, 칼빈은 그리스도가 모든 영역에서 지상권(Supremacy)을 갖는다고 주장하였다.

J. Calvin, 「기독교 강요」, J. T. McNeill 편집, F. L. Battles, 역, Philadelpia, 1960 '서문' Sec. 4 ; Congar, op. cit., I, 187을 참조하라.

24) Calvin, 위의 인용문, Congar, op. cit., I, 187을 참조하라. 또 Reveillaud, op. cit., p 26을 참조하라.

25) Ibid., L. Smits St. Augustin dans l' oeuvre de Jean Calvin, Assen, 1947. I, 254ff.

로 그를 따르지는 않았다. 필요하다고 느끼면 그의 견해를 비판하고 거부할 수 있는 권리를 언제나 사용하였다. 어거스틴의 성경주석의 많은 부분뿐만 아니라 연옥설, 독신주의 등을 거부하였다. 왜냐하면 성경을 알레고리칼하게 해석하기를 좋아하는 어거스틴의 태도를 그는 전적으로 부당하다고 느꼈기 때문이다.[26] 주석가로서의 칼빈은 역사적 문법적 방법(The Historico Grammatical method of Interpretation)에 훨씬 더 가까웠던 크리소스톰(Chryosotom)을 더 선호했다.[27] 그러나 칼빈은 어느 경우에서건 간에 성경적 가르침에 일치하는 것이 크리스천에게 최종적 권위가 되며, 따라서 이러한 교부들까지도 언제나 반드시 성경에 종속적이어야 한다고 주장하였다.[28]

칼빈의 전통에 대한 이와 같은 입장이 어거스틴과 전적으로 일치하기 때문에 다른 모든 것들에 동일한 규범을 적용함에 있어서 자신이 가장 위대한 교부(어거스틴—역자 주)와 참으로 일치하다고 주장하였다. 이것은 교부들의 권위가 그들의 고대성(Antiguity)이나 교회에 의한 일반적인 인정(General Aueptance by the Church)에 있지 않다는 것을 의미했다. 왜냐하면 그들의 권위는 결국 순전히 파생적인 것이기 때문이다. 단지 그들이 성경을 진실하게 그리고 충실하게 해석할 때만이 그들은 주목받을 수 있는 것이다. 하나님의 나라에서는 시간의 경과에 의해서, 오랜 습관에 의해서 또는 인간의 음모에 의해서도 간섭받을 수 없는 그 분의 진리만이 들려져야 하고 주목되어져야한다.[29] 그러므로 교부들이라 할지라도 한계성을 갖고 있었다.

---

26) *Ibid.*
27) *Ibid.* I 265f.
28) Calvin, 『기독교 강요』. 서문 Sec. 4. Congar, *op. cit.,* I 187f.
29) *Ibid.* Sec. 5.

칼빈은 교부들이 성경을 이해하는데 있어서 또 성경적 교리와 실행
을 규정하는데 있어서도 실수를 했다고 매우 단호하게 주장하였다. 이
러한 로마교회는 참되고 올바른 성경해석을 생략한 채 교부들을 따랐
다는 것이다.[30] 더 나아가 칼빈은 교회는 항상 기록된 말씀을 통해서
말씀하시는 그리스도에게 복종해야 한다는 것을 교부들이 거듭 주장
하였지만 로마교회는 자신들이 원할 때면 언제라도 교부들을 무시하
거나 배반해버릴뿐만 아니라 그들의 전통에 의해서 성경말씀 자체의
가르침을 모호하게 하여 이해할 수 없도록 만들었다는 것을 지적하였
다.[31]

이러한 이유로 인해 칼빈은 로마카톨릭 전통을 거부하는 것을 전적
으로 자유롭게 느꼈다. 모든 의식, 성례, 교리 그리고 권위는 성경이라
는 시험대로 나와야 한다. 그리하여 만약 이것들이 잘못되었다면 교회
는 이것을 거부해야만 한다. 그런데 칼빈의 판정에 의하면 이러한 것
들 중에 많은 것들이 복음에 재앙의 결과를 초래할 만큼 잘못된 것들
이었다. 따라서 칼빈은 교회의 생활과 사역(The life and work of the
Church)을 위해서는 신구약 성경이 유일한 권위가 된다는 원리
(Principle) 위에 자신의 입장을 명백하고도 확고하게 세웠다.

그가 이와 같은 입장을 취함에 의해서 로마와 제네바 간의 분리는
명백하고도 이을 수 없는 사이가 되었다. 오직 성경만(Scriptura Sola)
을 주장하는 뚜렷한 이 입장에 대해 트렌트 종교회의(Council of
Trent)는 성경과 전통(Scriptura et Tradition)의 권위를 주장함으로써

30) *Ibid.* Sec. 4.
31) *Ibid* ; Smits, *op. cit.,* pp. 254ff.
   Reveillaud가 (*op. cit.,* pp. 27ff) 칼빈이 초대교회의 전통적 의식들을 거부했다고
   주장할 때, 그는 칼빈을 너무나 편협하게 본 것 같다. 또 칼빈의 명백한 진술들을
   많이 무시한 것 같다.

역시 단호한 응답을 하였다.[32] 콩가(Congar)는 "사실상 성경에 포함되어 있지 않는 사도적 전통들의 규범적인 가치(normative value)를 확정하는데 있어서 그 교회회의 (The Council,트렌트회의—역자 주)는 비록 성경에 관련하여 볼 때 자율적(Autonomous)이지는 않지만, 전통을 성경과는 다른 하나의 형식원리(a formal principle)로 간주하였다"고 했다.[33] 이것이 바로 실제적 의미에 있어서 아직까지 여전히 순수 프로테스탄트와 순수 로마카톨릭 사이에 실질적으로 투쟁하는 점이다. 그것은 다음과 같은 질문의 문제이다. 즉, 무엇이 크리스천의 최종 권위가 되는가? 이 물음에 대해 양 진영에 모두 만족스러운 대답을 주기까지는 '재연합'(Re-Unin)은 한갓 꿈에 지나지 않는 것이다.

4. 칼빈의 반(反)전통적 전제들(Calvin's Anti-Traditional Presuppositions)

앞에서 살펴본대로 칼빈은 교회의 전통이 성경의 가르침에 일치하지 않는 한 그 권위를 거부하였다. 게다가 그는 중세교회의 전통을 반성경적(Anti-Biblical)이라 하여 단호하게 거부하였다. 이것은 참으로 명백한 사실이다. 그러나 우리가 이 사실을 말함에 있어 아직은 철저한 이해가 여전히 부족한 것 같다. 왜 그가 이와 같은 입장을 주장하였는가? 어떤 점에서 그의 견해(Point of view)는 그의 전(全) 신학적 입장을 포함하고 있으므로 우리가 그의 입장을 이해하기 위해서는 「기독교 강요」를 처음부터 끝까지 읽어야 한다고 말하는 사람이 있을지도

---

32) Congar, *op. cit.*, I. 197f
33) *Ibid.* I, 188(저자의 번역)

모르겠다. 그러나 칼빈의 신학에 있어서 세 가지의 독특한 문제를 살펴봄으로써 그의 입장을 이해할 수 있을 것 같다. 그것은 성경, 교회 그리고 성령이다. 이 세가지 문제에서 우리는 칼빈의 전통관을 설명하는 열쇠를 발견하게 된다.

칼빈에게 있어서 구약과 신약은 하나님의 말씀이다. 「기독교 강요」를 처음부터 제2장 혹은 제3장까지만 읽어본 사람이라면 이 사실을 금방 명확하게 알 수 있을 것이다. 성경을 읽을 때 우리는 성경을 통해서 말씀하시는 하나님의 음성을 듣는다.[34] 워필드(Warfield)가 말했듯이 성경에는 인간적인 것은 하나도 섞여 있지 않다.[35] 이것은 선지자들, 사도들 그리고 그 외 다른 성경기자들이 하나님의 대변자로서 말하였기 때문이다. 만약에 그들이 자신들의 말을 하였다면 이사야의 부정한 입에서, 그리고 예레미야의 어리석은 입에서 부정함과 어리석음 외에 무엇이 나올 수 있었단 말인가? 그러나 그들이 성령의 도구가 되었을 때 그들은 거룩하고 순결한 입을 갖게 되었던 것이다. 또 다른 곳에서 칼빈은 사도들에게 "다소간 말을 받아쓰게 하시는 성령에 관하여 말하고 있으며 그밖의 다른 아무 곳에서도 하나님은 자신을 그와 같이는 계시하시지 않았기 때문에 우리는 다른 자료부터는 하나님의 말씀을 들을 수 없다"고 했다.[36]

칼빈은 성경의 권위와 충족성에 대한 그의 주장을 성경의 유일성(Uniqueness) 위에다 구축한다. 그리고 당연히 하나님의 계시된 말씀인 성경의 자료(Source)로 인해 성경은 크리스천을 위한 지상(至上)의 권위를 갖는다. 이 말은 다시 성경이 하나님께서 인간에게 요구하시는

---

34) 「기독교 강요」 I. 6,7,9장
35) B. B. Warfield, Calvin and Calvinism, New York 1931, p. 67.
36) 「기독교 강요」, IV, 8, iii, iv, viii.

모든 것을 담고 있기 때문에 충족하다는 것을 의미한다. 칼빈은 크리스천이 자연과 역사의 연구를 통해서 하나님에 대한 더 많은 지식을 얻을 수 있다고 믿었는데 이것은 단지 크리스천이 성경에 의해서 이미 계몽된 눈으로써 자연을 바라볼 때에만 그렇다는 것이다.[37] 선지자들과 사도들은 하나님의 대변자로서 인간이 하나님에 관하여 알 필요가 있는 모든 것을 신적 권위로써 계시하였다.[38]

칼빈의 안목에 있어서 이것은 궁극적으로 인간이 하나님을 알아야 할 필요성과 하나님에 대한 인간의 책임성에 대해서 성경이 충분히 충족시켜 주고 있다는 사실을 의미한다. 비록 하나님께서는 여러 다른 방법으로, 그리고 여러 다른 영감받은 개인들을 통하여서 수세대에 걸쳐 내려오면서 말씀하셨지만, 당신의 성육신하신 아들 안에서 그리고 그 아들을 통해서 그 과정(Process)을 완성하셨다. "그 분은 자기 자신 이후 다른 사람들이 말할 것을 아무 것도 남겨 두지 않으셨다."[39] 그러므로 더 이상의 것은 필요하지 않다. 그래서 당대의 많은 개혁주의 신앙고백서들이 주장했듯이 신구약성경은 신앙과 생활의 유일무오한 법칙인 것이다.

그러나 성경의 최종 권위에 대한 칼빈의 이와 같은 주장이 전통에 대한 그의 입장을 완벽하게 설명해 주지는 못한다. 전통의 권위에 대한 신념은 교회의 권위를 포함한다. 성경을 해석함에 있어 로마교회가 저자(Author) 즉, 최종 권위자가 된단 말인가? 그리고 만약 그렇다면 로마교회의 성경해석이 절대적이요, 무오하는 말인가?

이러한 질문들에 답하기 위해서 칼빈은 무엇보다도 먼저 그 당시의

---

37) Warfield, *op. cit.*, p. 114.
38) 『기독교 강요』 IV, 8, ii , vi.
39) *Ibid.* IV, 8, vii.

로마카톨릭교회의 주장에 대해서 대답을 해야만 했다. 그는 여러 곳에서 이에 대한 대답을 하였다. 그러나 그는 「기독교 강요」 제4권에서 자신의 입장에 대해 가장 상세하게 말하고 있다. 그는 자신들이 사도적 계승을 하였기 때문에 권위가 있다고 말하는 로마카톨릭교회의 주장을 잘못된 사도라 하여 반박한다. 왜냐하면 '부분적으로 참빛을 소멸시키고, 부분적으로 그 빛을 제지시키는'(Partly Extinguish the Pure light, Partly Chokes it) 그러한 교회는 악한 열매를 맺기 때문에 결코 그리스도의 교회가 아니라는 것이다. 물론 그가 로마카톨릭 신자 모두를, 또는 로마카톨릭교회의 모든 회중을 비그리스도인(Nonchristian)이라고 명하지는 않았다.[40] 반면에 그는 교황의 절대지상권(Supremacy)에 기초한 전(全) 로마교회라는 건축물은 침범과 속임수로 그리스도의 권위를 불법적으로 찬탈하여 서 있으며, 그 결과 로마교회는 거짓 교회가 되었으므로 누구든지 로마교회로부터 벗어나는 성도는 죄가 없다고 주장한다.[41]

칼빈은 그의 「기독교 강요」 서문에서 로마교회의 근본적인 실수를 지적하고 있다. 참된 교회는 말씀이 순전하게 선포되고 성례가 올바르게 집행되는 곳에 있을 수 있는데 반해, 로마교회는 교회가 언제나 화려하고 장구한 건물에 의해서 가시적으로 나타나야만 한다고 주장한다. 타바르트(Tavard)가 잘 인식하고 있듯이 칼빈에게 있어서 참된 교회는 신앙에로 이끌림을 받은 선택받은 자들의 몸으로 이루어진다. 따라서 성도는 거룩한 공회(The Holy Catholic Church)를 믿어야만 한다. 왜냐하면 그가 그것(거룩한 공회–역자 주)을 항상 볼 수 있는 것은

---

40) *Ibid,* IV, 2, i, vi-xii.
41) *Ibid,* VI, 4-5

아니기 때문이다.[42] 오히려 그것은 하나의 커다란 군집(A large Multitude) 내부에 싸여 있는 하나의 작은 핵(A small Core)이다. 이와는 반대로 이 커다란 군집은 말씀을 선포하고 성례를 집행할 책임이 있는 가시적인 교회를 형성한다. 만약에 이 가시적인 교회가 참으로 이러한 임무를 수행하고 있다면, 비록 의심의 여지 없이 죄의 오염을 경험하게 된다 할지라도 성도는 교회를 떠나서는 안된다. 그러나 동시에 성도는 교회를 성육신의 연장(An Extension of the Incarnation)으로 여겨서는 안되며 따라서 무오한 것으로 생각해서는 안된다.[43]

비록 칼빈이 조직된 가시적인 교회의 중요성을 인식하였지만 그러나 그는 교회가 그 자체로서 본래 그리고 저절로 특별한 영적인 능력을 가졌다거나 교회가 그러한 능력을 교회 직분자들(Officers)에게 전가해 주었다고는 믿지 않았다. 그는 그리스도께서 그의 교회에 함께 하시겠다는 약속(마 28:20)이 개개인 성도들에게 또는 전체로서의 교회에 대하여 무죄함이나 무모함을 보장해 주는 것은 아니라고 주장하였다. 모든 성도들과 그리고 한 몸으로서의 교회는 계속적인 정화(Cleaning)와 성화(Sanctification)의 과정을 필요로 하되 이 일은 성경의 빛 안에서 교회 스스로 반복적인 재점검(Re-Examination)을 함으로써 가능한 것이다. 더욱이 교회의 일차적인 사명은 타락한 세상을 향하여 성경말씀을 선포하는 데 있다. 그러므로 교회는 언제나 반드시 성경에 종속적이어야 한다. 왜냐하면 성경의 기자들(Writers)이 하나님의 영감받은 서기들(Scribes)이었음에 비해 이들의 후계자들은 단지 이들이 가르친 것만을 말할 책임을 갖고 있기 때문이다. 그러므로 교회는 성경말씀을 바꾸거나 덧붙일 수 있는 권위를 가지고 있지 못하며,

---

42) *Ibid*, '서문', Sec 6 ; Tavard, *op. cit.*, pp. 106ff.
43) *Ibid*, IV. ⅰ. ⅲⅲff ; Reveillaud, *op. cit.*, p. 33.

단지 사도들을 통해 하나님께서 계시하신 것을 서술하고 설명할 수 있
는 권위만을 가지고 있을 뿐이다.[44]

이 말은 교회가 성경에 의해서 승인받는 것이지(Canonized) 성경이
교회에 의해서 승인받는 것은 아니라는 뜻이다. 교회의 권위는 하나님
의 말씀인 성경에 의해서 그어진 테두리 안에서 그 기원과 한계를 찾
는다. 만약 교회가 교리를 발표하거나 예배의식(liturgical Practices)을
규정하려면 신앙 안에서 성도들을 세울 목적으로만 해야 한다. 그러나
어떤 새로운 교리를 만들어내는 것은 허락되지 않는다. 다시 말해 주
님께서 주님의 말씀 안에 계시하신 것 이외의 어떤 예언을 가르치거나
주장하는 것이 허락될 수는 없다.[45] 만약 이러한 것이 허락된다면, 그
러한 규례나 규정들은 하나님만이 주님이시다는 내적인 판단(Interior
Forum)의 견지에서 볼 때 성도의 양심을 규제할 수 없다. 주님의 말씀
에서 벗어났거나 주님의 말씀에 반대되는 교회의 규칙(Rules)이나 규
정(Regulations)은 결코 우리에게 복종을 요구할 수 없다. 그것은 교회
가 교회의 정당한 권위를 벗어나는 것이기 때문이다.[46]

이와 같은 입장으로부터 칼빈은 계속해서 전통의 문제를 그리고 특
별히 교회회의의 결정사항들을 직접적으로 다루어 나간다. 여기서 그
는 모든 교회회의가 반드시 모두 참된 회의만은 아니었다는 것을 지적
한다. 왜냐하면 오직 그리스도를 주님으로 인정하고 그의 말씀에 복종
하는 그런 회의만이 참되고 타당한 회의이기 때문이다. 수많은 교회회
의들이 성경의 가르침에 반대되는 교리들을 선포할 만큼 권리를 남용
하였다. 이로 인해 그러한 교회회의들은 인간의 양심을 규제할 수 있

---

44) *Ibid*, IV. 8, ⅸ, ⅹ.
45) *Ibid*, IV. 8. ⅰ. xiⅴ, xⅴ ; Reveillaud, *op. cit.*, p. 40.
46) 『기독교 강요』, IV, 9, ⅰ-xiⅴ, 10 ; Reveillaud, *op. cit.*, p. 44를 참조하라.

는 참된 권위를 결여한 단지 오류가 있는 인간적 제도에 불과하다는 것을 나타내주고 있다. 모든 교회회의의 결정은 반드시 하나님의 말씀에 의해 심판(Judgement)을 받아야 한다. 그리하여 하나님의 말씀에 일치할 때에만 성도는 순종해야 한다. 그러므로 모든 교회 전통에 대한 검사(Test)는 신구약성경에 부합하고 일치하느냐의 문제이다.

교회와 성경의 관계에 대해 칼빈에 의해 주장된 이와 같은 입장은 이 모든 것에 있어서 성령의 사역에 대한 그 개혁가(The Reformer : 칼빈-역자 주)의 견해에 기초할 때에만 이해되어질 수 있다. 콩가(Congar)가 지적한대로 그는 로마교회의 성직정치제도(Hierarchy)를 거부하면서 교회의 성례적 특성(Sacramental Character)을 부인하였다. 대신에 그는 성령은 성경을 통해 신자에게 말씀하시며 그 신자의 내부에서 직접적으로 역사(役事)하신다는 사실을 주장하였다. 타바르트(Tavard)에게 있어서 이것은 칼빈주의가 성령론(Pneumatology)이라는 뜻이다.[47] 이 두 카톨릭 저술가들은 모두 중요한 점을 지적하였다. 칼빈은 교회가 성경을 통해서 성령의 감독 아래로 숨김없이 나오기 위해서는 교회 자신의 지혜를 포기해야만 한다고 주장하였다. 그렇게 할 때에만 비로소 교회는 참된 교회가 된다는 것이다.[48]

칼빈은 성경의 문제(Subject of the Scriptures)에 대한 그의 모든 사고(Thinking)에 있어서 하나님의 진리의 영이요, 삼위일체 하나님의 제3위가 되시는 분으로서 성령은 성경의 저자라는 것을 주장하였기 때문에 이와 같이 생각했던 것이다. 그는 성령의 활동을 단순히 어떤 일반적인 영향력(General Influence)이나 막연한 안내자(A Vague Guidance)로는 결코 생각하지 않았다. 그는 이 문제에 대해 매우 엄밀

---

47) Congar, *op. cit.,* I, 186 ; Tavard, *op. cit.,* pp. 99f.
48) 『기독교 강요』, IV, 8, xiii.

한 견해를 갖고 있었는데 위에서 언급한 것과 같이 성령이 성경 기록자들에게 의해 사용된 단어들을 실지로 받아쓰게 했다고까지 진술하고 있다.[49] 그러므로 칼빈에게 있어서 성경은 성령에 의해 영감된 (Spirit breathed) 진리의 말씀이었다.

그러나 칼빈은 성령과 말씀의 관계에 대한 그의 견해에 있어서 이보다 더 멀리 나아갔다. 그는 성경의 유일하고 궁극적인 해석자라고 주장하는 로마카톨릭교회의 사제주의(magisterium)를 거부하였다.[50]

칼빈에게 있어서 성경의 최종적인 해석자는 오직 성경의 기록자인 하나님의 성령이다. 성경이 하나님의 말씀이라는 사실을 크리스천에게 깨닫도록 하시는 이도 바로 성령이시오, 크리스천의 마음을 조명하여 성경말씀에 선포된 구원을 진심으로 받아 들을 수 있게 하시는 분도 바로 성령이시다.[51] 이와 같은 모든 일에 있어서 성령은 성경과 확고하게 결합하신다. 이 둘은 결코 분리되지 않는다.

그러나 성령은 자신의 활동을 성경에 한정시키시지는 않는다. 왜냐하면 성령은 성경을 통해서 모든 크리스천들에게, 또한 그리스도의 몸으로서의 교회에 생명의 원천이 되시기 때문이다. 더 나아가 성령은 교회에 생기를 불어넣고, 교회를 강화시키고, 안내하여 다스리신다. 그러나 성령은 이와 같은 사역을 성경 안에서 그리고 성경에 의거하여 (In and by the Scriptures) 행하신다. 칼빈에 관한 한 이 말은 말씀과 교회가 불가분적으로 결합되어 있다는 것을 뜻하며, 또한 이 둘을 함

---

49) *Ibid.* IV, 8, viii.
50) Congar, *op. cit.,* pp. 186f, 197.
51) 『기독교 강요』, I. 8, iff, IV, 8, xiii. 칼빈이 성령의 사역을 설명하면서 새로운 계시를 두고 있다(Posit)는 Tavard의 주장은 옳지 않다. 칼빈은 조명(Illumination)을 강조하고 있으며 새로운 정보를 진술하기를 거부하고 있다.(Tavard, *op. cit.,* pp. 102f ; Warfield, *op. cit* p 110을 참조하라.)

께 결합시키고 있는 힘은 다른 어떤 것도 아닌 바로 하나님의 성령이라는 것이다. 그러므로 교회가 참교회이기 위해서는 말씀을 통해서 공개적으로(Openly), 그리고 효과적으로(Effectively) 교회에 찾아오시는 성령의 생명으로 살아야만 한다는 것이다.[52]

그러면 전통은 어떻게 되는가? 로마교회는 주장하기를 성령은 정경(Biblical Canon)의 범위를 넘어 교회의 전통 안에서 말씀하신다고 말한다. 이에 대해 칼빈은 그와 같은 주장은 성령이 주신 계시를 손상시키는 것이라고 단호하게 대답한다. 게다가 만약 소위 말하는 계시가 성경적 가르침을 따르고 있지 않다면 그것이 또 하나의 다른 영, 즉 오류의 영으로 알 수 있느냐?고 반문한다.[53] 그러므로 크리스천이 받아들여야 할 유일한 전통은 다음과 같은 질문에 타당한 것이라야 한다. 즉, 그것은 성경적인가? 만일 그렇지 않다면 크리스천은 그것을 거부해야만 한다. 칼빈에게 있어서 이것은 로마교회주의자의 교회론을 성경 밖의 것(Extra-Biblical)으로 거부해야 하며, 만약 이들의 교회론을 받아들인다면 교회전통이 무오하다고 하는 데까지 가게 된다는 것을 의미했다.

오늘날 바로 이 점에 있어서 개혁주의 입장은 가장 심한 정면공격을 받고 있다. 칼빈이 감정(The Emotional)을 댓가로 지성(The Intellectual)을, 교회(The Ecclesiastical)를 댓가로 개인(The Individual)을 강조했다고 생각하는 몇몇 프로테스탄트들은 하나님의 계시로서의 성경에 대한 칼빈의 철저한 순종이 신—인의 만남(The Divine—Human Encounter)의 실존적 성격을 무시하고 있다고 주장한다. 그러가 하면 로마카톨릭 교도들은 보통 칼빈의 가르침이 성도의

52) 『기독교 강요』, IV, 8, viii ; Warfield, op. cit., p. 82.
53) Ibid. 앞의 인용문, 『기독교 강요』, '서문' Sec 3. I : 9, ii, iii.

교제(The Communion of the Saints)를 무시하고 있다고 간주한다. 그러나 우리는 이 두 경우에 있어서 모두 '오직 성경만'을 위하여 전통을 거부하고 있는 칼빈을 공격하는 그 본심이 유일한 하나님의 말씀으로서의 성경에 최종적인 권위를 부여하는 칼빈의 주장을 회피하고자 하는데서 말미암고 있다는 사실을 알 수 있다.[54]

그러나 성경을 주의깊게 연구하기 위해 뒤돌아 볼 때에 칼빈이 옳았다는 것을 우리는 부인할 수 없다. 성경 어디에도 성경 밖의 교회전통(Extra—Biblical Ecclesiastical Tradition)이 권위있는 신적 계시라고 하는 여지를 남겨놓고 있지 않다. 더 나아가 오직 이러한 입장을 지키고 있을 때에만 우리는 오늘날 프로테스탄트 교회에 범람하고 있는 낭만적 감상주의(Romantic Sentimentalism)와 로마카톨릭교회의 사도적 교황주의(Apostolic Papalism)에 대항할 수 있는 것이다. 신앙을 유지하기 위해서 우리는 바로 칼빈에 의해서 요약된 다음의 교리를 확고하게 지켜야만 한다.

여기에 우리가 반드시 주의해야만 할 보편법칙이 있다. 즉 하나님께서는 거짓말이나 속일 수 없는 오직 참되신 분으로서(롬 3:4) 자기 자신만이 영적인 교리에서 우리의 유일한 스승이 되시고자 인간으로부터 새로운 교리를 발표할 수 있는 능력을 빼앗으신다는 것이다.[55]

---

54) Congar, op. cit., pp. 184. 194.
55) 『기독교 강요』, IV, 8, ix.

제 4 장

칼빈과 자본주의

머리말

일반적으로 칼빈은 자본주의의 창시자라고 평가되고 있다. 대학에서 16세기의 역사 혹은 경제사를 강의해 보면 많은 학생들이 이것을 하나의 격언과 같이 받아들이고 있는 것을 곧 알게 된다. 그런데 이같은 사실은 비단 대학에만 국한된 이야기가 아니다. 학술지와 청교도(淸敎徒)의 노동윤리에 관계된 책들을 보면 그러한 경향이 두드러지게 나타나고 있으며 이같은 사회학적이고 윤리적인 현상의 기원을 추적해 들어갈 때 항상 저 제네바의 개혁자에게 귀착된다. 올더스 헉슬리(Aldous Huxley)가 한 말을 상기해보자. "종교개혁가들은 구약 성경을 읽고 유대인들을 모방하려고 노력함으로써 가장 혐오스러운 청교도들이 되고 말았다."

이 청교도들 때문에 인습을 존중하고(Grundyism) 자기만족적인(Podsnappery) 태도가 나타났을뿐만 아니라 (웨버와 토니가 지적한 바와 같이) 사악하고 잔인하고 가장 비인간적인 근대 자본주의가 나타났다.[1] 그러나 올더스 헉슬리는 분명히 면밀한 검토의 과정을 거치지 않은 채 웨버와 토니를 무조건 신뢰했던 것이 사실이다. 과연 그의 주장은 타당한 것일까?

1. 문헌소개

칼빈과 자본주의와의 관계를 다룬 논문으로는 막스 웨버의 「청교도 윤리와 자본주의 정신」(*Die protestanche Ethik und der Geist des Kapitalismus*)이 있는데 이 책은 1904~5년에 발간되었고 1920년에 그의 종교사회학에 관한 주저(主著)에 재수록된 바 있다.[2] 이 책에서 주장하는 웨버의 기본 전제는 종교란 문화의 경제적 사회적 정신(Ethos)의 근거가 된다는 것이다. 그렇게 주장함으로써 결국 그는 경제적 사고와 행위가 종교 및 기타 이론적 사유가 근거가 된다는 마르크스의 생각을 반대하였다. 그러나 많은 마르크스주의자들은 웨버의 전제를 채택하여 종교와 자본주의를 불신하는데 사용하였다.

웨버는 18세기 미국의 지도자 벤자민 프랭클린을 인용함으로써 자신의 저술(著述)을 시작하고 있다. 그는 프랭클린의 부친이 엄격한 칼빈주의자였으며 자연신론자(自然神論者)였기 때문에 프랭클린이 바로 부친의 생활철학을 채택했다는 사실을 지적하고 있다. 이 생활철학은 중세시대의 그것과는 전적으로 다른 교리로서 루터와 칼빈이 주장했던 것이다. 중세 사상가들이 성직자 혹은 종교생활을 영위하는 자들에

---

1) H. M. Robertson, *Aspects of the Rixe of Economie Individualism* (Cambridge, 1933). p. 208.
2) *Gesammelte Aufstze zur Religionssoziologie*(Tübingen, 1920-1). 3vols.

계만 소명개념(召命槪念)을 적용했던 반면 종교개혁가들은 그것을 인간의 모든 생활영역에 적용했다. 하나님은 개개인에게 알맞은 독특한 직업을 부여해주셨다.

루터가 철저한 논리적 근거에 입각한 소명개념을 주장하지는 않았다고 주장하면서 웨버는 이 개념의 제창자가 요한 칼빈이었다고 주장하고 있다. 칼빈의 선택, 예정교리가 이 개념을 발전시키는데 도움을 주었다. 웨버의 주장에 따르면 선택교리는 칼빈신학 전체의 핵심이요 기본이요, 따라서 그는 개인주의의 기초를 놓은 장본인이었다고 한다. 인간은 교회, 성직자, 또는 다른 구원의 수단에 의존하고 있는 것이 아니라 오로지 하나님의 선택의지에만 의존하고 있기 때문에 하나님 앞에 개별적으로 설 수 있다. 따라서 인간은 자기자신을 하나의 개체로서 생각할 수 있는 바, 이것은 모든 그의 행위는 개별적이라는 의미가 된다. 더욱이 개인으로서의 인간은 소명을 통하여 자신의 선택, 자신의 구원을 이루어가야 한다. 이렇게 함으로써 그는 하나님을 영화롭게 할 수 있을 것이다. 그러나 이와 동시에 자신의 선택과 소명개념을 획득하는 것도 아울러 필요하다.

웨버에 의하면 그것은 17세기 영국과 New England, 화란의 청교도 정신의 근간을 형성했다고 한다. 이러한 이유 때문에 청교도들은 대단히 자제력이 강했다. 베드로후서 1:10에 따라 '소명과 선택을 확고히 할 것'을 목사들로부터 요청받은 그들은 '사업에 태만하지 아니하고 열심을 품고 주를 섬겼다'(롬 12:11). 그 결과 청교도들은 자신들의 소명감에 따라 개인적 향락에 시간을 허비하지 아니하고 열심히 일할 수 있었다. 여기서 세속적 금욕주의가 나타났다고 웨버는 밝힌다. 그들은 분명히 세상 안에 있었지만 세상에 속해 있지는 않았다. 그들은 세상과의 분리라는 수도원적 이상을 방종과 무절제가 판치는 세상에, 곧 그들의 매일매일의 일상생활에 적용하였다.

청교도들은 금욕적인 태도로 경제생활에 임했기 때문에 상당한 부를 축적할 수 있었다. 문제는 그들의 노동으로 얻은 이 재물을 여하(如何)히 사용하느냐 하는 문제였다. 칼빈은 사업상 번 돈에 대해서 5%의 적정한 이자를 붙이는 것을 그렇게 나쁘지 않다고 가르쳤기 때문에 타인에게 돈을 빌려줄 수 없었다. 그런데 웨버는 이 사실을 별로 크게 다루지 않고 있다. 오히려 웨버는 그 돈이 사치스러운 개인적 향락에 사용되어서는 안되고 수입과 자본을 증식시키는데 산업적으로 사용되어야 한다는 사실만을 강조하고 있다. 그러면서 그는 또한 청교도들이 좀 더 나은 이윤을 얻기 위해 가능한 한 임금을 낮게 책정해야 하며 가난한 사람이 가난한 이유는 나쁜 습관 또는 게으름 때문이므로 마땅히 가난한 자에게 베푸는 자선은 자유와 관대함에 입각해서만 시행되어야 한다고 주장했다고 생각하고 있다.

이러한 삶의 태도 때문에 자본주의가 산업혁명기에 발전할 수 있었고 오늘날까지 그 명맥을 이어오고 있으며 이제는 그 종교적 정신은 사라져버리고 다만 돈만을 미친듯이 추구하는 경향만이 남게 되었다고 주장한다.

웨버의 명제를 대중화시키고 확산시킨 데에는 두 사람의 업적이 돋보인다. 한 사람은 독일 신학자 트릴취인데 그는 그의 저서 「*Die soziallehrer der Chritlichen Krichen und Gruppen*(Tübingen, 1912)」에서 웨버의 기본 전제들에 동의하면서도 많은 수정을 가(加)하고 있다. 웨버 자신이 지적한 바와 같이 트릴취는 신학 혹은 교훈에 관심이 있었던 반면 웨버 자신은 그것들의 결과에 관심이 있었다. 트릴취는 칼빈이 부보다는 가난함이 경건을 배양시키는데 도움이 된다고 믿고 있었다고 주장했다. 더욱이 칼빈주의자들은 정치 참여를 거부했고 따라서 상업이나 산업에 관심을 기울이게 되었다고 주장했다. 그와 동시에 칼빈주의적이고 청교도적인 윤리에서 배태된 자본주의는 수많은 자본주의의 모델들 가운데 하나에 불과하다고 주장하고 있다. 그러나 그는 칼빈이 청교도적이고 기독교적인 금욕주의 개념을 가지고 현대 자본주의의 토대를 놓았다는 견해를 받아들였다.[3]

웨버의 이론을 받아들인 또 한 사람의 학자는 영국의 역사가 R. H. Towney인데 그의 저서 「*Religion and the Rise of Capitalism*(London, 1926)」은 현대 서구 초기의 영어권 역사가들에 지대한 영향을 끼친 바 있다. 다시 말해서 트릴취와 같이 웨버의 기본적 견해를 받아들이면서도 토니는 약간의 수정을 가하고 있다. 그는 노동은 기독교인에게 있어서는 아주 정당한 것이지만 상업을 윤리적으로 위험한 것이라는 중세적 윤리에 대해 논의를 함으로써 자신의 이론을 전개시키고 있다. 그는 계속해서 상업(Business)과 자본주의가 15세기에 어떻게 팽창되어 왔는가를 보여주고 있다. 그는 뒤이어 칼빈의 견해를 좀 더 철저하게 분석하고 있다. 그러나 그가 지적하는 것은 종교개혁 당시로부터 18세기 초엽에 이르기까지의 시기는 사업과 상업이 크게 팽창되긴 했지만 종교와 사업이 분리되기 시작한 시대이기도 하다고 언명(言明)하고 있다. 따라서 후기 17세기 자본주의자들은 종교적 혹은 윤리적 원리의 도움을 받았다기보다는 편의상 사업활동에 의해서만 더 많은 영향을 받았던 사람들이었던 것처럼 보인다. 이 모든 사실들을 통해 한 가지 지적하고 싶은 점은 칼빈이 이자를 취득하는 것이 정당하다는 사고의 문을 열어놓음으로써 중세시대에는 상상조차 할 수 없었던 방법으로 재정적 자본주의의 발전을 유도했다는 사실이다. 트릴취도 인정

---

3) *The Social Teaching*, 2, pp. 641ff., 812ff.

하고 있는 것처럼 칼빈의 견해는 자본주의의 청사진뿐만 아니라 사회주의의 청사진으로도 해석될 수 있는 사실을 암시해주고 있다.[4]

결국 웨버의 명제는 여러 가지 문제들을 야기시켰으며, 포괄적인 논의를 유발시켰다. 많은 사회학자들과 역사가들은 그 명제를 받아들였고 특히 Towney의 수정된 명제가 자본주의의 발생을 적절하고 참되게 설명해주는 것으로 받아들였다. 특히 칼빈주의도, 자본주의도 모두 좋아하지 않는 사람들이 더욱 그런 경향을 보여주었고 따라서 올더스 헉슬리가 표명한 견해를 기꺼이 받아들인 학자들이 특히 그랬다. 그러나 칼빈주의가 사회·경제적 사고에 어느 정도 영향을 끼쳤다는 사실을 인정하고 있고 그것을 문명사의 하나의 전환점으로 명명하고 있으면서도 17~18세기의 약탈적인 자본주의 발전에 대한 웨버의 견해에는 동조하지 않고 있는 학자들이 많았다. 그러나 최근에 들어와서 어떤 이들은 종교와 자본주의의 발생은 서로 아무 관련도 없다는 견해에 동조하는 학자들이 늘어나고 있다. 그들은 주장에 따르면, 설교자들이 뭐라고 떠들든지 간에 기업적 충동을 지닌 사업가는 기독교의 윤리적 원리들을 전혀 염두에 두지 않고 멋대로 행동한다는 것이다.

이 밖에도 웨버의 명제를 다룬 학자들과 논문들은 많다. J. T. McNeill과 그의 논문 「*Thirty Years of Calvin Study*(Church History X V II, 1948, pp. 207~2040), B. N. Nelson, *The Idea of Usury*(Prinston, 1969)」는 1969년 이후에 출판된 자료에 대한 충실한 문헌소개를 하고 있다. 이 두 논문이 나타난 이후로 이 문제에 대해서는 수없이 많은 논문들이 발표되었다. 결국 이 문제를 다룬다는 것은 결코 쉬운 일이 아니다. 다만 몇 가지 제목들만을 맛보는 것으로 만족해야만 한다.

---

4) Cf. Parsons가 편집한 Weber, *The Protestant Ethic*…의 서론을 참고하라.

이 문제에 대한 보조 연구서들이 수없이 많이 나타났었다. R. W. Green이 출판한 두 권의 책이 매우 유익하다. 하나는 「*Protestantism and Capitalism*(1959)」이고 다른 하나는 「*Protestism, Capitalism and Social Science : The Weber Thesis Controversy*(1973)」이다. 이 두 권의 책 안에는 유익한 문헌들이 실려 있고 이 주제에 대한 다양한 견해들이 제시되어 있다.

세 번째 책은 S. N. Eisenstadt의 「*Protestant Ethic and Modernization*(New York, 1968)」인데 이 책은 여러 가지 연구방법들에 관한 비교가 실려 있다. 마지막으로 S. A. Burrell의 「*The Role of Religion in Modern European History*(New York, 1964)」는 이 문제를 다룬 네 편의 논문을 게재하고 있다.

Werner Sombart는 「*The Quintessence of Capitalism*(New York, 1915)」에서 F. M. Hnik의 논문 「*The Theological Consequences of the Theological Systems of John Calvin, in the Philanthropic Motive in Christianity*(Oxford, 1938)」와 같은 입장, 곧 웨버에게 동조하는 입장을 취하고 있다. 더욱 최근의 저서들로는 A. Giddens, 「*Capitalism and Modern Sociology*(London, 1971)」, R. E. Rogers Bendix, 「*Max Weber's Ideal Type* (New York, 1969)」, R. Bendix, 「*Max Weber ; An Intellectual Portrait*(Los Angeles, 1977)」등이 있는데 이 저서들도 대략 같은 입장을 취한다. 아마 이 문제에 관한 가장 최근의 저서를 들라면, Gordon Marshall, 「*Presbyteries and Profits : Calvinism and the Development of Capitalism in Scotland, 1560-1707*(Oxford, 1980)」가 있는데 이 책은 웨버의 견해와 스코틀랜드에서 실제로 전개된 자본주의를 비교하고 있다. 이보다 더 최근의 논문은 「*In Search of the Spirit of Capitalism : Max Weber and the Protestant Ethical*

Thesis(London, 1982)」가 있다.

웨버의 견해에 동조하지 않는 학자들은 그들이 어떤 전제를 가지고 있느냐에 따라 여러 갈래로 나누어진다. 웨버의 명제에 동의하지 않는 한 그룹은 주로 마르크스주의 역사가들로 구성되어 있는데 이들은 경제적 결정론을 받아들이면서 종교개혁이 경제적 원인 때문에 일어났으며 그 이외의 다른 원인은 존재하지 않는다고 주장한다. Maurice Dobbs, 「*Studies un the Development Capitalism*(London, 1964)」, P. C. Gordon Walker, 「*Capitalism and the Reformation Economic History Review*, V Ⅲ(1937)」는 마르크스주의 입장에서 해석한 본보기다. 그러나 어떤 학자들은 마르크스주의의 사상을 따라가지 않는다. Christopher Hill, 「*Society and Puritanism in Pre-Revolutionary England*(London, 1964)」, 「*Protestism and Capitalism, in F. J. Fisher*(ed.)」, 「*Essays in Economic and Social History of Tudor and Stuart England in Honour of R. H. Jawney*(Cambridge, 1961)」는 웨버의 명제가 지닌 약점을 잘 지적해주고 있다. Henri See, 「*Aspects of the Rise of Economic Individualism*(Cambridge, 1933)」, K. Samuelson, 「*Religion and Economic Action*(New York, 1961)」 등이 이러한 해석의 대표적 실례이다. 이 저서들은 17, 18세기의 경제 사회적 발전에 자본주의가 끼친 자극을 강조하였다.

경제적 요인들의 중요성을 강조하는 자들을 떠나 웨버의 명제가 진정으로 자본주의에 근거를 두고 있는 것인가를 따지는 학자들은 웨버의 사상에 대해 대단히 날카로운 비평을 가하고 있다. 아마도 가장 포괄적이고 철저한 비평은 Andre Bieler의 「*La Pensée Economigue et Sociale de Calvin*(Geneva, 1959)」에 나타나 있는데 이 책은 칼빈의 견해를 상세하게 다루면서 웨버가 정도(正道)를 벗어나 있다는 점을 지적한다. 이와 비슷한 견해를 표명한 또 하나의 학자는 Amintore Fanfani, 「*Catholicism, Protestantism and Capitalism*(London, 1935)」인데 이 책은 한 걸음 더 나아가 웨버가 제시한 많은 생각들이 종교개혁 이전 의 유럽에서 유행하던 것들이라는 사실을 지적하고 있다. 로마카톨릭 교회의 신조가 지배적이었을 당시에도 자본주의는 이미 보편화되어 있었다.

　Stanford Reid의 저서 「*Skipper from Leith : The History of Robert Barton of Over Barton*(Philadelphia, 1962)」은 같은 결론을 보여준다. 물론 Marshall과 같은 학자들은 Stanford Reid의 결론에 동조하지 않 고 있다. Albert Hyma, 「*Renaissance to Reformation*(Grand Rapids, 1955)」, Henri Hauser, 「*Les Debuts de Capitalism*(Paris, 1927)」, Andre E. Sayous, 「*Calvinism et Capitalism : I' experience Genevoise, Annales d' histoire economigue et sociale* V Ⅱ(1935)」도 같은 입장이 다. 그런데 한편으로 다른 미묘한 뉘앙스를 풍기고 있는 학자도 있다. 아마도 가장 효과적인 비평은 Winthrop Hudson, 「*The Weber Thesis Examined in Church History* ⅩⅩⅩ(1961)」이다.

　웨버 자신에 대한 언급과 이 문제에 대한 웨버 자신의 개인적 관계 를 다룬 문헌으로는 그의 미망인 Marianne Weber, 「*Max Weber : a Biography*(E. T. H. Zohn New York, 1975)」가 있다. 그 외에도 웨버의 심리학적 문제들의 일부를 깊이 있게 다룬 문헌으로는 H. S. Hughes, 「*Consciousness and Society : the Reorientation of European Social Thought*, 1890-1930(New York, 1958)」과 A. Mitzman, 「*The Iron Cage : An Historical Interpretation of Max Weber* (New York, 1970)」 가 있다.

2. Weber의 명제의 배경과 Weber의 이해

이러한 찬반 논쟁에서 과연 누가 옳으며 자본주의 정신은 종교개혁의 결과인가, 아니면 좀 더 정확히 말해서 칼빈주의의 결과인가, 아니면 경제적 원인과 발전이 전적으로 경제적 변동 그 자체에 있는 것인가? 이제 이 문제에 대해 몇 가지만 생각하고 지나가기로 하자.

웨버는 문제의 심층부를 포착하려고 힘썼다. L. A. Coser가 Mitzman의 저서 서문에서도 밝혔듯이 웨버는 자유로운 사고와 권위주의적인 면모를 아울러 갖추고 있던 아버지의 강인함과 부드러우면서도 엄격한 종교성을 지녔던 어머니 사이에서 이중적 성격을 갖게 되었다.[5] 그의 아버지가 성공적인 자본가였기 때문에 이것은 더욱 중요한 언급이 되는 것이다. 그러나 웨버는 이 견해에 대해 반대하는 것 같다. 동시에 그는 가족간의 논쟁에서는 어머니 편을 들었다. 그러나 웨버가 칼빈주의적이고 위그노적인 배경을 가지고 있었던 어머니의 종교적 신앙에 반대했으리라고 보기도 어렵다. 따라서 의식적으로든 무의식적으로든 칼빈주의와 자본주의를 연관시키려는 그의 명제가 동시에 양자를 모두 부인하고 있다는 사실이 그의 독립성을 보여주는 것이 아닐까? 게다가 그의 강력한 독일 민족주의는 독일의 라이벌 가운데 하나인 영국이 사실은 얼마나 불행한 국가인가를 보여주려는 욕망의 자극을 받았으리라고 볼 수도 있다.

웨버에 관하여 제기되는 또 하나의 문제는 방법론의 문제이다. 그는 당대의 사회학적 탐구의 기술을 도입하여 자신이 창출해낸 상황에 들어맞는 청교도 및 자본주의자의 이상적 형식을 만들어냈다. R. E

---

5) A. Mitzman, *The Iron Cage*, p. vii.

Rogers가 설명하고 있는 것처럼 그 이상적 형태는 이상향(理想鄕)이
다. 그런데 이 이상향은 그 어디에도 존재하지 않는다. 그것은 어떤 한
가지 견해를 다른 많은 현상의 종합과 일방적으로 동일시한 것이다.
그는 그것을 일반화된 모델이라고 말하고 있는데 이 모델은 몇 가지
구체적인 사례들로 분류될 수 있다. 그것은 합리적이고 추상적인 것일
뿐 어떤 구체적인 행위 또는 현상으로 묘사하는 것은 아니다.[6] 사회학
자들은 이러한 절차를 즐겨 따르고 있긴 하지만 Christopher Hill이
「Society and Puritanism in Pre-Revolutionary England」에서 지적하
고 있는 바와 같이 사실과는 거리가 먼 것이다.[7] 이 용어는 대단히 많
은 이념과 신학이론과 행동을 내포하고 있는 개념이다. 칼빈이 죽은
이후 여러 가지 다양한 요소들이 150년 동안 청교도 사상에 영향을 끼
쳐왔다는 사실을 덧붙일 수도 있다. 따라서 이상적 형태는 하나의 건
실한 도구로서 이 도구를 사용하여 역사적 현상의 진리에 도달하는 것
이 가능하다고 하겠다.

이러한 이상적 형태(the ideal type)의 방법론과 같은 맥락에서 경
제사회적 격변을 야기한 16 및 17세기에는 다른 요소들도 작용했다
는 사실을 그는 인정하면서도 결정적 영향을 끼친 요인은 다름 아닌
종교적 칼빈주의 및 청교도 정신이었음을 재삼 강조하고 있다. 많은
역사가들이 보여주었던 것처럼 이것이 그의 이상적 형태개념과 일치
하는 것이긴 하지만, 이러한 방법론은 진실을 정확하게 전달하지 못
하는 불구의 접근법을 낳을 수 있다. 더군다나 17세기 말엽 청교도사
상은 Browne, Barrow, Travers, Cartwright 시대의 그것과는 근본적으
로 달랐다는 사실을 지적할 수 있겠다. 1649년에 Des Cartes의

6) R. E. Rogers, *Max Weber's Ideal Type Theory*, pp. 88 ff.
7) C. Hill, *Society and Puritanism*, Chapter 1.

Discours de la Methode(1637), *Meditations*(1641)의 최초의 영어판이 나온 후 John Denies, *William Molyneux*의 다른 번역판이 뒤이어 나왔다.[8] 그의 영향력의 범위는 로크의 인식론이 데카르트의 방법론의 영향을 크게 받았다는 사실에서 발견할 수 있다.[9] 상당히 많은 청교도들이 그 영향을 받은 것이 아닐까? 청교도사상에 있어서 일어난 변화가 갖는 또 하나의 요인은 단지 돈을 벌기 위한 기회확장에만 관심을 기울임으로 말미암아 1650년경 아프리카, 아메리카 근동지방이 모두 영국의 상품의 시장이 되었다는 사실이다. 1550년부터 야기된 물가상승은 시장의 팽창을 자극했다. 동시에 칼빈의 사상과 가르침 가운데 일부(특히, 소명개념)는 칼빈이 전혀 의도하지 않았던 결과를 낳았음이 분명하다.

따라서 청교도의 상행위가 종교개혁 이전의 자본가들의 행위와 근본적으로 달랐겠느냐 하는 문제에 대해서 의문이 제기되지 않을 수 없는 형편이다. 웨버와 그의 추종자들이 중세 자본주의의 실재를 인정하면서도 예정과 소명의 사상에 기초한 칼빈주의 정신이 보다 합리적이고 자본의 축적을 장려한 새로운 방법을 제공하고 있음을 인

---

8) A Discourse of a Methad for the well—guiding of reason and the discovery of truth in the sciences, (London : Printed by Thomas Newcombe for John Holden, 1649) ; Reflections on M. Des Cartes Discourse on Method. Writlen by a private pen in French and translated out of original manuscript by J. D. [John Davies] (London : Thomas Newcombe, 1655) ; Sin Metaphysical Meditations Wherein it is proved that there si a God : hereunto are added the objections made against the Meditations by Thomas Hobb···With the author's answer, all faithfully translated into English, With a short account of Des Cartes life. By William Molyneux(printed by B. G. for Benjamin Tooke, London, 1680).

9) Cf. P. A. Schouls, *Descartes and Lockc : Case Studies in imposition of method,'* *Philosopkia Reformata, 46* (1981), pp. 37ff.

정하고 있다. 그러나 메디치가 (The Medici)*, 프레스코발디 (the Frescobaldi)*, 푸거가 (the Fuggers)* 등등을 살펴볼 때 그들이 사업에 대하여 대단히 효과적으로 접근했던 것을 알 수 있으며 자본의 축적에 종교적 동기를 제공했던 사실도 또한 알 수 있다. 더욱이 그들은 교회가 공식적으로 인정하지 않았는데도 불구하고 이자놀이를 했다.[10]

그러면 칼빈의 입장은 무엇인가? 웨버는 사실상 칼빈을 철저하게 연구하지 않고 있다는 사실이 이채롭다. 그는 칼빈의 교리에 관심을 기울인 것이 아니라 교회가 낳은 결과에 대해서만 관심을 기울였다. 결국 그는 많은 신학적 오류를 범했는데 이 오류들은 예정교리가 칼빈의 신학체계 전반에 있어서 중심적인 위치를 차지하고 있다는 그의 주장에 배치되는 것이다. Hill이 지적한 바와 같이 이것은 중대한 오류이다. 왜냐하면 이신득의(以神得義)의 교리가 칼빈주의의 더 중요한 핵심이기 때문이다. 중보자인 그리스도를 믿음으로 말미암아 의롭다함을 얻게 될 때 그는 자신의 삶을 주님께 복종시켜 현세에서 그를 섬기고 모든 일을 그의 영광을 위해 하는 것이다.[11] 이 교리가 재산 축적의 결과를 낳았다면 그것은 하나님의 축복으로 간주되어야 할 것이다. 그러나 만일 그가 재산을 축적하지 못한다 하더라도 그것은 그가 은총 안에 있지 않다는 경고를 주는 것은 결코 아니다. 왜냐하면 선물은 받

---

* 이 세 가문은 르네상스 및 종교개혁 시대에 있어서 이태리와 독일에서 고리대금을 일삼고 있던 자본가들이었다.

10) Cf. J. W. Thomas, *The Economic History of Europe in the later Middle Ages*(New York, 1965), pp. 65ff. ; H. Pirenne, *The Economic and Social History of Medieval Europe* (New York, 1937), pp. 125ff. 교황자신도 이자놀이를 했다. Cf. A. I. Cameron, *The Apostolic Camera and Scottish Benefices 1418-88* (London, 1934). pp. Yxxxiff. and W. E. Lunt, Papal Revenues in Middle Ages, 1(New York, 1934), pp. 334 ff.

11) C. Hill 'Protestantism and Capitalism,' p. 3c

아도 좋고 또 거부할 수도 있는 것이기 때문이다. 기독교인들은 자신에게 부여된 선물들을 사용해야 한다. 그러나 부(富)가 선택받았다, 또는 성화되었다는 것을 입증해주는 표징은 될 수 없다.

사실상 칼빈은 부에 대한 유혹을 끊임없이 경고하고 있다. 겔 18:7~9에 대한 그의 논평은 이 사실을 명확하게 보여준다. 물론 그는 사업에 반대하는 사람은 아니다. 그가 줄기차게 주장하는 것은 부유하게 된 자들은 언제나 가난한 자들에 대해 책임을 안고 있다는 사실이다. 칼빈을 증오하는 자들은 종종 칼빈이 만일 어떤 사람이 가난해졌다면 그것은 죄의 일종인 게으름 때문이라고 가르쳤다고 주장한다. 그러나 이것은 사실과는 거리가 먼 것이다. 칼빈이 주장한 것은 사람들이 여러 가지 이유로 가난해질 수 있다는 것이며, 많이 가진 자는 도울 의무가 있다는 것이다. 그가 가난한 자와 병든 자를 돌볼 것을 집사에게 요구하고 있는 것만 보더라도 이 사실은 분명해진다. A. G. Dickens가 지적했듯이 그의 본을 따라 영국에 청교도 정신이 생겨날 수 있었다. 이것은 다시 말해서 칼빈이 고용인들에게 적절한 임금을 지불해주라고 요구했음을 의미하기도 하는 것이다.[12] 칼빈의 견해에 따라 청교도들이 노동자들의 임금을 낮게 책정했다는 일설은 역사적 근거가 희박한 이론이다.

물론 어떤 이들은 (이 말은 사실이긴 하지만) 경제적으로 발전하여 자본주의 체제를 만들어낸 국가들이 청교도 국가들이었다는 웨버의 주장도 일리가 있다고 주장할 것이다. 그 까닭은 로마카톨릭교회가 프

12) P. S. Gerbrany, Calvinsme en Maatschappelike *Orde*(Publicaties van de Reunisten Organistie Van A. D. D. D.), no. 9, p. 11 ; Cf J. M. Lechner, *Le Christianisme Social de Jean Calvin*(Geneva, 1953) and A. G. Dickens, *The English Reformation*(London, 1965). pp. 316f.

로테스탄트적 의미의 소명개념을 가지고 있지 않았고, 칼빈주의자들처럼 노동과 저축의 중요성을 강조하지 않았기 때문이라는 말로도 설명할 수가 있기 때문이다. 그러나 Fanfari와 H. M. Robertson이 밝힌 바와 같이 로마카톨릭의 입장에 근거해서 본다면 예수교단(the Jesuits)과 그들의 적인 얀센파(the Jansenists)의 주장이 모두 한결같이 청교도들과 같은 주장을 펴고 있음이 분명하다. 게다가 영국국교회 교인들도 청교도들 자신과 별로 다를 바 없는 청교도 윤리를 강조한다.[13] 로마카톨릭, 영국국교회들과 청교도의 설교자들이 모두 한결같이 끊임없는 활동을 통해 소명을 이루어갈 것을 요구했으며 동시에 하나님 나라에 들어가기 위한 방편으로써 부에 의존하는 것을 경고하였다.

그러면 청교도와 로마카톨릭 국가 간의 차이점은 무엇인가? 우선 첫째, 보다 발전된 자본주의 경제를 이룩하기 위한 운동은 종교개혁 이전에 서유럽에서 시작된 운동이며, 대서양 연안국들이 터키족이나 무어족의 위협과 지중해 국가들의 위협을 전혀 받지 않고 전개되었다는 사실에 주목할 필요가 있겠다. 게다가 해로가 가장 편리한 운송로였기 때문에 바다에 인접한 국가들은 경제적 발전을 극대화시킬 수 있는 위치에 있었다. Antwerp이 아마도 이러한 현상을 가장 잘 설명해주고 있다고 하겠다. 그 외에도 Bordaeux, Nantes, Dieppe, Rouen. Southampton 등의 도시들이 상업과 무역의 중심지들이었다.

새 세계가 열리는 것과 때를 맞추어 이 도시들은 무역을 위한 목적으로 해외로 선단을 파견하기 시작했다. 그러는 가운데 그들의 자본에 대한 필요성이 더욱 증대되었다. 이리하여 Levant, Muscovy, 영국 동

---

13) C. J. Somerville, *The Anti-purtritan Work Ethic*,; *The Jounal of Britich Studies*, X X (1981), pp. 70ff. : H. M. Robert son, Aspects of the Rise of Economic Individualism (Cambridge, 1933), pp. 88ff., 133ff.

인도회사, 네덜란드 동인도회사 등의 합작회사들이 출현하였다.[14] 그러나 만일 그들이 무역에 필요한 충분한 상품을 소유하고 있었다면 국내생산도 증가되어야 했고 일반적으로 노동을 싫어하는 자들에게 노동에 필요한 훈련을 시키지 않을 수 없었으며 이런 가운데 칼빈주의의 소명개념은 근면을 심어주는데 크게 도움이 되었을 것이다.[15] Richard Baxter와 같은 설교자들이 부에 대해 경고를 하면서도 근면을 강조한 것은 그리 놀라운 일이 아니다.

1500년에 시작되어 18세기까지 서유럽에서 급속히 팽창되어 갔던 경제적 팽창은 증기기관의 발명, 새로운 직조술 및 기타 기술의 발달과 더불어 급속히 발전하기 시작했다. 이런 기술의 발달은 더 많은 자본과 숙련된 노동을 요구하였다. 결과적으로 이른 바 산업혁명은 현대 경제발전의 기초가 되었으며 최근의 여러 가지 문제들의 기초가 되기도 하였다.

4. 맺음말

그러므로 웨버의 명제를 살펴볼 때 그와 그의 추종자들은 대단히 복잡한 경제적 발전을 단 하나의 이론으로 설명하려고 시도한 데서 난관에 봉착했다고 결론을 내리지 않을 수 없게 되었다. 어느 한 가지 요인이 자본주의 발생에 유일한 원인이라는 주장은 무책임한 주장이다. 칼

---

14) C. Day, *The istouy of Commerce*(New York, 1907) p. 152ff ; 152ff ; Tawney, *Religion*, pp. 73ff., G. R. Elton Ced, *The Cambridge Modern History,* 2 (Cambridge, 1958), pp. 50ff., H.A. Miskimin, The Economy of Later Renaissance Europe(Cambridge, 1977), passim.

15) Hill, *Socity and Puritanism, Chapter 4.*

빈주의도 물론 하나의 역할을 담당한 것은 사실이다. 칼빈주의는 이자 놀이에 있어서 로마카톨릭보다는 보다 자유를 많이 허용한 것도 틀림 없는 사실이다. 더욱이 오직 왕이신 그리스도에게 복종할 것만을 강조함으로써 칼빈주의는 신자들을 제도적 교회에서 해방시켰던 것도 부인할 수 없다. 청교도들은 양심에 따라 행동했다. 동시에 기독교인들이 정직하고 정당하게 경제활동을 할 것을 강조했다. 그러나 다른 영향력도 분명히 존재하였으며 그 가운데 일부는 칼빈주의와 대립되는 것도 있었다.

현대 자본주의의 발달이라는 문제 전체를 검토함에 있어서 웨버의 이상적 형태에 걸맞는 관점보다는 보다 폭 넓은 관점이 필요하다. 모든 단면들이 다 고려의 대상이 되어야 한다. 또 필요한 탐욕을 구분하는 것도 필요하다. 동시에 항상 염두에 두지 않으면 안될 한 가지 사실은 주권자 하나님이 만물을 통치하시며, 따라서 인간의 분노조차도 그를 찬양하게 될 것이요, 하나님께서는 인간의 분노와 죄악을 억제하실 것이라는 점이다.

제 5 장

16세기에 있어서 칼빈주의의 전파

그 어느 문명 또는 문화에서든지 커뮤니케이션의 문제는 항상 중요성을 지니지만, 특히 우리 서구 사회에서는 더 더욱 중대한 의미를 지녀왔다. 신문, 라디오, 텔레비전 등은 우리의 의사결정 및 사고 전반에 걸쳐 큰 몫을 하고 있다. 과거 그 어느 때 소유했던 것보다 훨씬 많은 커뮤니케이션 기능들을 갖추고 있는 우리는 이 시대야말로 커뮤니케이션, 선전, 아니 그러한 부류의 어떤 것을 실제로 누리고 있는 유일한 시대인 것처럼 느끼곤 한다. 그러나 16세기에로 눈길을 돌려 보면, 갖가지 정보와 사상들이 유럽 전역에 퍼져 나간 방식을 보고 놀라움을 금할 수 없다. 이같은 사상 전파의 가장 두드러진 실례들 중 하나는 칼빈주의가 스위스의 작은 도시 제네바로부터 다뉴브의 저지대에서 스코틀랜드의 북부 지역에까지 폭넓게 퍼져나간 모습에서 잘 나타난다.

루터주의 역시 종교개혁 초기에 매우 급속하게 퍼졌으나, 오래잖아 독일과 스칸디나비아 등의 튜톤족이 우세한 지역을 제외하고서는 마치 썰물이 물러가듯이 퇴조하기 시작하였다. 반면에, 칼빈의 사상은 힘있게 퍼져 들어가 프랑스, 스코틀랜드, 네덜란드, 헝가리 등의 여러 지역에서 루터의 사상을 밀어내곤 했다. 지리적 장애 요소들과 로마카톨릭 세력에 의해 촉발된 박해 등에도 불구하고, 칼빈주의는 그 영향력을 확산시키는데, 그리고 로마카톨릭과 절대주의 정부에 대한 제일의 적으로 간주될 정도로 그 영역을 넓히는 데 성공하였다. 여기에는 여러 가지 이유가 있겠지만, 한 가지 중요한 요소는 칼빈주의가 19세기 유럽 전역에 전파된 법식과 수단이라는 점이다.

이 커뮤니케이션 사상 이해를 시도함에 있어서, 우리는 사상의 커뮤니케이션은 그 사상이 발표되는 사회에 거의 대부분 좌우된다는 사실을 시인하지 않을 수 없다. 우리는 이에 대한 한 훌륭한 실례를 60년대의 대학생들 및 히피 세대에 의해 창안된 유언비어(Jargon)에서 찾을 수 있다. 한 걸음 더 나아가 사회 속에서 사상의 커뮤니케이션 및 전파의 기술이라는 문제는 오늘날 기술적으로 그것을 사용할 수 있는 훈련을 받은 사람들 극소수 이외에는 도무지 이해할 수 없는 바, 컴퓨터가 바로 이 분야에서 완전히 혁명적 역할을 맡고 있는 것처럼, 그지없이 중요한 문제가 아닐 수 없다. 따라서, 칼빈의 사상 전파 성공 이유를 이해하려면, 그리고 그가 이 사상 전파에 성공한 까닭을 설명하려면, 우리는 먼저 종교개혁 및 커뮤니케이션 수단 발달의 사회적 배경을 살펴보아야 한다.

1. 중세 초기 및 근세 초기의 제발달

1300년에서 1500년에 이르는 두 세기는 서유럽 사회에 있어서 급속한, 아니 혁명적인 변화의 시기였다. 만약 페트랄카나 단테가 환생하여 에라스무스를 찾아가 만날 수 있었다면, 그들은 자신들이 살던 시대와는 완전히 다른 세계 속에 있는 자신들의 모습을 발견했을 것이다. 한 가지 예를 들면, 유럽은 흑사병의 무시무시한 피해를 입었는데 이 병으로 어떤 나라에서는 인구의 3분의 1이 몰살하였다. 이 비극은 폭넓은 의의와 결과를 지닌 것이었다. 동시에 우리는 두 세기 동안에 르네상스가 일어났다는 사실을 기억하지 않으면 안된다. 그리고 교회의 대분열 및 화합운동이 전개되고 있었다. 마지막으로 서유럽인들이 시야를 매우 크게 바꾸어 놓은 지리상의 제발견 즉, 아메리카의 발견과 희망봉의 통과 등이 이루어졌는 바, 특히 후자는 극동에로의 직선 루트를 열어 주었다. 1500년에 이미 유럽은 급속히 변모하는 사회가 되어 있었다.

흑사병이 가져다 준 한 가지 결과는, 상품의 수요와 상품 생산에 필요한 일손이 함께 격감됨에 따른 서유럽 경제의 불황이었다. 그러나 사람들이 이 질병에 대한 면역성이 보다 높아지게 된 15세기 중엽에 이르러, 인구는 증가하기 시작했으며, 비록 사람 수가 16세기에 접어들어 흑사병이 만연하기 전의 숫자에는 미치지 못했지만, 공업과 무역이 급격히 성장하기 시작했다. 모직공업, 탄광 개발, 무기생산 등의 공업 등에서 나타난 새 기술은 경제, 특히 영국이나 네덜란드 등 북부의 여러 나라들의 경제를 활성화하는데 주효했다. 이로 말미암아 보다 큰 현금 유통의 필요성이 제기되었는 바 재정관리법의 개선과 플로렌스의 메디치가나 아우구스부르그의 푸거가 같은 유력한 은행재벌이 출현하게 되었다. 이 모든 것이 1450년 이후 교역의 전반적 확대를 가져오는데 기여하였으나, 한편 그 확대는 연쇄적으로 16세기의 사상 전파에 크나 큰 역할을 하게 될 커뮤니케이션 체계(net work)를 형성해 주

었다.[1]

이같은 체계가 생겨난 또 하나의 원인은 경제발전의 결과 유럽의 몇 몇 지역에서 발생한 계층의 변화였다. 상인들과 장인들의 귀족 계층과 노예 계층 사이에 있었기 때문에 우리가 중간 계층이라 부를 수 있는 자들은 언제나 있어 왔지만, 진정한 중간 계층이 발달하기 시작한 것 은 비로소 15세기 후반에 이르러서였다. 극소수의 무역업자들과 은행 가들 대신, 보다 방대한 그룹의 사람들이 상업에 관심을 기울였으며, 비록 작은 규모이긴 해도 사회의 일익을 담당하기 시작했다. 북서 유 럽의 영국, 네덜란드, 독일 등의 여러 나라들에서는 새로운 계층의 사 람들이 귀족 계층을 사회의 통제력을 지닌 위치에서 축출하기 시작하 였다.[2] 귀족 계층이 그 당시 발생하는 인플레이션에 시달리고 있었던 반면에, 신흥 상인 계층은 이러한 경제 팽창을 계기로 한 몫을 잡아 마 침내 현금 수입을 갈망하는 왕들에 대한 후원자가 되었다.

정치적으로 14세기와 15세기에는 여러 지역에서 민족주의 감정이 급속한 성장을 보였다. 이는 브리튼 제국 내부 및 영국 해협 너머 프랑 스에서 영국이 팽창을 시도한 기간으로서, 그 결과 영국뿐만 아니라 프랑스와 스코틀랜드인의 민족 감정이 발전 강화되었다. 이 시기의 마 지막에 이르러 스페인의 민족주의는 한편으로 '신 전제국가'라고 알려 지게 된 체제의 발생에 기여하였다. 발전 도상국가들의 전제군주들이

1) W. B. Bowsky, *The Black Death : A Turning Point in History?* (New York : Holt, Rienhart & Winston, 1971), Passim ; P. Burke, ed., *Economy and Society in Early Modern Europe* (London : Routledge, 1972), pp. 43ff ; F. Mauro, *Le X VI, Siècle Europèen, Aspects Economiques* (Paris : Presses Universitaire de France, 1966), Part 2.

2) *Ibid.*, pp. 326ff. ; C. M. Cipolla, *Before the Idustrial Revolution* (London : Methuen, 1976), pp. 139ff ; P. Smith, *The Social Background of the Reformation*(New York : Collier, 1962), pp. 15ff.

국내에서, 그리고 외부의 적들에 대항하여 자신들의 세력을 안정시키기 위해서는 부국강병책이 필요했는데, 이것은 오로지 신흥 중간 계층의 재정적 지원에 의해 유지될 수 있었다.[3] 이와 같이 몇몇 나라들에서는 정치적 세력 균형이 변화하기 시작했다.

1300년에서 1500년 사이에 일어난 또 하나의 변화는 서양사상의 방향 전환이었다. 개별자들이 합성된 보편자들의 실재를 받아들인 토마스 아퀴나스의 신학은 파두아의 마르실리오나 옥캄 같은 사람들에 의해 펼쳐진 현대사상의 등장과 더불어 총애를 잃고 말았다. 개체 또는 개별자는 유일한 참 실체로 간주된 반면에, 보편자들은 오로지 유명론적 분류 대상들일 따름이었다. 이러한 유형의 사고는 새로 발견되었거나 연구된 그리스 및 라틴어 문헌에 실려 있는 것과 같은 계층적 사상에 대한 관심에 의해 더욱 더 뒷받침되었다. 르네상스기의 인문주의는 개인, 특히 마술가(man of virtue)를 존중하여, 마침내 개인은 인간과 그의 활동에 대한 이해에 있어서 중심적 표상이라는 견해를 촉진하였는 바, 그 견해는 피코 델 라 미란돌가 「인간의 영광에 관한 소론」(*Oration on the Glory of Man*)이라는 저서에서 구체적으로 밝힌 것이다.[4]

이 모든 변화들은 커뮤니케이션의 양산에 지대한 영향을 미쳤다. 분명히 중세도 사상 전파의 고유한 양식을 가지고 있었으나, 상대적

3) A. J. Slavin, ed., The *"New York Monarchies" and Representative Assemblies* (Lexington, Mass. : Heath, 1964), Passim ; H. Pirenne et al. La Fin du Moyren Age (Paris : Presses universitaire de France, 1931), pp. 30ff. ; M. P. Gilmore, *The World of Humanism* (New York : Harper & Row, 1952), pp. 100ff.
4) Ibid., pp. 182ff. ; J. R. Hale, *Renaissance Europe-1520* (London : Fontana, 1971), pp. 275ff ; D. Hay, *The Italian Renaissance in Its Historical Background* (Cambridge : Cambridge University Press, 1968), pp. 102ff.

으로 극소수의 사람들에 한정되었을 따름이며, 따라서 사상운동은 오히려 제한되었다. 대다수의 사람들이 문맹이었던 까닭에, 중세사회는 근본적으로 구술적 시각적 사회였다. 교회는 회화, 조형, 의식을 통해 그 교리를 사람들에게 전파하였다. 설교도 흔하지 않았다. 정부들은 갖가지 법률, 헌장, 사건들을 기록할 필요성이 생기는 경우, 유일한 교양계층인 성직자의 힘을 빌었다. 피터 아베라르 같은 혁명적 사상가들에 의해 그 당시의 학교들에서 발전된 새로운 사상은 언제나 그런 사람들의 문하에서 공부한 사람들에 의해 전파되곤 했다. 1300년 이전에 양피지로 만들어진 책이나 문서들은 항상 라틴어로 기록되었다. 그러므로 그 책들의 구독권은 대학 교육과 아울러 엄청나게 비싼 물품들을 구입할 수 있을 만큼 넉넉한 재원을 확보하고 있는 자들에 한정되었다.

15세기는 사상에 있어서 급진적인 변화를 보였다. 한 가지 예로, 고전 문헌의 재발견에 따라 교육 및 학문에 대한 새로운 관심이 고조되었다. 책을 제작하는데 종이를 사용하게 되면서 그 가격이 상당히 낮아지자, 이같은 관심은 더 더욱 열도가 높아졌다. 뿐만 아니라 민족 국가의 흥기를 계기로, 국가 간의 끊임없는 갈등이 있었음에도 불구하고 유럽 전역을 돌아다니는 일이 다소 쉬워졌으며, 그 결과 이 대학에서 저 대학으로 옮겨 다니며 연구하는 학생들의 숫자도 증가하였다. 코페르니쿠스가 폴란드에서 공부를 한 후에 과학을 연구하기 위해 이탈리아의 파두아 대학으로 옮겨갈 수 있었다는 사실은 상황이 어떻게 변하고 있었는가를 단적으로 보여준다. 게다가 중간 계층도, 점차 성장함에 따라 사무를 수행하기 위해서는 최소한 초등교육을 받을 필요성을 느끼게 되었다. 새로운 독서 대중이 늘어가고 있었으나, 그 대중은 학교에서 배운 라틴어를 해독하지는 못했고 다만 지방어를 해독할 수 있

을 따름이었다.[5]

이 모든 점이 15세기의 가장 혁명적인 발전인 인쇄술 발명의 배경이 되었다. 15세기 초에는 음각된 목판을 사용하여 회화나 비교적 짤막한 기록문들을 복사하곤 했다. 이렇게 책들의 제작이 가능해졌으나 간행은 시간이 오래 걸리고 상당히 값도 비쌌다. 그런데 1450년경 독일인, 마인쯔의 구텐베르그가 활자(活字)를 만드는 데 사용할 수 있는 합금을 개발했다고 전해진다. 그 결과 사상의 전파 및 커뮤니케이션의 전 과정에 실제적인 혁명이 일어났다.

구텐베르그는 처음에 마인쯔에서, 그리고 다음에는 스트라스부르그에서 일하였는데, 매우 빨리 출판 기술로써 명성을 얻었다. 결과적으로, 이 두 도시에 살던 다른 직공들도 인쇄술을 익혔다. 이 새로운 방법의 인쇄술은 바야흐로 이탈리아에까지 전파되어 베니스가 으뜸가는 인쇄술 집산지로 화했다. 그 후 곧이어 스위스의 바젤 같은 다른 도시들도 그 뒤를 좇았으며, 1500년에 이르러 인쇄술은 비교적 보편화되어 있었다. 1450년에 1500년 사이에 10,000종 내지 15,000종의 단행본이 제작되어, 총 발행 부수는 1,500만 내지 2,000만에 이른 것으로 추산된다. 종이 및 활자의 사용을 계기로 도서 제작은 1450년 이전과는 완전히 판이한 양상을 나타냈다.

책들을 값싸게 많은 양을 제작할 수 있게 해준 인쇄술은, 그 밖에 다른 여러 가지 면에서도 지적 혁명을 일으키는데 이바지하였다. 1500년에 이르기까지 대부분의 작품들이 고전 라틴어로 쓰여진 것들이었다

---

5) Bonneret, *"Esquisse de la vie des routes au ⅩⅥ. siècle"* R̀evue des Questions Historiques(1931) CXV, 1ff. 이 책은 15세기 후반과 16세기 초반에 있어 유럽을 여행하는데 편리한 시설이 증가하는 모습을 훌륭히 서술하고 있다. See also Hale, *Renaissance Europe*, pp. 283ff. ; G. R. Potter, ed., *New Cambridge Modern History* (Cambridge : Cambridge University Press, 1957), pp. 95ff.

는 게 사실이기는 하지만, 한편으로 새로운 작품들이 토속 언어들로 쓰여지는 사례도 점점 늘어나기 시작했다. 이것은 새로운 도서 제작 방법의 개발이 주로 새로운 독서 대중을 염두에 둔 것이었음을 가르쳐 준다. 그와 같은 작품은 결코 일차적으로는 대학 교육을 받은 사람들을 위해서, 그리고 아울러 자신들의 고유한 방언들 밖에는 읽을 수 없는 사람들을 위해서 제작된 것이 아니었다. 마샬 맥루한이 지적한 바 대로 설령 동등한 비중을 지녔다 해도, 새로운 지성의 틀은 인쇄 혁명에 의해 생겨난 것이다. 맥루한의 직선적 사고 유형에 맞추어 생각하는 것이 다소 힘든 일이기는 하지만, 당시의 주안점이 기록된 단어보다 그 단어의 지적 이해에 집중되었다는 사실은 의심할 여지가 없다. 시작 자료는 지적 내지 추상적 사상 형태를 파악하는 능력보다 중요성이 감소되어 갔다.[6)]

새로운 독서 계층은 그들보다 한 세기 전의 사람들로부터 상이한 형태의 훈련을 받아 바야흐로 다른 술어들도 생각하기 시작했으며 새로운 사상을 사유하고 파악할 수 있게 되었다. 게다가 신속하고 값싼 도서 제작이 가능해지자 새로운 사상은 보다 쉽게 보급될 수 있게 되었고, 또 그런 문제들에 대해 이제까지 별 관심을 가지지 않고 있던 사회 계층에까지 전파될 수 있게 되었다. 비록 많은 사람들이 그 책들을 읽을 수는 없었지만, 다른 사람들이 그들에게 읽어줄 수 있었으며, 이로써 그들로 하여금 교육의 필요성뿐만 아니라, 그 책들에 담겨 있는 사상까지도 받아들이고 식별할 수 있도록 도와주었다. 이것이 바로 프로테스탄트 개혁자들, 특히 칼빈의 가르침의 전파를 위한 기초였다.

---

6) Chaunu, *Les Temps des Rèformes* (Paris : Fayard, 1975), pp. 314ff. Gilmore, *World of Humanism, pp. 186ff.*

2. 16세기의 제발전

16세기는 앞선 두 세기의 발전이 절정에 이르렀으며, 여기서 새로운 문화 유형이 개화하여 현대에로의 전진을 완전히 준비시켜 주었다. 그러므로 16세기에 일어난 일을 이해하려면 우리는 먼저 전에 어떤 일이 있었는가를 염두에 두고 생각해야 하며 또 새로운 세력과 요인들 역시 서유럽 문화 및 문명에 영향을 미치고 있었다는 점을 인정해야 한다.

16세기의 한 가지 특징은 50년 내지 100년 전에 태동한 현상들의 가속화였다. 한 예를 들면, 인플레이션이 신세계로부터의 금 유입으로 말미암아 부분적으로 가속화되었고, 아우그스부르그의 푸거가가 엄청난 부를 축적하는 기반이었던 티롤(Tyrolean) 은광의 재발굴을 계기로 더욱 심해졌던 것 같다. 이같은 인플레이션의 소용돌이에 급증하는 인구 및 다른 요인들이 겹쳐져 빚어진 결과는 경제발전의 가속화 및 상업의 급속한 성장과 이에 따른 금융, 은행, 투자업에 대한 연쇄적 자극이었다. 이것 외에도, 유럽은 당시에 근동(Near East)보다는 서방(West)을 바라보고 있었으며, 또한 네덜란드, 라인강 계곡, 대영제국의 일부 지역 등에서 급속한 경제성장이 이루어졌는 바, 이에 따라 유럽의 경제 균형은 전보다 급속히 북서 유럽에로 편중되었다.[7]

이러한 경제적 변화들은 사회계층 간의 관계뿐만 아니라 그들의 지리적 분포에 있어서 상응한 변화도 가져왔다. 16세기 중에 귀족층은 자신들의 경제적 지위가 점점 더 곤란해져가는 것을 발견했는데, 이는

7) H. G. Koenigsberger and G. L. Mosse, *Europe in the Sixteenth Century* (London : Lonman, 1968), pp. 21ff ; Mauro, Aspect Economiques, pp. 138ff ; Cipolla, *Before the Industrial Revolution, pp. 231ff.*

그들이 비록 토지는 언제나 풍부했지만 현금은 부족을 면치 못했기 때문이다. 이 때문에 그들은 직접, 간접으로 금전면에서 신흥 상업계층의 사람들에게 의존하는 사례가 빈번해졌다. 직접적으로 그들은 상인들이나 은행가들에게서 차용금을 얻을 수가 있었으며, 또 한편 간접적으로 그들은 용병단이나 전제군주들의 민병대를 고용할 수 있었는데, 그 군주들은 중간 계층에게서 거두어들인 세금 수입으로 어마어마한 재화를 긁어모으고 있었다. 비용을 부담하는 자가 지배권을 쥐게 마련이다. 법률 등의 전문적 그룹들과 손잡은 상업 계층은 결국 정부에 점증하는 영향력을 행사하고 있었는데, 이 현상은 특히 북서 지역에서 두드러졌다.[8]

사회적 변화들은 정치 무대에서도, 아니 절대주의 전제군주제가 가장 두드러졌던 나라들에서도 반영되었다. 황제 찰스 5세가 투르크인들이나 루터파와의 전쟁 비용을 지원하기 위해 푸거가에 의존한 일과 프랑시스 Ⅰ세가 자국 내에서의 세력을 유지하려는 의도에서뿐만 아니라 황제와의 전쟁에 있어서 파리의 상인들에게 의존한 일 등은 상인—은행가 계층이 더 이상 전사 내지 고문관으로서의 소속 제후들이 바치는 봉건적 봉사에 의존할 수 없게 된 군주들에게 얼마나 중요한 존재로 부각되어 갔는가를 잘 보여준다. 1595년 샤또—캄브레시스 조약에 따라 프랑스—스페인 전쟁을 종식시킨 것은 사실상 프랑스 왕과 스페인 황제 양편을 위해 더 이상의 자금을 제공하는 일을 거절한 채주들이었다. 예를 들면, 영국의 헨리 8세와 그의 자녀 및 스코틀랜드의 스튜어트가 등 그 밖의 군주들도 모두 동일한 문제점에 직면하고

---

8) Cf. P. Jeannin, *Les Marchands au X Ⅵ, Siècle* (Paris : de Sevil, 1957), Passim ; Smith, *Social Background,* pp. 69ff.

있었다.[9]

중간 계층으로 하여금, 그와 같은 세력을 얻을 수 있게 한 것은 16세기에 계속 이어진 전쟁이었다고 해도 거의 옳을지 모른다. 1559년까지 프랑스와 스페인은, 그리고 나중에는 신성로마제국까지 거의 그칠 날 없이 서로 싸우고 있었다. 이 분쟁에 있어서 교황청의 개입은 그 정신적 영향력이 감소하고 있었다. 1560년부터 분쟁의 양상이 변하기 시작하였는데, 그것은 이 때가 종교전쟁 시대였기 때문이다. 실제로 1530년대와 1540년대에도 루터파와 신성로마제국 세력 사이의 전쟁이 독일에서 벌어지고 있었지만 그 분쟁들은 오히려 간헐적이었는데 비해, 영국과 스코틀랜드가 프랑스와 네덜란드 양측에 관련되어 그 후자의 두 나라에서 싸운 종교전쟁은 16세기 후반의 마지막 40년 간의 거의 대부분 동안 계속되었다.[10]

16세기 후반을 주름잡은 이 계속적인 분쟁의 뒤안길에는 사상적 차이와 갈등이 깔려 있었다. 르네상스가 문학, 예술, 정치, 사회 사상의 분야에서 만개하여 성숙한 단계에 이르자 새로운 사상들이 바야흐로 널리 보급되고 있었다. 미켈란젤로의 시스틴 성당의 위대한 작품들, 성 베드로의 바실리카의 완성, 마키아벨리의 군주론 및 카스틸리요네의 궁정인 등의 저술은 결코 우연이 아니었다. 1540년에는 천체론의 혁명을 가져온 코페르니쿠스의 작품과 베살리우스의 인체 조직에 관

9) H. J. Cohn, ed., *Government on Reformation Europe*, 1520-1560 (New york : harper & Row, 1970), Passim ; M. L. Bush, *Renaissance, Reformation and the Outer World* (London : Copp Clark, 1967) pp. 26ff. ; H. Lapeyre, *Les Monarchies Européenes du X VI. Siècle*(Paris : Presses Universitaire de France, 1967), pp. 59ff. ; G. R. Eltoned. New Cambridge Modern History (Cambridge : Cambridge University press, 1958), 2 : 438ff.

10) *Ibid.*, 1 ;334ff ; Lapeyre, *Les Monarchies Européenes*, pp. 130ff.

한 저서 등이 출현하였다. 이 두 작품은 로마카톨릭교회뿐만 아니라 일부 프로테스탄트들에게도 심각한 지적 난제를 안겨준 2대 혁명적 과학논저였다. 인쇄물의 증가와 더불어 이 새로운 사조는 급속도로, 특히 지금 막 독서대중이 되어, 개인은 이성의 힘을 통해 자신의 발전을 구도할 책임을 지닌다고 하는 인문주의자의 견해를 열렬히 받아들인 신흥 중간계층 사이에 널리 퍼져가고 있었다.[11]

그러나 지적 변화들 중에 가장 큰 것은 종교개혁과 더불어 왔다. 1517년 10월 31일 루터는 전통에 따라 그의 95개 반박문을 비텐베르그 성 교회의 정문에 못박아 걸었다. 그는 애당초 학문적 실천의 일환으로 이 일을 했지만, 그와 더불어 이 조문들을 놓고 논쟁을 벌이려고 찾아오는 라틴어권의 모든 내방자들과 맞서면서, 바야흐로 그가 하나의 투쟁, 아니 실상은 하나의 혁명을 시작했다는 것이 명백해지고 말았는데, 이것은 심사숙고 끝에 이루어진 일이 결코 아니었다. 로마교회와 그 교리가 성서의 가르침과 상충한다는 루터의 선언은 그와 교회가 모두 놀라움을 금할 수 없는 열렬한 호응을 독일 및 그 인접 지역에서 불러일으켰다.

여기서 어떻게, 그리고 어째서 루터의 반박문 게시—논쟁을 제기하기 위한 하나의 상식적 학문활동—가 그토록 엄청난 파문을 불러일으킬 수 있었을까 하는 의문이 일어난다. 짐작컨대 가장 근본적 이유는 루터가 자신의 견해를 교회에서 일반 민중들에게 일차적으로 반포한 최초의 설교자라는 점이다. 루터는 성서는 오직 설교에 의해 생명의 말씀으로 화한다고 주장했다. 한 걸음 더 나아가 그는 자신의 사상을

---

11) Smith, *Social Background,* pp. 109ff. ; M. Spinka, *Christian Thought From Erasmus to Berdyaev* (Englewood Cliff, N. J. : Prentice, Hall, 1962), pp. 1ff ; N. E. Fehl, *Science and Culture* (Hong Kong : Chinese University, 1965), pp. 273ff.

펴는데 있어서 두 그룹의 동조자들을 확보하고 있었으니, 곧 비텐베르
그 출신 학생들과 그의 대학에서 훈련받은 후 루터의 강의실에서 배운
교리를 전국을 순회하며 선포해준 설교자들이다.

루터 교리의 설교자―교사들 못지 않게 큰 비중을 지녔던 것을 바로
그 인쇄된 말씀이다. 95개조 반박문이 삭소니 지방 전역에 그렇게 급
속히 유포된 이유들 중의 하나는 한 모험적 현지 인쇄업자가 독일어로
번역된 그 문서를 입수, 상당 분량을 간행하여 전국 일원에 판매하였
다는 것이다. 삭소니를 거쳐가는 상인들, 군인들 등등의 사람들이 그
사본들을 입수하였다. 그들은 루터의 견해에 동조하든 않든 그 사본들
을 진기한 물건으로 알고 샀으며, 이리하여 그 사상은 널리 그리고 빨
리 유포되었다. 그는 나머지 생애 동안 다작의 격문 필자가 되어 격주
에 한 번 가량 규칙적으로 적들을 동요시키고 친구들과 동조자들의 도
움을 호소하고자 팸플릿들을 찍어냈던 것이다.

그러나 루터는 결코 조직적인 사상가나 저술가는 아니었다. 그는 제
기되는 문제들에 임기응변을 하였을 따름이며, 자신의 신학적 견해에
대한 조직적 진술을 시도한 적이 없는 바, 결국 그 견해는 그의 팸플릿
들, 주석집 「탁상 담화」 등에서 간추려낼 수밖에 없다. 루터 개혁의 체
계적 작업은 필립 멜랑히톤에 의해 이루어졌는 바, 그는 자신의 신학
강요(*Loci Communes*, 1521)에서 최초의 프로테스탄트 조직신학을 전
개하려고 하였다. 그러나 그것이 복음주의 신앙의 조직적 견해를 제시
한다는 점에서 중요한 작품이긴 하지만, 결코 독일 밖에서 큰 인기를
얻지는 못한 것 같다. 애당초 라틴어로 쓰여진 이 책은 여러 가지 루터
의 글들과는 달리 통속 언어로 번역되지 않았다. 하지만 루터의 작품
과 멜랑히톤의 저작들은 새로운 교리를 멀리 그리고 널리 전파시켜 주
었으니, 이는 그들이 자주 살기등등한 교권 및 정권 왕국들에 의해 고

역과 탄압을 무릅쓰고 얻은 결과였다.[12]

한편 종교개혁은 스위스에서도 무르익었는데, 그 곳에서는 쯔빙글리가 쥬리히에서 개혁운동을 주도하고 있었다. 이 운동에서 그는 비교적 성공을 보았으며 아울러 바젤 같은 독일—스위스 지역의 다른 여러 도시들과 프랑스어 사용권인 베른 시를 설득하여 로마교회의 멍에를 떨쳐 버리게 만들었다. 그는 또한 주의 만찬이라는 성례에 있어서 그리스도의 임재에 관한 교리를 놓고 루터와 다툼을 일으켰다. 개혁운동에 관여한 다른 사람들과 마찬가지로, 그 역시 수많은 짧은 글들을 써 냈지만, 그 글들은 그의 시대에 별로 넓은 호응을 얻지 못했던 것 같다. 스위스의 주들 사이의 정치적 갈등에 휘말리게된 나머지, 쯔빙글리는 마침내 1532년 카펠 전투에서 전사하고 만다.[13]

쥬리히에서 쯔빙글리의 자리를 물려받은 헨리 불링거는 그의 선임자에 비해 매우 장수한 인물로서 보다 폭넓은 영향력을 소유하고 있었다. 다른 나라들로부터 박해받는 프로테스탄트들에게 망명처를 제공하면서 그는 이 도시에서 안정을 찾고 또 연구하고자 망명해 온 많은 사람들을 감화시킬 수 있었다. 그들이 고향으로 돌아간 다음에도 그는 그들과 더불어 꾸준히 서신교환을 계속했으며, 이로써 그와 연합했던 다른 개혁가들보다 더 많은 서신을 남기게 되었다. 프로테스탄티즘의

12) W. S. Reid, ed., *The Reformation : Revival or Revolution? (New York : Holt, Rinehart & Winston, 1968), pp. 18ff. ; J. Atkinson, Martin Luther and the Birth of Protestantism* (Gretna, La : Pelican 1968), pp. 182ff ; C. L. Manschreck, *Melanchthon, the Quiet Reformer* (New York : Abingdon, 1958), pp. 82ff.

13) Rillit, *Zwingle le Troisième Homme de la Rèforme* (Paris : Fayard 1959) ; G. R. Potter, *Zwingli* (Cambridge : Cambridge University press, 1976) ; G. W. Bromiley's "General Introduction" to the Library of Christian Classes volume : *Zwingli and Bulinger* (Philadelphia : Westminster, 1953). 위의 책들은 모두 쯔빙글리의 저작에 대해 상세한 서술을 해주고 있다.

영향력을 보다 멀리 확산시키고자, 불링거는 비록 한번도 완벽한 조직
신학을 내어놓은 적이 없었지만 보다 넓은 관점에서 세대(Decades)를
집필했는데, 이것은 성서 연구론집들이었으며, 또 그의 수많은 팸플릿
들은 영국 및 헝가리의 개혁자들처럼 널리 흩어져 있는 프로테스탄트
신자들에게 영향을 미쳤다. 다른 개혁가들도 그랬지만, 불링거 역시
이와 같은 방식으로 서유럽의 종교적 양식에 자신의 영향력을 파급시
켰다.[14]

또 한편 래만 호반에 위치하며 실제로 사보이 공국의 일부였던 작은
도시 제네바에서는, 처음에는 비록 감독의 권위에 대항하여 시민들의
정치적 반항이 없지 않은 것 같으나, 개혁의 방향으로 사태가 움직여
가고 있었다.

시민들이 얼마나 많은 종교적 관심을 가지고 있었는지를 헤아릴 길
이 없지만, 중요한 일은 그들이 그 감독을 축출하고 북쪽에 위치한 프
랑스어를 사용하는 이웃 도시 베른의 도움을 받아 사보이공국을 향해
도전하였다는 점이다. 1535년 한 익명의 기욤 파렐이라는 파리로부터
의 프로테스탄트 망명 목회자가 제네바에 이르렀으며, 여기서 그는 즉
시 종교개혁 추진에 착수하였는데, 그 작업은 그 자신도 아마 예견치
못했던 결과를 빚고 말았다.[15]

---

14) Andre Bouvier, *Henri Bullinger, le Successeur de Zwingli* (Neuchatel : Delachaux
& Nièstlè, 1940). 이 책은 종교개혁에 미친 불링거의 영향에 관한 상세한 토론을
게재하고 있다. Cf. also U. Gabler and E. Zsindeley, eds. *Bullinger-Tagung* 1975 (Zurich
L Institute fur Schweizerische Reformations-geschichte, 1977).

15) Henri Naef, *Les Origines de la Reforme a Geneva* (Geneva : Jullien 1968), II,
161ff. ; W. Monter, Calvin's Geneva (New York : 1967), pp. 29ff.

3. 칼빈 사상의 전파

이 장을 읽은 독자로서 혹시 제목에 따르는 실제 주제에 도달하기까지 상당히 긴 시간을 소요했다고 느낄 것으로 짐작되어, 다음 두 가지 사실을 지적하고 넘어가야 할 것 같다. 첫째, 우리는 칼빈의 신학 및 기타 사상의 전파를 이해하려고 하기에 앞서 그가 일하던 시대의 사회적, 지적 풍토의 대강을 염두에 두지 않으면 안된다. 다른 개혁자들의 사상이 어떻게 전파되었는지를 살펴볼 때 비로소 불과 20년 미만의 기간에 칼빈의 사상이 전부는 아니지만 거의 모든 다른 개혁자들의 사상보다 어떻게 더 폭넓게 유포되었는지를 이해할 수 있다.

칼빈의 영향력의 바탕을 이해하려면 우리는 먼저 그가 일찍이 받은 교육을 더듬어 살펴야 할 것이다. 처음에 파리대학에서, 곧 스코틀랜드의 스콜라 학자 존 메이저(John Major) 아래서 공부하면서 그는 사제직 입문을 준비하는 동안 인문주의적 학문들에 대한 관심을 키워 나아갔다. 그러나 칼빈의 부친과 그 부친이 공증인 일을 맡아 섬기던 노용의 주교 사이에 언쟁이 있었는데, 이 일을 계기로 칼빈은 갑자기 성직자가 되겠다는 생각을 포기하고 오를레앙으로 옮겨가라는 지시를 받고, 그곳에 가서 법률가로서의 훈련을 받을 수 있게 되었다.

오를레앙과 부르쥬(Bonrges)에서 그는 전통주의자인 삐에르 드 레뜨왈르(Pierre de lestoile) 교수 및 이탈리아인 인문주의자 안드레아 알샤트(Andrea Alciat) 문하에서 법률 교육을 받았다. 못지 않게 중요한 것은, 그가 오를레앙이나 부르쥬에 있는 동안에 프로테스탄티즘으로 개종하였을 가능성이 있으며, 그가 부친의 죽음을 계기로 인문주의 학문 연구를 계속하기 위해 파리로 돌아갈 때 즈음에는 그의 관점이 앞서 파리를 떠날 당시에 가지고 있었던 그것과는 판이해져 있었다는 점이다.

그리스도인 생활의 초기 단계에 있을 때, 그는 한 종형제 삐에르 로베르 올리베땅(Pierre Robert Olivetan)이 라틴어판에서 옮긴 프랑스어 성서에 서문을 써달라는 청탁을 받았으며, 바로 그 즈음에 그가 첫 주저, 모라의 철인 세내카의 「클레멘티아 론」(De Clementia)에 대한 주석을 간행하였을 것으로 보여진다. 이 일 후에 그는 재세례파의 어떤 사람에 의해 주창된 '영혼의 잠'의 교리를 공박하는 글을 씀으로써 신학 논쟁에 휘말리기 시작한다. 그러나 이 시점에 있어서 가장 중요한 사실은 성서적 교리를 밝혀 제시함으로써 몇몇 연구 그룹들을 뒷받침하고자, 그리고 그 교리에 대한 변호로 쓴 일곱 장(章) 짜리 소품의 저술이다. 이것이 바로 「기독교 강요」(Institutes of Christian Religion)로서 1536년 바젤에서 출간되었으며, 1559년에 이르기까지 장장 일곱 번 이루어진 개정 및 증보판의 효시였다.

칼빈의 애당초 의도는 신학 및 철학분야에서 연구하고 저작하는 일에 시간을 바치려는 것이었으나 이 의도가 그대로 이루어질 수는 없었다. 1536년 제네바를 거쳐가는 일이 생겼는데, 이때 마침 칼빈이 자신에게 그 도시에서의 개혁운동에 큰 도움을 주었다고 주장하는 기욤 파렐(Guillanme Farel)에게 붙잡혔다. 머무르고 싶은 생각이 없었음에도 불구하고 칼빈은 마침내 동의하였다. 그러나 그와 파렐은 신조뿐만 아니라 도덕, 관습, 의식에 대한 너무 철저한 개혁을 추구한 나머지 그 도시에서 떠나달라는 요구를 받았다. 칼빈은 물론 흔쾌하게 받아들였는데, 이는 스트라스부르그에서는 자신이 평화와 안정을 찾아 연구에 몰두하게 되리라고 기대했기 때문이다. 그런데 이것이 뜻대로 되지 않았는데, 그것은 부쳐(Butzer)가 억지로 칼빈으로 하여금 스트라스부르그의 프랑스인 난민 교회의 목사가 되게 만들었을뿐만 아니라 그 당시에 열린 프로테스탄트와 로마카톨릭 간의 대좌에 한 몫을 담당하게 만들었기 때문이다. 그리고는 마침내 사돌레토(Sadoleto) 추기경에게 제네바 시민들에게 서신을 통해 로마교회 진영으로 복귀하라고 강권하였는데, 이때 그 시민들은 칼빈에게 그의 서신을 보내면서 그것에 대해 답신을 써달라고 요청하였다. 그는 이 일을 참으로 멋지게 잘해냈다.

칼빈은 대 사돌레토 답신에 일부 영향을 받아 제네바가 1540년에 실제로 무정부 상태에 빠져 있었을 때, 이 도시의 의회는 칼빈을 다시 초빙하여 그에게 자문 및 영도권을 맡기기로 결의하였다. 칼빈이 복귀를 원치 않는다고 답하자 제네바 당국들은 로잔에 가 있던 파렐에게 편지를 띄웠고, 그는 끝내 칼빈을 설득하여 1541년에는 결국 복귀하게 만들었다. 칼빈은 1564년 그가 죽을 때까지 제네바에 머물렀다. 바로 이 로느강 상류에 위치한 아주 작은 도시—경제, 정치 또는 지적인 명성이 대단치 않은 도시—에서 칼빈은 서유럽의 종교 개혁에 폭넓은 영향력을 구사하였으며, 그 운동의 효과는 오늘날까지 느껴지고 있다. 55세의 생애 중에 그는 자기 당대와 이후 세대에 큰 영향을 주었으니, 역사상 그 영향에 비길만한 것이 별로 없다. 어떻게 그리고 그가 이 일을 해낼 수 있었는가? 라는 질문이 있을 수 없다. 칼빈주의자들은 영락없이 존 낙스가 대답했던 것 같이, 그는 "뛰어난 주님의 종"이었다고 답할 것이다. 그러나 그의 사역 및 환경에는 하나님의 섭리 가운데서 그로 하여금 폭넓게 효과적으로 영향력을 펴게 만들어준 세속적 측면도 없지 않다.[16)]

---

16) 이제까지 Doumergue, *Jean Calvin : Les Hommes et les choses do sontemps* (Lausanne : Bridel, 1899-1927), 7 vol를 위시하여 가장 최근의 단권 전기, T. H. L. Parker, *John Calvin* (London : Dent, 1975)에 이르기까지 수많은 칼빈의 전기들이 간행되었다.

짐작컨대 칼빈의 사상 전파에 있어서 가장 중요한 요인은 그 사람 자신의 성격이었다. 그는 조직적인 사상가이자 저술가였다. 그가 약관 25세 때 쓴 「기독교 강요」의 초판을 읽어보면, 누구라도 빈틈없이 짜여진 주장과 진술을 보고 깊은 인상을 받지 않을 수 없다. 어떤 사람이 칼빈을 합리주의자라고 비난할 수 있겠지만, 그가 사고하는데 있어서, 그릇된 연역이나 유추를 피하려고 애쓰는 데 있어서 논리적이었던 것은 엄연한 사실이다. 그러나 또한 그는 자신이 하나님의 신비를 다루고 있었던 만큼, 결코 모든 해답을 가지고 있지 않다는 사실을 서슴없이 시인하곤 했다. 그러므로 그는 언제나 어떤 선을 긋고 "그 선 이상은 안된다."고 말하곤 했다. 여기서 그는 조직적 논리의 배열 능력과 신비의 감각을 보여 주었으나, 결코 신비를 깊이 탐구하려고 하지 않았다. 그의 「기독교 강요」, 「성서주석집」, 「서간집」, 「팸플릿」등은 한결 같이 이같은 특성들을 보여주는 것으로서, 그 특성들은 몇몇 사람들에게만 호응을 얻은 것이 아니라 많은 사람들의 마음에 호소력을 구사한다.

우리가 신학자로서의 칼빈의 사고 원리를 살펴보면 그의 사고의 구조를 이해할 수 있을 것 같다. 유형의 원리는 신 구약 성서의 권위였다. 그는 성서가 성문화된 하나님의 말씀이라고 믿었다. 근년에 몇몇 사람들이 축자영감, 무오성, 기타 등등의 다양한 교리의 형상화를 위해 칼빈의 지지구절을 찾아내려고 애쓰지만, 칼빈은 이 문제에 대해 하나도 분명하게 밝히지 않고 있다. 그의 견해는 성서가 논리적 추론이나 경험론적 관찰과 증명에 의해 하나님의 말씀으로 인식되는 것이 아니라 오직 성령께서 신자에게 성서가 하나님의 말씀임을 증거하시기 때문에 그렇게 된다는 것이다. 그리고 성서가 하나님의 말씀이기 때문에 인간의 본성의 창조주이며 주재자이신 하나님과의 관계에 관

련된 그 밖의 온갖 지식의 형태에 대한 최종적 권위를 지니게 마련이
다.[17] 자연에 대한 인간의 지식과 이해를 두고 생각컨대, 인간은 항상
어김없이 성서가 모든 사물들에 대한 궁극적 해석을 내려준다는 사실
을 기억하면서 경험적 탐구를 통해 그것을 찾아낸다(칼빈의 창세기
1:16 본문의 천체론 주석 참조).[18]

　칼빈의 사유의 실질적 원리는 하나님의 주권(Soverignty of God)이
다. 창조자, 부양자, 통치자, 구속자로서 하나님은 자신의 모든 창조물
들 및 그 모든 활동을 주관하신다. 이 교리는 다른 모든 교리들의 기초
겸 근거를 이루고 있다. 만일 어떤 교리 체계가 하나님의 주권을 침해
하는 경향을 보였다면 마땅히 그것을 재론하든지 아니면 완전히 거부
해 버리든지 해야한다. 이렇게 그리스도교 신앙에 대한 그의 조직적
진술은 자연히 그의 하나님의 주권 교리에서부터 자라나 왔다. 그러나
모든 신앙에 대한 진술들은 반드시 성서의 교훈에 의해 규제, 한정되
어야 한다. 예를 들어 선택같은 교리를 서술함에 있어서, 비록 그것이
하나님의 주권에 바탕한 것이며 또 사람이 그 교리의 여러 가지 논리
적 함의들을 나열하고픈 충동에 사로잡힐 수 있지만, 그는 성서가 그
명제에 관해 말하는 바를 넘어서는 일은 부당할 뿐 아니라 사실상 범
죄적 행위라고 생각한다. 이같은 한계 설정이 그리스도교 신앙에 몇
가지 파라독스를 안겨주는 것은 사실이지만, 그럼에도 불구하고 그 파

17) Murray, *Calvin on Scripture and Divine Sovereignty* (Grand Rapids Baker, 1960),
　　pp. 11ff ; A. D. R. Polman, "Calvin on the Inspiration of Scripture," in *John
　　Calvin, Contemporary Prophet* ed. J. T. Hoogstra (Grand Rapids Baker, 1959) ;
　　John Calvin, *Institutes of the Christian Religion*, ed. J. T. McNeill and F. L. Battles
　　(Philladelpia : West-minster, 1960), 1 : 6-10.
18) Ibid., 1 : 5 ; A, Kuyper, *Lectures on Calvinism* (Grand Rapids : Eerdmans, 1931),
　　pp. 110ff. ; A. Lecerf, *Ètudes Calvinistes* (Neuchâtel : Delachaux et Nièstlè, 1949),
　　pp. 11ff.

라독스들은 받아들여져야 하며, 상호 융화될 수 없는 듯한 사상들은 긴장 가운데서 수납되어야 하는데, 이는 주권자 하나님이 자신의 예언자들과 사도들을 통해 말씀하였기 때문이라고 칼빈은 말한다. 이 주장이 합리주의자를 만족시키지는 못하지만, 칼빈은 자신의 두 가지 기본 원리를 따르고 있는 이상 달리 어찌할 수가 없었다.[19]

그러나 칼빈은 결코 실제적 관심을 저버린 단순한 이론가는 아니었다. 어느 시점에서는 제네바의 법률 개혁에 주동자로 활약한 법률가로서, 그리고 종교 개혁운동을 지속, 강화하기 위해 끊임없이 싸우는 논쟁가로서 그는 자신의 신학적 원리들의 적용에 있어 실천적 자세를 취하지 않을 수 없었다. 누구든지 그의 서간집, 강요, 주석집, 팸플릿 등을 읽어보면, 그가 자신의 세계에서 일어나고 있는 사건들에 대해 너무 민감한 사람이라는 인상을 강하게 받게 된다. 천체론에 관한 그의 팸플릿이나 이자를 받는 일에 대한 그의 서신들은 실제적 사고를 반영해 주고 있는 바, 그가 자신의 설교 때 본문에 적용한 방식 역시 그러하다. 그러므로 그의 시대의 학자들뿐만 아니라 머리가 굳은 상업인들까지도 상당히 열렬하게 그의 견해들에 호응하였던 일은 결코 놀라운 게 아니다.

칼빈의 영향력을 이해하려면, 우리는 먼저 그의 표현 양식과 사유 방식뿐만 아니라 그가 자신의 사상을 전달하고자 사용한 수단에 대해서도 살펴보아야 할 것이다. 설교하는 것과 가르치는 것은 그의 견해를 펴는 기본적 방편이었지만, 그러나 그의 개인적 접촉 역시 못지 않게 중요한 것이 있었는데, 무엇보다도 가장 중요한 것은 그의 저술들이었다. 어떻게 칼빈이 현재까지도 여전히 영향력을 지니고 있으며,

---

19) *Ibid.,* pp. 115 ; H. H. Meeter, *Calvinism,* 2nd ed. (Grand Rapids Zondervan, n. d.), pp. 27ff.

서구의 사상에 그토록 엄청난 파급력을 보였는가를 이해하려면 이 모든 커뮤니케이션의 수단들을 살펴보는게 필수적이다. 한 걸음 더 나아가 우리는 또한 그가 영향을 미쳤던 대상들, 곧 16세기에 있어서 그의 견해들을 받아들여 행동에 옮긴 사람들에 관한 지식을 다소 확보해 두지 않으면 안된다.

이미 말한 바대로 설교는 칼빈의 견해 피력과 사상의 커뮤니케이션이 기본을 이룬다. 이 점에 있어서 칼빈은 루터, 불링거, 부쳐 및 그 밖의 거의 모든 개혁자들과 일치한다. 사실상 우리는 종교 개혁이 설교의 재탄생을 가져다 주었다고 말할 수 있을 것 같다. 칼빈은 틀림없이 개종 직후에 설교를 시작했었는데, 이는 그가 학생이었을 때 부르쥬 시내 일원의 몇몇 교회들에서 설교하곤 했다는 전승이 있기 때문이다. 1541년의 제네바 복귀를 계기로 설교는 그의 주요 직무들 중 하나가 되었으니, 이는 그가 일요일뿐만 아니라 주간의 평일에 세 번씩 성 삐에르의 강단을 맡았기 때문이다. 이 일은 그에게 제네바의 자치시민들과 그 도시에 거주하거나 거쳐가는 외국인들에게 성서 해석을 전할 수 있는 좋은 기회를 베풀어 주었다. 어떤 계기에 그가 설교를 마친 다음 몇 편을 글로 옮겨 영국 여왕 엘리자베스에게 보냈다는 사실을 우리가 알고 있기는 하지만, 필경 칼빈은 이렇게 자주 설교해야 했으므로, 틀림없이 자신의 설교들을 기록하는 습관을 유지할 수 없었던 것 같다. 그는 평상시 자신의 본문이 지닌 의미에 관해 상당한 시간을 소모하며 심사숙고하는 습관이 있었던 것 같다. 그리고 그는 다섯 절에서 열 다섯 내지 스무 절 가량의 단락에 대해 강론할 준비를 갖추고서 강단에 나아가곤 했다. 이 설교는 본문에 관한 간략한 주석과 아울러 그리스도인의 일상생활, 아니 특히 그의 영적 성장 및 하나님에 대한 관계의 음미 등에 실질적인 적용을 하는 것 등의 2부로 구성된다.

자신의 작업에 대한 조직적 접근 태도에 부합되게, 칼빈은 언제나 성서의 한 책을 줄곧, 주일마다 한 단락 한 단락 설교하는 계획을 따르곤 했다. 다시 말해서 성서의 강해뿐만 아니라 적용에 있어서도 교훈의 일관성이 있었다는 것을 뜻한다. 칼빈은 한 책 전반의 맥락 안에서, 그리고 또한 그것의 역사적 상황의 맥락 안에서 강해와 적용을 계속하고자 세심한 주의를 기울였다. 그는 결코 성서를 알레고리칼하게 해석하지 않았다. 그는 언제나 청중들에게 그리스도인의 삶 한 복판에는 그리스도가 계신다는 사실을 환기시켰다.

칼빈의 청중들은 종종 그의 설교의 인쇄본을 직접 읽기 시작해서, 또는 다른 사람들에게 주기 위해서 갖고 싶어 했으나, 칼빈은 이에 응하지 않았는데, 이는 첫째로 그가 설교를 거의 글로 옮기지 않았기 때문이다. 그러나 그의 반대에도 불구하고 결국 그의 회중 가운데 몇몇 사람이 익명의 프랑스 피난민, 바르-슈르-세에느의 라규니에 (Raquenier of Bar-Sur-Seine)를 고용하여 그로 하여금 칼빈의 설교를 속기 방식으로 적어내게 했다. 그 다음 제네바의 인쇄업자들 중 몇몇이 설교들을 간행하고 싶어 했으나, 칼빈은 처음에 이 일을 강력히 반대하였다. 마침내 1557년 칼빈은 출판인 로베르 에띠엔느의 처남 꼰라드 바듀(Conrad Badius)에게 십계명에 관한 연속 설교집 출판권을 허락해 주었다. 그 이듬해 다시금 상당한 압력과 논란이 있고 난 다음에, 그는 그리스도의 생애와 사역에 관한 자신의 설교집 출판을 허락하였다. 그러나 그 설교집 중 여러 판이 출판되지 못했으며 다만 최근에 그것들이 발견되었을 따름이다. 한편 출판된 설교집은 곧 여러 가지 방언들로 번역되어 이 제네바의 개혁자의 가르침들의 해외 전파에 중요한 방편으로 화하였다.

이렇게 칼빈의 설교들은 두 몫을 담당하기 시작하였다. 자연히 그

들은 자신들의 청중들에게 영향을 미쳤으니, 이는 그가 설교를 마친
다음에는 사람들이 그를 에워싸고 그가 설교한 내용을 놓고 그와 이야
기하기도 했고, 또 줄지어 그의 집까지 따라가곤 했다는 것을 보면 알
수 있다. 한편 그 설교들은 다른 나라들에서 프랑스어나 그밖에 모국
어로 그것들을 읽는 사람들에게도 영향을 미쳤다. 이와 관련하여 존
낙스의 비서 리챠드 바나타인(Richard Bannatyne)이, 낙스가 임종에
즈음하여 쟝 꼬뱅 선생(Messire Jean Calvin)의 설교집 중의 몇 편을
프랑스어로 읽어달라고 했는데, 그는 그것을 매우 잘 이해했다는 보고
를 남기고 있는 사실에 주의를 기울여 보는 것도 재미있다. 그것은 짐
작컨대 '우리 주님의 수난(la Passion de Notre Seigneur)'에 관한 설
교들이었을 것이다. 이같은 설교는 칼빈의 사상을 전파해준 일차적 방
편이었다.[20]

설교자로서의 그의 사역과 긴밀하게 관련되는 것이 바로 그의 교사
로서의 사역이었다. 스트라스부르그에 머무는 동안 그는 쟝 스뜨름
(Jean Sturm) 및 마르틴 부쳐(Martin Butzer) 등과 긴밀한 교제를 유지
하고 있었는데, 그 두 사람은 한결같이 그 도시의 모든 어린이들을 위
한 교양을 제공할 수 있는 교육체제 개발에 매우 지대한 관심을 기울
이고 있었다. 칼빈은 제네바에 복귀한 다음에 얼마 동안 그들의 사상
에 따라 일했으며, 마침내 1559년에 이르러 그는 완전한 교육체제를
확립하였다. 그의 각고가 결실을 맺어 제네바 학술원(Academy of
Geneva)이 성장하였는데, 이것은 나중에 이 도시의 대학교가 되었다.

---

20) T. H. L. Parker, *The Oracles of God : An Introduction to the Preaching of John Calvin,* (London Lutterworth, 1947), pp. 22ff. ; J. Calvin, Sermons, ed. A-M. Schmidt and J. de Saussure, (Paris : Edits, "Je Sers," 1936). The lattercontains a very enlightening preface on this subject. CF. also W. Mulhaupt, Die Predigt Calvins (Berlin : De Gruyter, 1931), Passim.

칼빈은 그 학술원의 완성에 두드러진 역할을 하였을뿐만 아니라 목회 사역에 입문하려고 뜻을 세운 사람들에게 신학을 가르치는 교수들 중의 일원이기도 하였다. 여러 해에 걸쳐 그는 강의를 하였으며 성서의 여러 책들을 강론하였다. 그 학술원의 책임자는 테오도레 베자 (Theodore Beza)로서, 그는 로잔으로부터 온 사람이었다.[21]

설교자 및 교사로서의 칼빈의 사역은 특히 제네바에서 효과를 거두었으니, 누구라도 이 기간 동안의 그 도시의 역사를 연구해 보면 그가 초래한 변화의 많은 부분이 이러한 활동들을 통해 이루어진 것임을 즉시 알 수 있을 것이다. 1555년까지 그가 그의 교리체계나 도덕에 관한 제 견해에 대해 동조하지 않는 사람들로부터, 특히 교회 치리에 관해 그의 견해에 대한 강한 반발을 사고 있었다. 그러나 그가 성경강의 이외에도 주당 5회씩이나 설교하던 그 시의 대강단을 맡은 이후, 그는 자신의 사상 선포에 가장 효과적인 수단을 확보했던 것이다. 결과적으로 1555년에 이르러 그는 싸움에서 승리하였으며 그 해로부터 1564년의 그의 운명 때까지 그의 신학 및 도덕적 영향력은 제네바를 주름잡았다.[22]

그러나 칼빈이 제네바 안팎에서 주름잡았던 그것에는 일반적 영향력 이상의 어떤 것이 있었다. 9천명 가량의 그 도시 인구는 자기 본국에서 박해를 피해 피난처를 얻고자 그 곳으로 몰려든 수많은 피난민들로 말미암아 거의 두 배로 늘어났다. 프랑스계 회중이 가장 규모가 컸고, 어떤 의미에서는 가장 꺼리는 대상이었지만 스페인계 및 이탈리아

---

21) Cf. W. S. Reid, "Calvin and the Founding of the Academy of Geneva, *Westminster Theological Journal* 18(1955), 1ff ; Parker, *Calvin*, pp. 126ff.

22) *Ibid.*, pp. 117ff ; Monter, *Calvin's Geneva*, pp. 93ff. ; R. W. Collins, *Calvin and the Libertines of Geneva*, ed. F. D. Blackley (Toronto : Clark, Irwin, 1968), pp. 153ff.

계 회중들도 있었으며, 이들 외에도 메리 튜더의 통치 기간 중 존 낙스
지도 하의 영국계 회중도 있었다. 그리고 칼빈과 그의 동료 선생들 밑
에서 공부하고자 찾아온 학생들도 있었다. 그들은 여러 나라들에서 왔
는데, 그 중에서도 특히 프랑스, 네덜란드, 독일, 영국, 이탈리아 출신
이 두드러졌다. 그들 중 다수는 나중에 자기 본국으로 돌아가 그 곳에
서 개혁 작업을 펴나갔다. 학술원(the Academy)의 설립 이후 학생들의
유입은 더욱 규모가 커졌는데, 이것은 그들이 신학뿐만 아니라 법학도
연구하며 일반 교육을 받으려는 사상을 가지고 갔으며, 그것을 전파하
는데 전력을 기울였고 그들 중 적지 않은 사람이 화형대에서 생애를
마치기도 했다.[23] 칼빈의 영향을 논하는 역사가들 대부분이 그의 설교
와 가르침의 중요성을 강조하는 반면, 몇 사람만이 그의 개인적인 대
인관계가 큰 비중에 차지했다고 느끼는 것 같다. 칼빈은 매우 엄격하
고 유머없고 성격이 고약한 인물로 항상 묘사된다. 그러나 제네바를
찾아와 칼빈을 직접 교제해본 사람들의 표현은 사뭇 다른 모습을 보여
준다. 그는 두드러지게 유머 감각과 더불어 다소 풍자적인 성격을 소
유했었으니, 이는 그의 글들 중 일부, 곧 예를 들면 유럽의 모든 종교
적 유산의 목록 작성 필요성을 논한 그의 팸플릿에도 잘 나타난다. 한
보고에 따르면 그는 볼링을 즐길 수 있을 만큼 건강했었다.[24] 그러나
이 모든 것을 접어두더라도, 그가 폭넓은 각계각층의 사람들로부터 거

---

23) Monter, Calvin's Geneva, pp. 165ff ; C. H. Martin, *Les Protestants refugies a
Geneva au temps de Calvin*, 1555-1560 (Geneva : Jullien, 1915) ; H. & Vries de
Heeklingen, *Genèva, Pépinère de Calvinisme Hollandais* (Fribours Frangnière,
1918), 1 : 44ff. ; J. Pannier, *"Les rèsidences successives des étudiants écossais à
Paris,"* Association Francois-Ecossaise, Bulletin (1929), 33-34 ; A. A. van Schelven,
Het Calvinisme Gedurende zijn Bleoeitijd, ; 2 vols. (Amsterdam : ten Have, 1943).
24) Parker, *Calvin*, pp. 101ff. ; R. Stauffer, *L'humanité de Calvin* (Neuchatel : Delachaux
of Nièstlè), passim ; Collins, *Calvin and the Libertines*, pp. 201ff.

의 불꽃같은 충성을 얻어낼 수 있었다는 사실은 그가 대인관계에 있어
서 자신의 사상을 효과적으로, 그리고 강력하게 전달할 수 있었음을
보여준다.

칼빈은 단 기간에 걸쳐 제네바를 방문하는 수 많은 나라의 숱한
방문객들을 맞아야 했으며, 그들은 매우 자주 그를 만나보는데 그쳤
다. 영국의 순교 사학자 존 폭스와 커버데일 주교 등이 좋은 예이다.
그러나 칼빈은 다른 개혁자들─특히 부처, 불링거, 멜랑히톤 등─과
끊임없이 교제하면서 그들과 항상 사상을 교환했다. 그와 불링거 두
사람이 주의 만찬 때 그리스도의 실제 현신에 관해 논하면서 그것이
성령에 의해 이루어졌으며, 신자에 의한 그 요소들의 수납을 통해서
된 것이라는 진술을 한 1549년의 티구리누스 공동선언에 서명한 것
은 바로 그들 두 사람의 교제의 결과였다. 이렇게 해서 루터의 공재설
(Consubstantiation)과 쯔빙글리의 순전히 상징론적인 해석 중간에서는
한 견해가 성립되었다.[25]

칼빈은 학생들 및 다른 개혁자들 중 몇몇 사람들과의 교제 이외에도
그에게 도움이나 조언을 구하는 편지를 써 보내오는, 군주들과 제후들
을 비롯해서 서민 대중에 이르는, 유럽 전역의 수많은 사람들과 폭넓
은 서신 교환을 계속하였다. 칼빈의 신제 면목을 이 편지들에서 보다
더 잘 엿볼 수 있는 곳은 없다. 그 편지들은 언제나 실제적이며 취지가
매우 뚜렷하다. 그는 존 낙스의 아내 마조리의 죽음에 즈음하여 그를
위로하는 편지를 썼다. 그리고 그는 죽마고우 루이 뒤 띨레(Louis de
Tillet)에게 강한 책망의 편지를 썼는데, 이는 그가 처음 뜻을 버리고
로마교회로 되돌아갔기 때문이다. 그는 또한 리옹의 화형대에서 죽을

---

25) Bouvier, *Henri Bullinger,* pp. 110ff. ; W. Nijenhuis, *Calvinus Oecumenicus* (The
   Hague : Nijhoff, 1959), pp. 92ff.

날을 기다리고 있는 로잔의 다섯 학생들 같이 신앙으로 인한 박해와
투쟁을 겪는 사람들에게 격려의 편지를 써보냈다. 그는 회중교회
(Congreation)를 설립하려고 계획하는 프로테스탄트들에게 편지들을
써 보내 조언을 했다. 그는 또한 몇 가지 문제에 관한 상담을 요구하는
글을 부쳐온 어떤 목사에게도 편지를 띄웠다.

이 모든 편지들 속에서 우리는 그의 여러 면모, 즉 온화함, 애정, 때
로는 변절일 보이는 자들에 대한 분노, 지적인 일관성과 힘들을 엿볼
수 있다. 이 편지들이 그의 인격을 나타내주는 데 있어서뿐만 아니라
유럽 전 지역에 걸쳐 그의 사상을 널리 퍼뜨리는데 지대한 기여를 했
음은 의심할 여지가 없다.[26]

우리가 칼빈의 설교와 가르침, 그의 개인적 교제관계, 편지 쓰기 등
에 관해 말한다고 할지라도, 의문의 여지없이 그의 사상 전파의 가장
효율적 방편은 역시 그의 공식적인 저작들이었다. 어떤 이는 다른 커
뮤니케이션의 방편들이 공식적 저작들을 산출케 한 효시가 되어 주었
다고 말한다. 이는 그가 어떤 글을 써야할 필요를 느끼게 되는 동기가
비일비재해서 그 자신의 설교자 내지 교사로서의 체험으로 말미암은
행동을 표현하는 그의 개인적 교제의 결과였기 때문이다. 그리고 가장
널리 유포되고 가장 수명이 긴 효과를 지닌 것은 그의 저작들로서, 전
례에 적잖은 영향을 미쳤다. 아마도 또 하나의 참 팸플릿은 주의 만찬
의 의미에 관한 그의 해설이 아닐 수 없다. 이 팸플릿은 티구리누스 공
동성명의 서명에 대한 부분적 책임이행으로서, 루터는 이 글이 자신과
쯔빙글리 사이의 갈등을 예방해 주었다고 말하였다.

그러나 칼빈이 팸플릿을 집필한 첫째 동기는 논쟁적이었던 것 같다.

26) *Ibid.*, pp. 6ff. ; J. D. Benoit, "Calvin the Letter writer," in *John Calvin,* ed. G. E.
Duffield (Nashville : Abingdon, 1966), pp. 67ff.

자연히 그의 일차적 목표들 중 하나는 로마카톨릭교회가 되었다. 그가 제네바 시민들에게 로마교회로 복귀할 것을 역설했던 사돌레토 추기경에게 보내는 답신을 쓴 것은 1541년의 일이었다. 이 서간에서 칼빈은 로마교회가 성경 중심의 그리스도교를 저버렸다고 꼬집었다. 2년 후 그는 관습에 관한 풍자적 논문과 황제 찰스 5세에게 프로테스탄트들에 대한 탄압을 중지할 것을 역설하는 또 한편의 글을 간행하였다. 트렌트 종교회의(Council of Trent)의 제1차 회합 이후 그는 그 회의에서 결의한 조치들을 반박하는 팸플릿을 한편 써냈다.

그리고 프랑스 왕 프란시스 1세에게 프로테스탄트 신자들에 대한 관용을 탄원하는 헌정의 서신을 게재한 「기독교 강요」 그 자체가 비록 부피가 엄청난 것이긴 하지만 하나의 팸플릿이었다.

칼빈은 로마카톨릭과의 논쟁에만 자신을 국한시키지는 않았다. 그의 첫 팸플릿집 중의 하나인 영혼 수면론(Psychopannichia)은 일부 재세례파 사람들에 의해 주장된 영혼 수면의 교리를 논박한 것이었다. 한 후기 팸플릿에서 그는 소위 자유사상파(Libertines)라고 알려진 일단의 영적 무정부주의자들에게 몇 가지 공격을 퍼부었다. 또 하나의 글에서 그는 점성술에 대해 준엄한 비판을 가하였는데, 이는 우리들의 시대에서도 마찬가지이지만 그의 시대에 점성술이 널리 유행하였고 또 대체로 동일한 이유로 그리스도교 신앙의 쇠퇴가 야기되었던 것이다. 이렇게 한편으로 설교, 강의, 주석 집필, 강요의 개정들의 문제들에 몰두하면서도, 칼빈은 프로테스탄트 운동이 직면한 여러 가지 당면 문제들을 다루는데 틈을 냈던 것이다. 누구든지 그가 어떻게 그 일을 해냈을까 의아해 하게 마련이며, 그가 쉰다섯을 일기로 죽었다는 사실에 결코 놀랄 수 없게 된다.

거의 모든 그의 팸플릿들은 처음에 라틴어로 간행되었는데, 이는 그것들이 비일비재해서 보다 높은 교육을 받은, 학자 계층을 대상으로 쓰여졌기 때문이다. 그러나 오래지 않아 그 팸플릿들은 프랑스어로도 간행되었는데, 때로는 그것이 칼빈 자신에 의해 번역되기도 했고 또 때로는 제네바의 출판업자에 의해 번역 간행되기도 했다. 어떤 팸플릿의 프랑스어판이 나온 직후에는 언제라도 다른 외국어 중의 어느 한 언어 역본이 간행되곤 했다. 최초의 번역판 중 하나는 교황 바울 III세를 공박하는 그의 팸플릿으로서, 1541년 독일어로 간행되었다. 1545년에는 그의 교리문답이 라틴어, 프랑스어 및 이탈리아어로 거의 동시에 출간되었다. 1546년에는 다른 하나의 팸플릿 다수가 20세기의 오늘날에도 여러 나라에서 여러 가지 언어로 재간행되고 있는 사실을 통해서도 알 수 있다.

그의 모든 저작 중에서 「기독교 강요」가 단연 가장 중요한 책이었으며, 또 지금까지도 그러하다. 1536년에 출판된 이 책은 그 후에 라틴어 및 프랑스어로 개정되어 재판되었으며, 일곱 장의 작은 소논문에서 출발한 것이 1559년 판에서는 무려 79개장의 작품으로 발전했다. 처음에 그는 사도신경의 순서를 따르려고 애썼으나 나중에 이것이 불만족스럽다는 것을 발견하고, 그는 작품의 전체 구조를 바꾸어 새 판이 찍힐 때마다 자신의 사상을 확대하고 보다 충실하게 적용시켰다. 맥네일(J. T. McNeill)과 포드 루이스 배틀즈(Ford Lewis Battles)가 편집한, 「기독교 고전전집」(Library of Christian Classics) 중의 최신 영역판을 다른 판들의 특징에 주의를 기울여가며 읽어 볼 경우, 우리는 만년 학생인 칼빈이 종전판 이후 모아놓은 주경 및 신학 자료를 새 판이 찍힐 때마다 보충했다는 사실을 쉽게 알 수 있다. 칼빈은 성서와 아울러 클레보의 버나드(Bernard of Clairvaux) 같은 다른 저술가들과 그 밖의 여러 교부들을 끊임없이 연구하여, 판이 거듭될 때마다 점점 많아지고

참고 자료들을 그 책에 보충해 나갔다.[27)]

이 과정에서 가장 중요한 사실은 1541년 이후 그가 설교를 가르침을 목적으로 성서의 각 책들에 대한 주석을 준비하고 있었다는 것이다. 중세 주석가들이 4중적 주석법을 거부하고 루터의 갈라디아서 주석같은 설교식도 삼가면서 그는 역사적—문법적 주해의 전형적인 인도주의적 기법을 따랐으며, 각 책들의 역사적 전후 맥락에 철저히 매달리면서 그 본문이 말하고 있는 내용을 정확하게 이해하려고 시도하였다. 참된 의미에서 그의 방법은 경험론적 방법이었다. 이러한 연구를 통해 보다 많은 지식을 축적하게 되자, 마침내 그는 그것을 강요 개정에 활용할 수 있었다. 그는 생애를 통해 성서의 거의 모든 책들에 대한 주석을 썼다. 그러나 그는 솔로몬의 아가나 계시록 같이 비교적 어려운 본문의 일부를 다루는 일을 스스로 삼갔다. 그는 이들 각 책이 실제로 무엇을 말하고 있는지에 관해 분명하게 단언하기를 원치 않고 있었던 것 같다. 그의 주석집 완결판은 마침내 1570년대 후반과 1580년대 초반에 제네바에서 발행되어 널리 유포되었다.[28)]

칼빈은 또한 팸플릿의 필자이기도 했다. 그의 팸플릿들은 수가 많을 뿐 아니라 주제 및 취지에 있어서도 가지각색이다. 칼빈의 첫째 목표는 해설로서, 그는 작은 소논문에서 일부 그리스도교 교리와 실천론의 참 뜻을 밝히려고 했다. 그의 팸플릿들 중 하나가 기도의 모범(Forme des Priéres)인데, 실제로 이것은 제네바에서 교회의례를 위한 예배 지침서였으며 나아가 제네바와 프랑스, 그리고 스코틀랜드와 네덜란드

---

27) B. B. Warfleid, *Calvin and Calvinism* (New York : Oxford University Press, 1931), pp. 373ff. ; Calvin, Institutes, ed. J. T. McNeill and F. L. Battles, Introduction.
28) T. H. L. Parker, *Calvin's New Testmentaries* (Grand Rapids "Eerdmans, 1971), pp. 49ff. ; T. H. L. Parker, "Calvin the Biblical Expositor," *Calvin*, ed. Duffield, pp. 176.

및 그 밖의 칼빈의 사상이 전파된 다른 여러 나라들에서 개혁 교회의 의식에 관한 체코어 역본이 나왔으며, 1548년 이후 그의 팸플릿들은 영어, 스페인어, 화란어, 심지어 그리스어로까지 출간되기 시작했다.[29]

칼빈의 저작들은 라틴어뿐 아니라 갖가지 토속 언어들로도 간행되었기 때문에 광범한 독자권을 확보하고 있었다. 라틴어가 학술계의 언어였기에, 더할 나위 없이 자연히, 일반 학자들 및 신학자들은 그의 저작들이 맨 처음 라틴어로 간행되었을 때에도 읽을 수 있었다.

그러나 이것은 평민들에게 별로 큰 효과를 미치지 못했을 것이다. 중요한 점은 비록 라틴어를 읽어내지는 못했으나 자기들의 언어로 작품들을 읽을 수 있었던 문장력 갖춘 중간 계층이 있었다는 사실이다. 칼빈은 바로 이 계층에 대해 가장 큰 호소력을 구사하였다. 칼빈은 중간계층 출신이며 직업적 배경을 가지고 있었으므로, 학자계층뿐만 아니라 이 계층에게 호소하는 법을 잘 알고 있었으며 따라서 맨 처음부터 그들의 관심을 살 수 있었다.

칼빈의 성공적 사상 전파의 요인들 중 한 가지는 그의 표현 스타일 및 방법이었다. 그는 결코 자신을 위대한 문장가로 부각시키는데 관심을 두지 않았으며, 도리어 자신의 독자들에게 자기 사상을 정확히 전달하는 문제에 일차적으로 깊은 배려를 기울였다. 그는 자신이 말하고자 하는 내용을 단순명료하게 표현하려고 했다. 칼빈은 훌륭한 문체의 가장 중요한 기본 요소는 명료성이라고 생각했으며, 또한 자신이 설교한 내용을 몸소 실천했다. 그 결과 그에게 직접 들었던 사람들뿐만 아니라 그의 저작들을 읽은 사람들 모두가 그를 너무나 잘 이해하게 되었다. 심지어 오늘날에도 그의 문체는 우리 시대의 유수한 사람들의

---

29) *Tracts Relating to the Reformation by John Calvin,* ed. Henry Beveridge ; D. A. Erichson, *Bibliographia Calviniana* (Nieuwkoop : de Graaf, 1960), pp. 6ff.

그것과 비교하여 볼 때, 오히려 훨씬 명료하고 정확하게 요점을 찌른다. 그의 명료성과 단도직입성은 의심할 나위 없이 그의 사상 전파에 중요한 역할을 했던 것이다.[30]

그러나 칼빈의 문체에 대해서만 영향력을 발휘한 것은 아니다. 삐에르 쇼뉴(Pierre Chaunu)가 지적한 바대로, 교회에서의 개혁 운동은 두 단계로 전개된다. 첫 단계는 복음 선포적이며, 둘째 단계는 조직적이다. 루터는 종교개혁의 복음 선포자였다. 또 한편으로 그는 분명히 접근 방식에 있어서 뉴톤(게르만)적이었으며 거의 고풍을 고수할 정도로 보수적이었으며, 하나님의 말씀과 배치되지 않는 한 교회 내에서 그 어느 것도 결코 변경해서는 안된다는 원칙을 따라갔다. 반면에 칼빈은 인문주의자 및 법률가로 훈련을 받은 인물로서, 탁월한(par excellence) 조직가였다. 뿐만 아니라 신학 및 실천 목회 분야에서는 성경에서 요구하지 않은 것을 하나라도 남겨두어서는 안된다고 하는 그의 주장은 루터가 옹호했던 그 어느 주장보다 훨씬 더 철저했다. 게다가 루터는 칼빈이 허용하려고 했던 것보다 훨씬 많은 발언권을 정부당국으로 하여금 교회 안에서 행사하도록 허용하였다.[31] 그러므로 칼빈의 전체 접근 방식과 견해가 서유럽 세계의 보다 진보적 계층의 사유 구조에 훨씬 더 쉽게 적용되었던 것이다.

---

30) F. M. Higman, *The Style of John Calvin in His French Polemical Treatises* (Oxford : Oxford University Press, 1967), Passim ; A. Veerman, *De Stiji van Calvin in de Institutio Christianae Religionis* (Utrecht : Kemink & Zoon, 1943), passim ; Warfleid, Calvin and Calvinism, pp. 373ff. ; P. E. Hughes, "The pen of the Prophet," in Hoogstra, ; *John Calvin*, pp. 71ff.
31) Chaunu, *Les Temps des Réformes*, pp. 523ff. ; Collins, *Calvin and the Libertiners*, pp. 32ff. ; *Calvin's Commentary on Seneca's de Clementia*, ed. F. L Battles and A. M. Hugo (Leiden : Brill, 1969), pp. 63ff. ; J. Bobatec, *Budé und Calvin* (Graz : H. Böhlaus, 1950), pp. 119ff.

루터와 마찬가지로 칼빈 역시 종교 개혁의 종교적, 신학적 측면에
일차적으로 관심을 기울였으며, 대부분의 사안에 있어 그는 그 독일인
선구자와 의견의 일치를 보았다. 칼빈의 저작 속에는 루터의 성취 결
과에 대해 빈번한 감사의 언급들이 엿보이며, 또 칼빈은 끊임없이 그
독일 개혁자의 성서의 유일한 권위 및 오직 믿음으로 얻는 칭의 등의
근본적 교리를 되풀이하였다. 그러나 그의 조직적인(혹은 그것을 과학
적이라고도 말할 수 있다) 신학에의 접근을 통해 그는 루터의 견해를
보다 명료하게 부각시켰을뿐만 아니라 루터가 미처 살피지 못한 그리
스도교 신앙의 다른 측면들을 엄청나게 많이 발전시키기도했다. 이 면
에서 그는 루터를 앞질렀으며, 많은 사람들 심지어 필립 멜랑히톤 같
은 루터의 가장 강력한 지지자들 중의 일부에게까지 공감을 산 폭넓은
신학의 구조를 창안하였던 것이다.[32] 이것이 바로 프랑스, 영국, 스코
틀랜드 및 네덜란드 등의 여러 나라에서 칼빈주의가 루터주의를 밀어
낸 이유들 중 하나이다.

칼빈이 또한 그의 당대 및 이후의 세대에 있어서 서구 사상 발전에
적지 않은 영향을 미치게 된 것도 역시 바로 이 보다 조직적이고 광범
위한 신학적 접근 때문이었다. 그는 신학이 모든 인간사상을 묶는 작
업이며, 이로써 모든 사상을 예수 그리스도 앞에 묶어두는 일이라고
보았다. 그리고 우리는 그가 일반적으로뿐만 아니라 삐에르 들라라메
(Pierre de la Ramee), 제롬 장큐스(Jerome Zanchius), 앤드류 멜빌 및
그 밖의 여러 사람들의 작품 속에서 매우 구체적으로 강력한 영향력을

---

32) W. S. Reid, "Calvin's Interpretation of the Reformation," *The Evangelical Quarterly*,
   29(1957), 4ff. ; cf. also Atkinson, *martion Luther*, pp. 275ff. ; B.B. Warfleid,
   Calvin as a Theologian and Calvinism Today (London : Sovereign Grace Union,
   1951), pp. 5ff. ; J. I. Parker, "Calvin the Theologian," in *Calvin*, ed. Duffield, pp.
   149ff.

구사하였음을 알 수 있다. 이 사람들은 칼빈의 인생관 및 세계관을 모
든 사유영역에 적용하려고 애썼으며 영원의 상(相) 아래서(sub specie
aeternitatis), 그리고 오직 하나님께 영광(Soli Deo Gloria)이라는 관점
에서 발견된 여러 가지 영역의 사상을 해석하는데 주력하였다.[33]

필자가 앞에서 말한 바대로, 칼빈은 학자들만을 위한 글을 쓰지 않
았으며, 또 그의 저작들은 단순한 학문적 습작이 아니었다. 그는 실천
적 인물로서 사상은 반드시 행동을 낳게 마련이라고 믿었다. 제네바에
서 그는 그 생활 방식에 있어서 예수 그리스도의 왕권을 모든 활동 분
야에서 인정하는 문화를 창달하는 한 도시를 건설하려고 시도했다.

이 견해는 다른 나라들에서 그의 추종자들의 사상의 뼈대가 되었다.
그 결과 영국, 스코틀랜드, 프랑스, 네덜란드, 미국 등지의 칼빈주의자
들은 끊임없이 민주적 형태의 정부를 세우려고 도전을 계속하는 정치
적 진보파로 간주되기에 이르렀다. 어떤 사람은 심지어 삼부회의나 의
회를 구성하는 예하(長官)들이 왕을 몰아낼 수 있다고—아니 몇 번인
간 실제로 몰아냈다—말하기까지 했다.[34] 동시에 다름 아닌 프랑스, 영
국, 스코틀랜드, 네덜란드 등지의 칼빈주의자들이 바로 유럽 대륙을
벗어나는 모험을 감행하는데 거침없이 주도권을 쥐고 나간 자들이며,
또 그들은 새로운 땅들을 식민지화하는데 기꺼이 목숨을 건 자들이며,
하나님께서 자신을 부르신 소명의 일터에서는 그 종류를 불문하고 언

33) Cf. W. S. Reid, "The Impact of Calvinism om Sixteenth Century Culture," *Bulletin of the International Association for Reformed Faith and Action* 10(1967), 3ff ; J. T. McNeill, *The History and Character of Calvinism* (New York : Oxford University Press, 1954), pp. 226ff.
34) J. T. McNeill, ed., *John Calvin on God and Political Duty,* (New York : Liberal Arts, 1950), pp. viiff. Cf. also L. Maimgourg, *Histoire du Calvinism* 2nd ed, (Paris : Mabre-Camoisy, 1682), "Épître au Roy"

제라도 고된 일을 마다하지 않을 태세를 갖춘 사람들이었다. 사회학자 막스 웨버(Max Weber)가 자본주의의 발생과 칼빈주의의 관계에 대한 이론에서 그 어떤 오류를 범했는지는 모르나, 그가 칼빈주의자의 사상에 있어서 소명 교리의 중요성을 강조한 점은 십분 옳았으며, 우리는 이 교리가 현재에 이르기까지 이 나라 저 나라에서 구현되고 있음을 볼 수 있다.[35]

아울러 우리는 이 소명의 개념을 염두에 둘 때, 칼빈의 영향력은 결코 조직이나 대중 선전에 의해서 생성된 것이 아님을 인정하지 않을 수 없다. 그의 영향력은 하나님의 절대주권과 자신들이 하나님을 섬기는 일에 부르심을 입었음을 믿는, 칼빈의 이상에 동화된 헌신의 사람들과 믿음과 복종심으로 순응한 사람들을 통해 전파된 것이다.

장큐스(Zanchius), 라메(Ramee), 멜빌(Melville) 등의 학자들, 암브로와즈 빠레(Ambrosie Pare), 버나드 팔리씨(Bernard Palisssy), 프란시스 베이컨(Francis Bacon) 등의 과학자들은 16세기 후반의 화란장인들(masters) 같은 예술가들 및 그 밖에 수많은 사람들이 모두 각자의 몫을 다했다. 때로는 칼빈주의의 영향력이 골리니(coligny)의 위그노 군대와 나바의 헨리(Henry of Navarre)와 예수 그리스도의 총회의 스코틀랜드 영주들 같은 그룹의 조직을 주도하였으나, 궁극적으로 칼빈의 영향력은 그가 가르친 내용이 근본적으로 하나님의 말씀인 성서에 그 궁극적 권위를 두고 있음을 인정한 믿음의 개인들의 확신을 바탕으로 자라난 것이었다.

칼빈의 영향력은 그의 시대에만 국한되지 않고, 도리어 그 이후 여러 세기에 유럽이 무역과 정복을 통해 확대됨에 따라, 세계의 다른 여

35) M. Weber, *The Protestant Ethic and the Spirit of Capitalism,* ed. T. Parsons and R. H. Tawney (New York : Scribner, 1958), pp. 1ff. 98ff.

러 지역에서도 계속 이어지고 있다. 19세기 말엽과 20세기 초반에 있어서 이 영향력은 무신론적 인문주의와 물질주의에 의해 야기된, 변모하는 사상 유형에 직면하여 바야흐로 사라져가는 듯 했다. 그러나 근년에 이르러 칼빈주의는 괄목할 만큼 대단한 부흥을 보이고 있다. 그것은 세계무대에 다시 한 번 영향력을 떨칠 것이다. 이 책이 어느 정도 그것의 재현을 증언하고 있지 않는가?

제6장

칼빈주의가 문화에 미친 영향

칼빈은 현대적 의미의 인권개념을 탄생시킨 장본인이다. 그의 사상 속에서 오늘날 공화정체의 씨앗을 발견할 수 있다. 그는 당시의 사회 정치운동을 잘 파악하고 있었다. 그는 근대 민족국가가 발생하고 국제 무역이 발흥하고 중산계급이 발달하며 금융시장이 팽창함에 따라 대 금업(代金業) 금지정책을 재고할 필요가 있음을 알게 되었다. 더욱이 칼빈은 권력남용을 반대했으며 혁명이 정당한 것이냐 하는 문제를 안 고 씨름하기도 했다.

칼빈과 칼빈주의가 현대 서구문화에 끼친 영향을 다룬 문헌들은 매우 많다. 그 영향력이 매우 컸다는 것은 주지의 사실이다. 칼빈과 칼빈주의는 현대 서구 사회를 형성한 중요한 여러 세력들 가운데 하 나이다.

이러한 영향력을 추적해 보는 것은 역사적 관점에서 볼 때 매우 중 요한 의미를 지니고 있다. 칼빈주의의 영향은 어떤 것이었는가? 이 영 향은 정확히 말해서 어느 범위까지 확장되었는가?

그러나 칼빈주의의 문화적 영향을 바르게 평가하려면 보다 심층적인 질문이 필요하다. 칼빈주의는 문화와 어떤 관계를 맺고 있는가? 문화와의 관계에 대해 칼빈주의는 기타 프로테스탄트 운동들과 어떻게 다른 입장을 취하는가? 이런 질문들에 대한 답변이 먼저 이루어져야 칼빈주의가 어느 범위까지 영향을 끼쳤는가를 탐구하는 것이 가능하다.[1]

역사적 중요성을 지닌 모든 운동이 이에 상응하는 문화적 영향을 끼친 사실을 상기해 볼 때, 칼빈주의의 영향이 어떤 성격을 가지고 있는가에 연구의 초점을 맞추는 것은 타당한 일이라 하겠다. 칼빈주의에 있어서는 더욱 그렇다. 루터교, 재세례파, 감리교, 프로테스탄티즘의 등등의 경우도 마찬가지이다. 문화에 대해 어떤 태도를 취하든 모든 운동에는 이것이 적용된다.

심지어는 신앙을 고백하는 기독교회의 근본주의적인 경향도 비록 부정적이긴 하지만 특별한 형태의 문화적 영향력을 가지고 있다. 기독교인들이 문화적 참여를 포기하는 것 자체도 하나의 문화적 영향력이다. 칼빈주의가 어느 정도까지 영향을 끼쳤는가 하는 문제보다 더 중요한 것은 그 영향력이 어떤 특징을 가지고 있느냐 하는 것이다.

그러므로 칼빈주의가 문화에 끼친 영향력을 다룸에 있어서 그것이

---

1) 1930년대 저명한 오스트리아의 칼빈주의 학자인 요셉 보하텍(Joseph Bohatec)은 근의 칼빈주의 학계가 교회, 국가, 사회와의 관계 안에서 칼빈주의 사상세계를 규정하려고 노력해 왔다고 기록한 바 있다. "교회적, 국가적, 사회적 현실 위에서 성립된 칼빈주의 사상체계의 성격을 규정하려는 새로운 연구에 대한 관심이 증대되고 있다." (Geht das Interesse derneueren Forschung darauf aus, die Eigenart der Calvinisten, auf die Kirchliche, staatliche und soziale wirklichkeit sich beziehenden Gedankenwelt zu bestimmen.) Joseph Bohatec, *Calvin's Lehre von Staat und Kirche : mit besonderen Berüchtsichtigung des Organismus gedankens* (Breslau : Marcus, 1937), p. xiii.

서구문화에 끼친 영향력을 묘사하는 것만으로는 충분하지 못하다. 우리가 제기해야 할 질문은 이 같은 칼빈주의의 영향력이 어떤 성격을 지니고 있느냐 하는 것이다. 칼빈주의가 문화에 대해 긍정적인 입장을 취하는 이유는 무엇이며, 어떻게 하여 적극적인 문화적 기여를 할 수 있었는가? 칼빈주의는 이처럼 문화에 대해서 긍정적인 태도를 취함으로써 결국 교리, 개인생활, 교회생활에까지 변화를 가져오고 그리스도의 이름으로 모든 문화를 변형시킬 수 있었는데 그 원인은 과연 무엇인가?

이런 문제들에 대해 답변을 함에 있어서 우선 편의상 우리의 사상을 네 가지로 요약해 보기로 하자.

첫째, 칼빈주의에는 기독교와 문화의 이원론이 나타나 있지 않다.

둘째, 칼빈주의는 창조교리, 신적계시의 보편성, 법의 위치에 관해 예리한 통찰을 보여주고 있기 때문에 신적 영역과 인간의 영역을 간단히 아무렇게나 구분하는 것은 자칫 잘못하면 창조자와 피조물의 관계에 대한 성경의 교리를 파괴시킬 위험이 있다.

셋째, 문화를 포함한 삶의 전 영역은 신법(神法)이 지배하는 사회이다. 따라서 그것이 의미를 갖기 위해서는 하나님과 하나님의 율법에 복종하지 않으면 안 된다.

넷째, 창조주 하나님의 주권의 힘은 역사의 과정 전체를 포용하기 때문에 우리는 문호 안에서도 하나님의 계시를 분별해낼 수 있다.

1. 칼빈주의는 문화에 대해 긍정적인 태도를 취한다.

칼빈은 하나님의 순결한 복음을 밝혀주셨다는 사실에 감사했을 뿐

아니라 인문학(Humanities)을 다시 꽃피우게 하신 사실에 대해서도 감
사했다.[2] 칼빈의 시대에 이탈리아 문예부흥운동에서 일어난 인문학을
프랑스에 소개하려고 노력한 사람은 뷰데(Guillaune Budé)였다. 그는
생계유지를 위한 학문(신학, 법학, 의학)과는 대조되는 교양학문(bonae
litlerae, liberal arts)을 애호할 것을 제창하였다.[3]

칼빈은 교양학문이 인간의 형성 즉, 인간성을 개발하는데 필수적이
라는 뷰데의 의견에 전적으로 동의했다. 사실 우리는 칼빈으로부터 교
양학문에 대한 사랑과 당시의 그 어느 인문주의자들에게도 뒤지지 않
는 인문학 훈련에 대한 관심을 발견할 수 있다. 그러므로 칼빈에게 있
어 교양학문의 탐구가 우리와 밀접한 관계가 있다는 사실은 두말할 필
요조차 없는 것이다.[4]

칼빈은 수사학과 자연과학에 대해서도 긍정적인 입장을 취하였다.
수사학 이론은 그의 신학방법에 지대한 영향을 끼쳤다. 칼빈은 데살로
니가 주석 서문에서 자신의 인문학과 교수방법(Maturin Cordier)의 영
향을 받은 것이라는 사실을 시인하고 있다.

수사학과 마찬가지로 자연과학도 하나님의 선물이며 인류를 위해
하나님이 창조하신 것이다.[5] 참된 자연과학의 궁극적 근거는 바로 성
경이다.[6] 그러나 칼빈은 점성술이라는 의사(疑似) 과학을 철저하게 반

2) Ed. Baum et al., *Corpus Reformatorum : Zoannis Calvin Operaquae Scpersunt Ommia*, 7, 516. (이후로는 Calvin, Opera로 약칭함)
3) 요셉 보하텍은 프랑스 문예부흥운동의 저명한 지도자인 기욤 부데에 특히 관련시키면서 칼빈과 당시의 프랑스 인문주의 운동과의 관계를 상세하게 규명한 바 있다. Joseph Bohatec, *Budé und Calvin; Studien zur Gedankenwelt des französischen Friihhumanismus* (Graz : Hermann Bohlaus, 1950). (이후로는 Bude und Calvin으로 약칭함)
4) Calvin Opera 7, 516. Cf. Bohatéc, *Budé und Calvin*, p. 121.
5) Ibid., 34,304,;31,94.Cf. Bohatéc, *Budé und Calvin*, p. 201
6) Ibid., 33.557.Cf. Bohatéc, *Budé und Calvin*, pp. 204.

대했다. 당시에 점성술이 명성을 얻고 있었는데, 이것은 심지어는 오늘날에도 마찬가지이다.[7]

마르틴 루터는 중세시대의 신비주의 영향을 받았다. 칼빈이나 멜랑히톤과는 달리 루터는 당시의 인문학 문예부흥운동의 영향을 받지 않았다. 루터와는 대조적으로 칼빈은 일찍이 인문학 연구에 뛰어들었다. 인문주의 학자로서 자신의 재능을 시험해 보려는 생각으로 그는 저 유명한 세네카의 「관용론」(De Clementia)에 관한 주석을 출판하였다.[8] 당대의 뛰어난 법학자인 피에르 데레스뜨왈르(Pierre de I'Estoile)와 앙드레아 알시아(Andrea Alciat)에 의해 훈련을 받고, 고전 문학과 철학에 정통할 뿐만 아니라 스스로도 저명한 인문주의 학자였던 칼빈은 평생 동안 당시의 문화발전에 대한 인식을 깊게 하고 또 그것을 습득하고자 노력하였다. 그는 지속적으로 인간의 인간성에 대한 관심을 계속 보여 주었고, 미술과 음악을 포함하여 하나님의 좋은 선물들에 대해 호의를 가지고 있었다. 이 같은 칼빈의 태도는 인문학 발달에 기여할 수 있었다.[9]

인문학과 인간의 문화적 발달에 대한 칼빈의 지속적인 관심은 그가 복음주의 신앙으로 개종 되기 전의 그의 사상을 보여주는 것에 불과하다고 생각하는 것은 잘못이다. 인문학과 인간적인 것에 관한 그의 관심은 그의 사상 전반과 아주 밀접한 관계를 맺고 있기 때문에 그러한 해석은 타당하지 못하다고 할 수 있다. 사실 어떤 의미에서 생각해보면 칼빈을 인문주의자라고 부르는 것은 틀림없이 올바른 정의이고 오

7) Ibid., 40,554.Cf. Bohatéc, Budé und Calvin, pp. 270-80
8) Ford Lewis Battles and André Malan Hugo, Calvin Commentary on Seneca's De Clementia: With Introduction, Thranslation and Notes, (Leiden : Brill 1969).
9) Bohatéc, Budé und Calvin, pp. 467,470.

해를 불식시킬 수 있는 말이다.[10] 그는 평생 동안 인간적인 것에 깊은 관심을 가지고 있었다.

사실상 칼빈은 하나님의 주권, 하나님의 말씀 권위, 인간의 전적 타락, 은총의 교리에 대항한다는 의미를 내포한 인문주의에 대해서는 신랄한 공격을 가하였다. 「기독교 강요」 서문을 형성한 유명한 편지로 칼빈은 복음주의 교리를 담고 있지 않은 인문주의를 공박했다.[11] 그는 뷰데와 같은 기독교 인문주의자를 공격한 것이 아니라 인간의 자아를 영화롭게 한 자들과[12] 인간적인 것이 하나님과 그의 계시로부터 잠정적으로 독립함으로써만 획득될 수 있다고 생각한 사람들을 공격하였다. 인문주의자로서 칼빈은 문예부흥의 인간관, 곧 인간이 가치의 창조적 원천이며, 따라서 근본적으로 죄를 범할 수 없다는 개념을 거부하였다.[13]

인간의 덕성을 개발하는 능력으로서의 인문학이 칼빈으로부터 그 가치를 인정받기 위해서는, 또 하나님이 주신 훌륭한 선물로서의 과학이 계발되지 위해서는 우선 인문학 그 자체만으로 충분하다는 개념이 고쳐지지 않으면 안 된다. 예술과 학문이 종교를 떠날 수 있다는 것은 칼빈에게 있어서는 아주 생소한 개념이었다(non devere distrahi a religione scientiam).[14]

인문학에 대한 칼빈의 태도가 수정의 여지가 전혀 없는 것이라고 볼

---

10) 보하텍은 칼빈은 인문주의자라고 과감하게 선언한다. (Calvin war Humanist) Ibid.,p. 472. 그러나 그는 여기서 인문주의의 의미를 규정하고 칼빈의 인문주의를 문예부흥과 고대문화의 그것과 구분하는 일에는 상당한 어려움을 겪고 있다. 특히 Ibid.,pp. 472-483을 비교해 보라.
11) Cf. Ibid., pp. 127-141
12) Ibid., p. 479.
13) Ibid., p. 265.
14) Calvin, Opera, 39,251.Bohatec, Budé und Calcin, p. 254.를 비교해 보라.

수는 없다. 그러나 그의 긍정적인 인문학에 대한 태도는 그의 사상의 핵심이며 그 이후 칼빈주의자들의 태도에 깊이 뿌리박혀 있다. 이 점을 먼저 이해할 때 칼빈주의의 문화적 영향력을 이해하는 것이 가능하다.

칼빈에게 있어서는 종교개혁 당시의 다른 지도자들과는 달리 복음과 세계, 복음과 문화의 괴리는 찾아볼 수 없다. 동시에 그의 사상 안에는 인간의 재능으로부터 배태되어 나온 결과들을 무 비판적으로 받아들인 적도 없다. 그는 그 결과들 이면에 숨어있는 개념을 비판했고 그것들을 그리스도의 통치에 복종시키려고 노력하였다.

2. 하나님과 인간에 관한 칼빈의 견해

칼빈은 하나님의 절대주권을 고백했다. 다른 종교개혁가들과 같이 칼빈도 신자는 그리스도의 은총을 통해서 말씀 안에 자기 자신을 계시하신 주권자 하나님과 직접 관계를 맺는다고 고백했다. 이미 언급한 것처럼 이 말의 의미는 하나님의 주권적 행위가 인간적인 것, 인간의 문화업적의 영역에 속한 것과 무관하거나 대립한다는 의미는 아니다. 하나님의 행위에 관한 칼빈의 생각은 그 같은 이원론을 배격하고 있다.

인간의 마음속에서 주권적으로 활동하시는 하나님은 곧 인간과 인간의 문화적 가치를 창조해낸 창조주로서 자신을 계시하신 바로 그 하나님인 것이다.

하나님께서 창조주로서 자기 자신을 계시하셨다는 사실을 잘 알고 있는 사람은 신적인 것과 인간적인 것이 서로 철저하게 대립하여 어느 한편을 높이면 반드시 다른 한편이 격하된다고 생각하지는 않을 것이다. 하나님은 피조물을 격하시킴으로써 높임을 받으시는 분이 아니며, 피조물도 하나님을 격하시킴으로써 높임을 받을 수 없다.

피조물은 하나님의 창조의지 표현이다. 인간이 타락하기 이전에 하나님은 그것을 선하다고 말씀하셨다. 그분은 피조물에 대해서 적극적으로 관심을 갖고 계신다. 하나님을 영화롭게 하기 위해 피조물을 격하시킬 필요는 없다. 다만 하나님이 세상을 창조하신 뜻이 무엇인가만을 철저하게 인식하고 그 뜻대로 복종하고 행하면 되는 것이다.

창조에 관한 성경의 교리를 잘 알고 있는 사람이라면 여기서 문제가 되는 것은 신적인 것 혹은 인간적인 것 어느 하나를 단지 강조하는 것이 아니라 인간적인 것 그리고 인간행위의 영역에 속한 것이 율법에 표현된 하나님의 의지와 부합되느냐 부합되지 않느냐의 문제라는 사실을 알게 될 것이다. 다시 말할 것 같으면 하나님이 태초에 창조하실 당시 피조물에게 원하셨던 것이 무엇이냐가 문제이다.

하나님의 은총이 말씀을 통해서 인간의 마음속에 직접 역사(役事)하신다는 개혁교리는, 인간적인 것은 신적인 것보다 앞서는 반자율성(半自律性)을 지니고 있는 것이요, 인간 자신이 지닌 본성의 힘을 통한 활동이 은총 활동의 필수적인 전제조건이라고 주장하는 견해에 대항하여 나타난 것임을 의심할 여지가 없다.

루터가 이른바, 오직 믿음으로만 구원을 얻는다는 교리를 발표하기 시작하던 무렵 유명론자(唯名論者)인 옥캄(William of Okham)이 자연은 은총의 전제조건이라는 개념에는 들어맞지 않는 사상의 분위기를 이미 창조해냈다(그는 투르트베터와 우징겐의 논리학 강의를 들었으며 이들을 자신의 스승이라고 불렀다.).[15]

---

15) Wilhelm Risse, *Die Logik der Neuzeit*. Ⅰ : 1500-1640"(Stuttgart Bad Cannstadt : Friedrich, 1964), p. 81.

옥캄은 복음이 아닌 그 어느 것도 하나님의 은총과 신자의 반응을 위한 일시적인 무대의 역할을 하거나 그것을 비판하는데 사용되어서는 안된다고 주장했다. 루터는 옥캄학파에 속한 것을 자랑스럽게 여겼으며, 옥캄을 가장 현명한 학자라고 생각했다.

더욱이 유명론의 입장은 그의 은총교리와 조화되는 것처럼 보였다. 하나님은 인간에게 절대적이고 주권적인 요구를 하시면서 직접 활동하시며 인간의 자연적인 판단, 분별, 선택의 능력을 행사할 여지를 허용하지 않으신다고 유명론자들은 가르쳤다. 하나님의 은총은 물론 신적인 완전성을 가지고 있긴 하지만 인간의 행위에 뒤따라오는 부수물은 아니라고 그들은 가르쳤다. 하나님의 은총은 인간의 업적과는 무관하게 혹은 대조적으로 인간의 마음속에서 직접 활동한다고 그들은 가르쳤다.

루터의 은총교리가 이 같은 유명론적 교훈으로부터 배태되었다거나 그것에 의존하고 있다고 말하고 싶지는 않다. 필자는 그의 은총교리가 성경에서 유래한 것으로 생각한다. 그러나 옥캄주의 전승은 자연이 은총의 전제조건이라는 견해를 비평함으로써 루터의 은총교리의 근거를 제시했던 것이다. 더욱이 일단 이 교리가 발견되자 유명론자의 가르침은 그들의 신학 작업에 영향을 끼치게 되었고 복음과 문화의 관계에 관한 개념을 결정짓게 되었다.

소위 「두 개의 왕국」에 관한 루터의 견해는 유명론의 영향을 크게 받은 것이라는 점을 잘 알려진 사실이다. 자연의 영역에 관해 말하자면, 아리스토텔레스의 지식에 관한 개념만으로도 충분하다고 그는 가르쳤다. 그러나 종교의 영역에서 권위 있는 것은 계시뿐이다. 여기서 인간의 이성은 하나님의 말씀에 전적으로 복종하지 않으면 안 된다. 자연적인 이해와 그 논리는 유한자(有限者)의 제한된 사고의 영역에

속해 있는 것으로써 신앙에로 이끄는 것이 아니라 신앙으로부터 이탈
하도록 하기 때문에 결국 신학을 파괴한다.

이러한 유명론 전승이 신적인 것과 인간적인 것을 구분하는 방법은
성경에 대한 유명론적 해석과 관계가 있다. 성경은 종종 하나님의 활
동과 인간의 활동에 대하여 이야기할 때 그 두 가지가 서로 대립되는
것처럼 언급한다. 그러나 그 언급 이면에 숨어있는 진실을 꿰뚫어 보
지 않고 문자적(文字的)으로 성경의 언급을 해석할 때 그러한 추리가
가능하다. 유명론의 입장에서는 아마도 이러한 방법으로 하나님과 인
간에 관한 성경의 가르침을 이해하고 있는 것 같고 은총과 자연에 관
한 교리도 마찬가지이다. 이러한 전승이 루터의 신학방법과 기독교와
문화와의 관계에 대한 그의 견해에 영향을 미치리라는 것은 불가피한
일이었다.

루터는 하나님이 주권적 은총의 말씀을 통하여 직접 활동하신다는
복음주의 교리를 올바르게 발표하였다. 그러나 루터의 사상 안에는 내
면적인 신적·영적 활동의 영역과 외면적인 행동 영역 사이에 매우 명
확한 경제선이 그어져 있다. 유명론적 입장과 같은 맥락에서 내면의
영역과 대립되는 이러한 외면의 영역은 형식적이고 인습적인 것으로
간주되고 있다. 적어도 그것은 영적인 영역과 무관하다.

이 외면의 영역에 속한 인간의 문화 활동은 그것이 설정해 놓은 기
준들이 영적인 영역에 적용되는 것으로 생각되지 않는 한에서 받아들
여질 수 있다. 그러나 외면의 영역과 이러한 영적인 영역 사이에는 아
무런 내면적 관계도 이루어져 있지 않다. 영적 활동은 방출되어 나와
문화 활동 속에 흘러들어갈 때 비로소 문화 활동에 영향을 미치는 것
이다. 영적인 활동에 비교될 때 문화적 활동은 고통을 받아야만 한다.

이 같은 상황 속에서 루터의 입장으로부터 문화와의 어떠한 내면적

인 접촉점도 찾지 못한 채 신학 기초와 실제적인 대학개혁 프로그램에 관심을 기울였던 멜랑히톤이 세속적인 배경에서 배워 들인 것으로 무비판적으로 받아들이게 된 것은 당연한 일이라고 할 수 있다. 그는 자신의 입장을 거듭거듭 유일한 과학적 철학을 발전시킨 아리스토텔레스의 입장과 동일시했다.[16] 개인적으로는 종교개혁의 은총교리를 신봉한다고 고백하면서도 멜랑히톤은 세속문화에 자기 자신을 동일시했는데, 칼빈에게서는 이러한 태도를 찾아볼 수가 없었다.

칼빈의 사상 안에는 그 같은 이원론이 존재하지 않는다. 사실 그에게는 하나님의 은총이 활동하기 이전에 자율적인 인간 활동의 영역이 존재하는 것은 있을 수 없는 일이었다. 더욱이 인간의 마음속에 활동하는 신의 주권은 무한한 것이었다. 그러나 칼빈의 사상 안에서는 이러한 태도들이 성경의 창조교리와 깊게 연관되어 나타난다.

하나님은 절대자이며 주권적인 창조주이며 만물을 붙드시는 분이시다. 그가 창조하지 아니한 것은 하나도 없으며, 그의 창조의지에 복종하지 않는 것 또한 하나도 없다. 아주 사사로운 것까지도 그분을 계시한다. 더욱이 그분의 주권적 창조의지는 인간적인 것, 인간의 업적의 영역에 속한 것, 인류 역사 전체와 문화 발전에 속한 것까지도 포함하고 있다. 그 모든 것들이 율법에 표현된 그분의 뜻에 복종하는 것이다.

그러므로 칼빈에게서는 논리적이고 간단하며 포괄적인 방법으로 하나님과 인간, 신성한 것과 인간적인 것을 구분했던 흔적은 찾아볼 수 없다. 사실상 우리는 창조자와 피조물을 엄격하게 구분하고 있는 성경의 교리를 문자 그대로 받아들여야만 한다. 이 성경교리를 철저하게 이해할 때 하나님과 인간이라는 두 용어를 혼용하는 사태를 방지할 수

---

16) *Ibid.*, pp. 82,106,120.

있다. 또한, 이러한 함정을 피하려면 칼빈과 같이 피조물 안의 범위에서, 하나님의 계시의 지평(地平) 아래, 그분의 율법 안에 표현된 하나님의 창조의지의 영역 안에서 사고를 전개해야 한다.

피조물 안에 표현된 하나님의 의지에 동조할 수 있는 것은 무엇이든지 하나님의 승인을 받은 것이라고 칼빈은 생각했다. 인간이 하나님의 창조 목적에 답변을 한다는 것은 그의 자연의 상태에 답변하는 것이요, 창조 시에 하나님이 선하다고 선포하신 것에 답변하는 것이다. 이처럼 칼빈은 열정을 가지고 자연과학의 프로그램을 받아들여 하나님이 만드신 우주의 비밀을 밝혀내려고 했다.

마찬가지로 그는 인간을 인간답게 만드는데 기여하는 인간의 재능의 산물들을 자유롭게 받아들일 수 있었다. 이러한 것들은 종교를 떠나서는 무의미한 것이었다. 그것들은 다만 종교와 연관되어 있을 때 비로소 의미를 가질 수 있었다. 그것들은 하나님의 좋은 선물들로서 성령의 권능으로 말미암아 인간의 내면에 심기어진 것이었다.

분명히 인류는 죄 때문에 본질적으로 타락했으며, 따라서 문화가 발전함에 따라 심각한 왜곡이 뒤따랐다. 그러나 인간의 타락은 자연에 반대되는 것이다. 그것은 부자연스러운 것이다. 하나님의 창조의지에 응답하지 않는 것, 그의 법에 참되게 순복하지 않는 것은 죄로 말미암아 세상에 들어온 부자연스러움을 표현하는 것이다. 그러나 이 같은 변형은 심각한 것이기는 하지만 세상과 세상의 문화를 하나님의 목적과 계획으로부터 분리시킬 만큼 심각한 것은 아니었다.

그것은 또한 세상으로 하여금 하나님의 영광을 드러내지 못하게 할 만큼 심각한 것도 아니었다. 하나님의 선한 선물들은 믿음을 소유한 사람들에게만 특별히 베푸는 은총이 아니라 모든 사람들에게 골고루 베풀어지는 것이다. 성령의 영향을 받아 示顯(시현)된 진리는 그것이 어느 곳에서 발견되든지 인정되어야만 한다. 인간의 마음이 타락했음에도 불구하고 하나님은 일반은총을 통해 인간으로 하여금 그분의 창조의지에 반응하게 하신다.[17] 이처럼 하나님의 말씀의 여러 가지 교훈들을 거의 알지 못하는 사람들 사이에서도 위대한 인간정신의 업적이 나타난다.

하나님과 인간의 관계에 관한 칼빈의 견해는, 인간의 신지식과 자아에 관한 지식 사이에 상호 관련성이 있다(Dei notitiam et nostri resesse coniunctas)는 유명한 「기독교 강요」 서문에 잘 나타나 있다.[18] 이 말이 의미하는 것은 인간이 하나님과 그의 계시에 비추어서 자기 자신을 알 때에 비로소 자기 자신을 참되게 알 수 있다는 것을 의미한다.

이 말은 바꾸어 말한다면 인간이란 자기 자신을 참되게 알 때, 비로소 하나님도 참되게 안다는 것을 의미한다. 인간이 종교적으로 하나님과 연관되어 있을 때 자기 자신과도 참되게 연관되는 것이며, 자기 자신과 종교적으로 연관될 때 하나님과도 참되게 연관되는 것이다.

신(新)지식과 인간지식의 관계에 관한 칼빈의 생각은 그가 전수받은 인문학적 훈련과 그가 개종 시에 받아들였고, 또 가장 크게 관심을 기울였던 복음의 진리들을 연관시키는 문제를 해결하는 방법을 제시해 주었다. 다시 말해서 그는 하나님과 인간, 신적인 것과 인간적인 것을 일괄적으로 언급하는 위험을 피할 수 있었다. 그리하여 칼빈은 성경의

---

17) 칼빈의 자연법사상은 스토아학파의 그것과는 달리 보편적인 우주적 이상개념에 근거해 있는 것이 아니라 성경의 창조 및 창조질서에 관한 교리와 밀접하게 연관되어 있다. 이처럼 칼빈은 하나님의 보통 혹은 보존의 은총교리를 인정하고 있다. 보하텍은 칼빈의 자연법사상을 광범위하게 논의하고 있다. 특히 그는 그 사상을 창조교리와 연관시키면서 칼빈이 어떻게 일반은총교리를 사용하고 있는가를 보여주고 있다. Joseph Bohatec, *Calvin und das Recht* (Graz: Hermann Böhlaus, 1934), pp. 22-24, 그리고 여러 곳을 보라.

18) Calvin, *Institutes*, I. 1.1.Cf. Bohatec, *Budé und Calvin*, p. 243.

교훈과 부합되는 방법으로 인간의 인간성과 문화적 업적을 하나님의
영광과 존귀함을 조금도 손상시키지 않고 인정할 수 있었다.

칼빈은 인간의 인간성을 깊이 있게 꿰뚫어 보았다. 그러나 그러한
깊이 있는 인식은 인간의 자율적 인격을 인정하고 인간의 가치의 창조
적 근거가 인간 자신에게 있음을 주장한 문예부흥의 보편적 인간과의
영향을 받지는 않았다. 오히려 그의 인간관은 하나님의 창조 목적, 왜
곡된 죄악의 결과, 인간과 세상을 위한 구원계획에 관한 하나님의 계
시 등등의 인도함을 받았다.

칼빈에게 있어서는 인간성이라는 개념을 성경에 묘사된 종교적 반
명제에 관련시키는 것이 가능했던 것이다. 인간은 하나님과의 관계 안
에서 존재의미를 갖는다는 생각이 여기서 배태되어 나왔다. 인간이 진
정으로 인간다워지려면 본성적 상황에 답변해야 하며 창조의 목적에
부응해야 한다.[19]

이처럼 인간(Humanum)을 하나님으로부터 고립된 자율적 존재로서
가 아니라 하나님과 관련된 존재로서 이해하고 인간의 자기 인식으로
향한 대로(大路)로부터 멀리 벗어나 죄악된 인간의 자율성 그 자체가
인간적인 것을 왜곡한 것이라고 보는 것은 가능한 일이다.

이 같은 배경을 무시하고 인간과 인간행위의 결과들을 지나치게 강
조한다든지 또 지나치게 경시하는 것은 바람직하지 못하다. 우리가 관
심을 둬야 할 문제는 인간이 하는 일과 인간이 자기 자신에 관해 가지
는 생각이 하나님의 태초로부터 주권적 창조의지를 통해 인간에게 보
여주신 그 내용과 부합하느냐 하는 것이다. 인간, 인간의 행위, 그 행
위의 여러 가지 산물에 관한 어떠한 생각도 그 종교적 뿌리까지 파고

---

19) 보하텍의 견해에 따르면 칼빈은 자연상태 그대로의 인간은 자원하여 합리적 규범
에 복종한다고 한다. Bahatec, *Budé und Calvin*, p. 352.

들어가 탐구되어야 한다.

인간은 하나님의 율법에 부합하는 인간성을 추구하고 있는가? 그는 죄악으로 말미암아 인간적인 모든 것과 모든 인간적인 업적에 첨가된 부자연스러움을 인정할 마음의 준비가 되어 있는가? 그는 자기 자신과 자기 자신의 행위를 그리스도의 구속의 은총과 구속의 능력에 맡길 마음의 준비가 늘 되어 있는가?

이상과 같은 논의를 통해서 우리는 칼빈의 사상이 어떠한 인문주의적 성격을 가지고 있는가를 살펴보았다. 그의 입장은 하나님의 영광과 예수 그리스도의 복음 때문에 인간적인 것을 부정하거나 깎아내리지 않는다. 사실상 하나님의 영광으로부터 이탈하지 않고도 인간의 인간성을 높이는 것은 충분히 가능하다.

인간적인 것(humanum)에 대한 관심과 흥미가 부정적인 의미의 인문주의(人文主義)로 전락하는 이유는 인간의 흥미의 중심이 창조주와 대립하는 거짓된 자율성에 안주하기 때문이다. 이 같은 형태의 인문주의가 문예부흥 시대 동안에 싹이 나서 계몽주의 시대에 이르러 꽃이 피었다. 온갖 방법을 모두 동원하여 종교개혁의 대의를 파괴하려고 시도하는 어떠한 형태의 인문주의도 칼빈은 철저히 반대하였다.

3. 칼빈주의의 입장에서 본 법(法)을 통한 하나님의 통치

이미 언급한 바와 같이 칼빈에게 있어서 하나님의 주권적 창조의지는 무제한적이다. 그 창조의지는 아주 사소한 것 속에까지 침투해 들어간다. 세상의 모든 만물은 그 정도의 크기를 불문하고 그분의 장엄

함과 영광을 표현함으로써 하나님을 계시한다.

더욱이 이미 살펴본 바와 같이 하나님의 주권적 의지는 그분의 계시, 즉 율법 안에서 표현된 그분의 의지와 분리시켜서 이해될 수 없다. 사실상 인간을 포함한 모든 피조물은 그 의지에 복종한다. 인간이란 계시 안에 구현(具現)되어 있는 하나님에게 반응하는 존재라는 말은 칼빈의 사상과도 맥락을 같이하는 것이다. 인간은 스스로 하나님의 부르심에 자유롭게 반응하며 하나님의 주권적 의지에 복종함으로써 인간 본연의 모습을 회복한다. 하나님의 주권적 의지는 인간을 구속하는 것이 아니라 자신 본연의 위치를 깨닫게 해주는 매개체의 역할을 하는 것이다.[20]

이러한 이해를 기반으로 삼고 필자는 이제 세 번째 전제를 다루어 보려고 한다. 칼빈에게 있어서는 포괄적 개념인 문화를 포함한 삶 전체가 신법(神法)의 지배를 받는다. 다시 말해서 그것은 하나님과 그분의 율법에 복종할 때 의미를 갖는다.

여기서 특별히 주의를 기울이려고 하는 것은 칼빈의 법 개념이다. 창조주 하나님이 법을 초월하신 분이요(deus legibus solutus) 그 어느 것도 그분을 제한하지 못한다면 인간과 우주 전체는 그분의 율법 아래 복종하지 않으면 안 된다. 피조물의 실존의 영역은 하나님의 법의 제한을 받는다. 그 어떤 피조물도 이 같은 영역에서 탈피해서는 아무 의미를 갖지 못한다.

따라서 신의 주권에 대한 칼빈의 견해가 보여주는 하나님의 모습은

---

20) 칼빈의 인간성 개념은 인간의 자율성에 관한 개념과는 대조적으로 인간의 자유란 어떤 특허장이 아니라 하나님의 율법에 복종하는 자유를 말한다는 그의 관념에 잘 나타나 있다. (Die wahre Freiheit ist nicht Ungebundenheit, sondern Freiheit in gehorsam, Freiheit unter dem gesetz.) *Ibid.,* pp. 473-474.

포악한 전제군주의 모습이 아니라 칼빈이 종종 표현하고 있듯이 웅장
한 건축가의 모습이다.[21] 칼빈은 피조물에 관해 이야기하면서 피조물
의 건축구조적인 면, 건축학적인 면에 대해 언급을 했고, 그것이 하나
님의 위대함과 선하심을 계시하고 있다고 말했다. 칼빈의 창조개념에
는 질서의 개념이 뒤따른다. 만물은 질서개념 속에서 웅장하고 아름다
운 구조를 갖게 된다.[22]

이 같은 생각을 염두 해 두고 생각해 볼 때 칼빈주의적인 주권 사상
안에서 어떠한 형태로도 무제한적으로 인간의 주권을 허용하는 태도
는 찾아보기 어렵다. 모든 피조물은 유한한 존재이다. 하나님이 인간
에게 권위를 주셨다 해도 그 권위에는 한계가 있는 것이다. 인간의 주
권은 언제나 한계성을 가지고 있게 마련이다. 이 같은 두 가지 단면,
곧 말씀 안에 계시된 하나님의 창조의지가 우주 만물 안에 침투해 있
다는 사실과 모든 피조물이 유한하다는 사실은 종교개혁의 소명개념
속에 나타나 있다.

루터는 중세시대의 소명개념을 근본적으로 뒤엎었던 인물이라는
인정을 받고 있다. 중세시대의 소명개념은 특수한 영역들, 즉 신성한
질서들에게만 적용되었다. 이 특수한 영역들에 부응하려면 특별한 성
화(聖化)가 필요하다고 생각되었기에 당시에는 사실상 수도원 생활만
이 참된 소명이라는 생각이 무르익어 있었다. 이와 동시에 영적인 명

---

21) Léon Wencelius, *L'essthétique de Calvin* (Paris : Société d'Edition 'Les Belles Letters', n. d.), p. 30.

22) 웬셀리우스는 칼빈의 미 관념을 질서관념과 밀접하게 연관시키고 있다. 칼빈의 모든 이에 대한 묘사 안에서 질서개념이 발견된다. (La notion d'ordre seretrouve a chaque description de beauté. Tout chose belleest ordonneé en ollemême *Ibid.*, p. 46. (La création révèle Dieu ⋯ grâce à sa beauté, c'est-à-dire grâce à son ordre meveilleux) *Ibid.*, p. 40 ; cf. p. 34.

상의 생활이 활동적인 생활보다 훨씬 더 애호를 받았다.[23] 그러나 루터는 하나님의 목적을 반영하는 모든 생활이 거룩하다는 사실을 인정함으로써 소명개념을 확대시켜 인간의 모든 합법적인 행위를 정당화했다.

그러나 루터가 제창한 혁명적인 개념이 주는 완전한 충격을 바르게 인식하기 위해서는 내면적인 영적인 영역과 외면적인 규례(規禮)의 영역을 엄격하게 구분하는 그의 이원론을 포기해야만 한다. 이미 언급한 바와 같이 칼빈은 결코 그 같은 이원론을 가지고 있지 않았다. 루터의 경우에 있어서와 같이 그는 자연이 은총의 전제조건이라는 사상을 거부하고 하나님은 말씀을 통해 인간의 마음속에 직접 역사 하신다고 주장했다.

그러나 그는 루터의 사상에 영향을 끼친 바 있는 유명론(唯名論)의 영향을 받지 않았다. 앞부분에서도 이미 언급한 것처럼 그의 견해 안에는 인간의 문화적 행위를 멸시하거나 인간의 제도를 무시하는 태도는 나타나 있지 않다. 칼빈은 종교개혁이 지니고 있던 본래의 보편적 의미를 더욱 순수하게 표현하였다.

칼빈에게 있어서는 인간의 삶 전체가 하나님이 주신 소명에 대한 응답으로 이해되고 있다. 인간의 계약적 존재이다. 루터가 말한 것처럼 인간은 어떤 확고한 규율을 가지고 있으며, 이 규율에 따라 살기도 하고 죽기도 한다(certa regula turn vivendi tum moriendi). 모든 삶의 분야에서 그는 주권자 하나님과 만나며 그분 앞에서 자기 자신을 드러내지 않으면 안 된다.

사실상 하나님의 소명은 이 같은 보편적인 의미를 가지고 있다. 그

---

23) Bohatec, *Calvins Lehre von Staat und Kirche*," pp. 638-39.

러나 종교개혁의 소명개념은 특별한 소명이 있다는 사실을 인정하지 않는 한 완벽하게 표현될 수는 없다. 종교개혁은 모든 합법적인 인간 행위들이 신성한 것이라는 사상을 다시 회복시켰다. 그러므로 여기서 문제가 되는 것은 우리가 어떤 특별한 소명에 참여하느냐의 문제가 아니라 우리의 활동영역에서 노동을 신성한 소명을 가진 것이요, 따라서 그것을 통해서도 마음을 다하여 하나님을 섬겨야 하는 것으로 보느냐 하는 것이다.

칼빈의 소명개념의 핵심 가운데 하나는 하나님의 성령의 주권적 의지에 따라 아주 다양한 은사들이 사람들에게 부여되었다는 그의 생각이었다. 한줄기 태양빛이 세상에 비치지만 한 줄기 한 줄기의 빛들이 모두 모여서 그 맡을 일을 완수하듯이 하나님께서는 그의 은사들을 세상에 널리 펴서 인류가 서로 의존해가며 살도록 하셨다.[24]

사람들이 가지는 다양한 은사들이 모두 모여 다양한 기능을 발휘한다. 인간의 특정한 장소와 과업을 가지고 있다는 사실은 그가 그 일에 대해 소명을 가지고 있음을 전제한다. 이러한 장소와 의무를 받아들임으로써 인간은 확고한 소명을 갖게 된다.(certa vocatio)[25] 우리가 가지고 있는 직업은 거룩한 부르심에 순종하는 응답이다.[26]

이 문제와 관련하여 칼빈은 또 하나의 비유, 곧 몸의 비유를 사용하였다. 그는 이 비유를 교회 너머로 확장시켜 가족과 국가에까지 적용한다.[27] 세속적인 직업은 국가에 속해 있다.[28] 교회뿐만 아니라 국가의

---

24) Calvin, *Opera*, 2, 252. Bohatec, *Calvins Lehre*,. 640.
25) Bohatec, *Calvins Lehre*, p. 636
26) *Ibid.*, p. 644.
27) *Ibid.*, p. 647
28) *Ibid.*

구성원들도 다양한 은사를 가지고 있으며 한 몸으로 연합되어 서로서로의 기능에 상호의존하고 있다.[29]

종교개혁의 소명개념은, 특히 그것이 칼빈에 의해서 발전하였을 때 이른바 인간의 문화행위도 신성한 것이라는 사상이 배태되어 나왔다. 인간의 문화행위는 거룩한 소명에 대한 응답으로서 하나님으로부터 부여받은 문화적 과업이라고 칼빈은 생각하였다. 이처럼 인간의 문화행위는 신법적(神法的)이며, 하나님과 그분의 율법에 반응함으로써 비로소 의미를 갖게 된다. 하나님의 법은 문화행위의 경계를 설정하고 그 의미를 확립시킨다. 결국, 칼빈에 의해서 이러한 사상은 꽃피게 되었다.

칼빈은 가족 안에서도 그 같은 유기적 영역을 구분해냈다. 가족은 하나님이 설립하신 창조질서 가운데 하나이다.[30] 그것은 영원하며 파괴될 수 없는 하나님의 제도이다.[31] 좁은 의미에서 가족의 머리인 남편은 성령의 특별한 은사를 받은 사람이다. 이러한 은사들 때문에 그에게는 권위가 부여되었고, 이 권위를 그는 그가 처해 있는 특별한 영역 안에서 행사하도록 부르심을 받은 것이다.

가족 안에는 명령(superordination)과 복종(subordination)의 특별한 관계가 설정되어 있다. 하나님의 질서에 따르면 남편은 아내의 머리로서 자기 자신의 몸을 돌보듯이 돌보아야 할 의무를 가지고 있다. 사실상 그는 그리스도께서 교회를 사랑하사 자기 자신을 내어주신 것처럼

29) 보하텍이 특별한 관심을 기울이는 문제는 칼빈의 소명개념이 이러한 유기적인 견해와 밀접하게 연관되어 있다. "칼빈주의적 소명관의 특징은 그가 세운 유기적 체계안에 뿌리박고 있다." (Die Eigenart des calvinischen Berufsgedankes wurzett in seiner Einordnung in das Organismus system) *Ibid.*, p. 646.
30) Calvin, *Opera*, 28, 148.
31) *Ibid.*, 52, 276. Cf. Bohatec, *Calvins Lehre*, p. 652.

아내를 사랑해야 한다. 그러나 아내와 남편의 머리는 만유의 주재이신
예수 그리스도이시다. 남편이나 아내나 모두 권위와 행동이 제한되어
있다. 결혼한 한 쌍으로서의 그들의 생활은 그들 고유의 영역에 속한
하나님의 법에 순종함으로써 열매를 맺게 된다.

　칼빈의 유기적 견해도 또한 그의 국가관 안에 표현되었다. 그의 국
가관은 그의 가정관과 유사하다.[32] 인류가 그 받은 재능과 신분에 따라
다양하듯이 국가도 다양한 일원들로 구성되어 있다고 그는 말하였다.
국가는 또한 사람의 몸과도 유사하다. 인간의 몸 안에 있는 다양한 지
체들은 각기 고유의 위치와 기능을 가지고 있다. 국가 안에서 국민은
유기적 통일성 안에 함께 모여 있는데, 각기 다른 삶의 위치와 기능을
가지고 있다.

　국가를 지배하는 자가 곧 통치자이다. 칼빈의 생각에 따르면 그의
권위는 일차적으로 사람의 뜻에서 나오는 것이 아니다. 그것은 일차적
으로 하나님으로부터 온다.[33]

　통치자의 권위의 신성한 기원은 그가 통치하는데, 필요한 특별한 성
령의 은사들을 받았다는 인식에 근거한다.[34] 그러므로 국가의 영역 안
에는 하나님으로부터 정당하다고 인정받은 하나의 권위, 권력의 자리
가 있다.

　칼빈은 통치자가 법의 근원이기 때문에 법 위에 있다는 고대의 사상
을 익히 알고 있었다(princeps legibus solutus). 통치자는 그의 통치 영
역 안에서 사회구성원들을 얽어매는 구실을 하는 실정법 근원이라는
사실을 칼빈은 인정하였다. 칼빈은 이 같은 의미에서 통치자를 인격화

---

32) Bohatec, *Calvins Lehre,* p. 653
33) *Ibid.,* pp. 169, 171.
34) *Ibid.,* p. 12.

된 법(lex animate)으로 간주하였다.[35]

그러나 칼빈은 통치자의 권위가 제한되어 있다는 사실도 동시에 인
정하였다. 통치자는 그의 영역 안에서 효력을 발휘하는 실정법에 복종
하지 않으면 안 된다.[36] 더욱이 실정법은 법의 여러 가지 표현양식 가
운데 하나일 뿐이다. 이 법 이외에도 자연법이 있는데, 칼빈은 이 자연
법 특징이 올바름(fairness)이라고 정의하였다.[37] 모든 실정법은 올바
름의 원리를 표현하지 않으면 안 된다. 이 원리에서 떠난 실정법은 무
의미하다.[38]

그러면 칼빈이 생각한 자연법이란 무엇을 의미하는 것인가? 이 질
문에 답변하기는 쉬운 일이 아니다. 루터나 멜랑히톤과 같이 칼빈도
로마법을 긍정적으로 받아들였는데, 당시 이 법은 사회에 널리 보급되
어 있었으며, 당대의 법체계와도 관계를 맺고 있었다. 그도 로마의 법
학자 퀸틸리안과 같이 천부적으로 만인에게 부여된 법, 즉 자연적 권
리(iustum natura)와 국민에게 적용되는 법, 곧 사법권을 가진 법
(instum constitutione)을 구분하였다.[39]

자연법의 존재를 인정하는 퀸틸리안의 입장에 형식상 동의를 함으
로써 로마법에 대해 관대한 입장을 취했던 칼빈의 태도는 인간의 문화
행위 일반에 대한 퀸틸리안의 입장에 동의하는 것을 의미한다. 그는
로마법을 거의 아무런 수정도 가하지 않고 그대로 인정하고 있다. 그
러나 그가 자연법 개념을 받아들였다는 사실은, 그가 그 개념을 전혀
수정하지 않았다는 말은 아니다.

---

35) *Ibid.,* p. 37.
36) *Ibid.,* p. 38.
37) Bohatec, *Calvin und das Recht,* p. 126.
38) *Ibid.,* pp. 97, 101, 106, 122, 177.
39) *Ibid.,* pp. 98f.

칼빈과 같이 자연법 개념을 주장하는 것은 스토아학파의 진영 속에 들어가 보편적 이성개념을 인정한다든지 로마법에 문자 그대로 동의한다든지 자연법의 기원과 의미에 관한 로마법 견해에 동조한다는 의미는 아니다.

최소한 칼빈이 로마법을 받아들일 수 있었던 것은 하나님의 섭리 계획안에서 그것이 차지한 위치에 대한 그이 해석과 밀접한 관련이 있다. 칼빈은 로마법을 재해석 했으며, 그가 이해한 기독교교리 안의 범위에서 그 특징들을 이해하였다. 로마법을 인정하는 것은 하나님께서 세상이 죄로 말미암아 파멸되도록 내버려 두지 않으시고 일반은총을 통해 세상을 보존하였다는 그의 사상과도 일치하는 것이다.

자연법 교리 일부를 받아들인 칼빈의 태도 안에는 하나님의 특별계시의 빛 바깥에 있는 자들, 곧 하나님의 신탁(神託, oracles, talogia)을 받아들이지 않은 이방인들의 자연(physei)관에 대한 성경교훈을 그가 어떻게 해석하고 있는가가 반영되어 있다. 이 사람들이 하나님 계시의 영역밖에 있음에도 불구하고 천부적으로 하나님의 율법에 기록된 일들을 행한다는 사실은 칼빈에 의하면 인류 전체가 공동적으로 가지고 있는 인간성(sensus communis) 때문이라고 칼빈은 생각했다.

이 인간성은 하나님의 뜻을 반영하고 있으며, 하나님의 일반은총 덕분에 파멸의 위기로부터 건짐을 받았던 것이다. 칼빈은 자연법이 보편적 이성 안에 내재하여 있는 권리로써 성경교리로부터 분리시켜 이해될 수 있는 것으로 보지 않았다. 자연법은 창조질서와 연관되어야 하며 이 자연법을 통해서 죄악의 파편 더미 속에서도 하나님은 어디서나 또 어느 때나 자기 자신을 계시하신다.

그러므로 통치자는 그의 통치영역의 규범성에 기록된 실정법의 근원인 존재로서 자연법에 복종하는 것이다. 칼빈에 의하면 이러한 자연

법은 모든 실정법의 규율이요 목표인 동시에 실정법 한계를 설정해주
는 것이다.[40] 그러므로 통치자는 자기 자신이 만든 모든 법을 초월하는
권위를 가지는 자연법에 복종한다. 궁극적으로 그는 모든 율법과 권위
의 최후 근원인 하나님께 복종한다.

사실상 칼빈이 통치자와 통치자가 소유한 통치의 재능들에 관해 보
여주었던 존경심은 대단한 것이었다. 인간은 통치자를 하나님 자신의
영을 통해 통치에 적합한 뛰어난 재능들을 부여받은 자로서 간주해야
만 한다. 그러나 이 같이 신적 권위에 의해 제한된 인간의 권위는 엄격
하게 통치자의 직분에 소속된 소명의 한계 안에 머물러야 한다.

칼빈의 소명개념은 그것이 가정, 국가, 교수, 교회 등등 그 어느 영
역에 적용되든지 언제나 이 같은 두 가지 단면을 보여준다. 한편으로
는 인간의 삶 전체가 하나님의 보편적 부르심에 대한 응답이요 하나님
의 주권은 만물을 포용하며 하나님의 섭리는 아주 세밀한 인간실존의
영역에까지 확장된다는 생각이 자리 잡고 있고, 다른 한편에는 인간의
반응은 특별한 소명의 통로로서, 특별한 소명은 그 하나하나마다 고유
한 기능을 행사한다는 생각이 자리 잡고 있다.

네덜란드의 위대한 정치가이자 신학자인 아브라함 카이퍼는 종교개
혁 교리들을 모두 한데 모아 영역주권 혹은 삶의 모든 하나하나의 영
역 안에서의 주권, 즉 삶의 전 영역에 걸쳐서 절대주권을 행사하시는
하나님이 사회의 다양한 영역들을 설정하시고 그 하나하나의 영역이
그 자체의 궤도 안에서 파생적 주권(a derived sovereignty)을 행사하도

---

40) 보하텍의 견해에 의하면 자연법이란 도덕법과 사실상 동일한 것으로서 모든 성문
법의 규범(ratio)의 역할을 한다. *Ibid.*, p. 97. "…자연법은 실증법의 표준이요, 목표
요 한계이다"(Des Natturrecht Regel, Ziel und Grenze der positiven Gesetze ist).
Ibid., p. 101 ; cf. p. 106.

록 허락하셨다는 교리를 만들어 내었다.[41]

칼빈은 일찍이 재능과 소명에는 여러 가지가 있으며 각각의 재능 혹은 소명은 하나님 그리고 그분의 주권적 의지와 관련시켜 이해되어야 한다고 생각했다. 카이퍼에게 있어서 뿐만 아니라 칼빈에게 있어서도 그 자신이 가진 특별한 재능들 또는 특별한 여러 가지 능력에 따라 봉사하는 것이며, 그렇게 할 때 그는 하나님의 특별한 소명을 완수할 수 있는 것이다.

하나님이 허용하신 다양한 소명에 관해 칼빈이 가지고 있는 견해는 문화와 사회의 성격에 관한 현대적 개념을 수정하도록 강요한다. 지금까지 필자는 문화라는 단어를 사용할 때 그 용어의 통념적 용도에 대해 의문을 제기하지 아니하고 다만 보다 일반적이고 임의적인 의미에서 그 단어를 사용하였다. 이 같은 용법에 따르면 문화는 인간이 설정한 질서를 가리키는 일반적 용어이다. 문화는 자연의 영역에 속해 있지 않은 모든 것을 포함한다. 따라서 문화 안에는 모든 언어, 법률, 사회적 관습 등등이 포함된다.

현대인이 기독교와 문화라는 주제에 관해 이야기할 때 그의 머릿속에 들어 있는 문화는 이러한 의미를 지닌다. 모든 인간의 발명과 그에 따른 산물을 포용하는 문화는 신성한 것의 영역에 속한 것과 대조된다. 그렇게 될 때 신적 기원을 가진 것으로 생각되는 기독교와 넓은 의미의 문화적 발명의 산물과는 서로 대립하는 개념이 되고 만다.

칼빈의 자연관과 자연법 개념에 따르면 이 같은 견해는 수정이 불가

---

41) 「영역 주권」 (Souvereiniteit in eigen Kring)은 아브라함 카이퍼가 1880년 암스테르담의 자유대학 개학식에서 행한 유명한 연설문의 제목으로 1930년에 kampen에서 3판이 나왔다. Cf. Abraham Kuyper, *Lecture on Calvinism,* (Grand Rapids : Eerdmans, 1931, 1943).

피하다. 그의 견해는 신적 기원을 갖지 아니한 모든 법률과 구조를 인간 발명의 산물로 이해하는 것을 허용하지 않는다. 이와는 반대로 인간의 발명 그 자체는 인간이 마음대로 변개(變改)시킬 수 없는 신적 규범에 의해 확립된 체계 안에서 그 의미를 갖는다.

다시 말하면 칼빈의 견해는 신적인 것과 인간적인 것을 상호 대립하는 것으로 생각하는 것을 허용하지 않는다. 인간의 행위는 하나님의 율법 안에 포함된 하나님의 주권적 의지에 의해 설정된 경계선 안에서만 의미가 있다. 하나님의 율법은 인간행위에 관한 영구적인 규범이며 인간의 행위는 이 규범을 떠나면 아무런 의미가 없다. 인간의 문화 행위, 즉 문화의 총체는 신법적이요, 따라서 하나님과 그분의 법에 관계될 때 의미를 갖는다.

4. 인간의 문화행위에 대한 칼빈의 견해

칼빈은 격동과 변화의 시대에 살고 있었는데 칼빈 자신도 이 시대가 이러한 격동의 시대였음을 인정하고 있다. 이때는 사상의 대립과 뿌리 깊은 사회적 부조리, 종교적 투쟁이 난무하던 시대였다. 문예부흥이나 종교개혁이나 모두 오랫동안 잊혀져 왔던 것에게로 되돌아가려는 경향, 즉 근원으로(ad frontes) 돌아가려는 경향이 나타났을 뿐만 아니라 이 같은 복귀는 새로운 출발, 곧 전과는 전혀 다른 시대의 출현을 의미한다는 인식이 대두되었다.

그러나 격동 속에서 역사적 변화에 대한 의식이 뒤따라 일어났다는 것은 당연한 일이다. 칼빈도 이러한 인식에 사로잡혀 있었다. 그의 자연법 개념은 그 주변에서 일어나는 모든 변화에 능동적으로 대처하는 것을 가로막지는 않았다. 그는 하나님의 뜻을 전적으로 현존하는 제도와 동일시하는 것이 불가능함을 알았다. 왜냐하면, 그 같은 행위는 보수주의 세력과 반동(反動)의 세력을 인정하는 것이 될 수도 있었기 때문이다.

그 당시 기존의 사상과 관습에 대해 종교개혁자들이 가했던 공격은 파괴적이고 무의미한 것만은 아니었다. 그러나 법에 관한 앞의 논의에서도 이미 지적한 것처럼 칼빈은 모든 것을 역사의 세력에 내어 맡기지는 않았다. 그가 자연법 교리를 받아들였다는 것이 곧 그러한 칼빈의 입장을 보여준다. 그의 개혁사상은 하나님 혹은 그분의 법에서 이탈되어 있지 않았고, 따라서 그의 개혁사상은 혁명사상으로 전락하지 않았다. 칼빈은 루터보다는 신중한 태도를 취하긴 했지만 종교개혁의 변두리에 서서 혁명적 열정을 가지고 기존사상을 파괴한 자들에 대해서는 비판을 멈추지 않았다.

그러나 칼빈은 역사의 역할을 예리하게 인식하고 있었다. 더구나 그는 역사를 단순히 움직이는 영원의 심상(心像)으로 보지 않았다는 의미에서 현대적 지성을 갖춘 인물이었다. 창조주 하나님의 주권적 의지를 협소한 영역 안에서 묶어둘 것을 거부했던 칼빈이 그분의 주권을 역사 안에서도 인정했다는 것은 당연한 일이다. 칼빈은 역사 그 자체가 의미를 가지고 있다고 보았다.[42] 역사와 역사적 변화는 하나님의 주권적 행위의 영역 안에 있으며 그분의 뜻이 지닌 여러 가지 목적들을 수행한다.[43]

그러면 칼빈은 보수주의나 혁명사상으로 굴러 떨어지지 않으면서도 역사의 중요성을 설명해줄 수 있고, 또한 체계화가 잘 되어 있는 어떤

---

42) Bohatec, *Budé und Calvin*, p. 284.
43) Calvin, *Opera* 39, 588. Cf. Bohatec, *Budé und Calvin*, p. 282.

역사적 변화의 원리를 가지고 있었는가? 그는 역사와 역사적 문화형성이 하나님이 창조하신 우주 질서 안에 속한 것임을 파악할 수 있을 만큼 뚜렷한 문화관을 소유하고 있었는가? 그는 이른바 기독교 역사철학을 최초로 발전시킨 바 있는 어거스틴을 비롯하여 많은 교부의 글을 읽었기 때문에 칼빈시대 이전의 기독교역사관 형성을 위한 노력을 잘 알고 있었다.

칼빈 자신도 하나의 역사관을 발전시켰던 것은 사실이지만 위에 제시된 몇 가지 질문에 대해서는 부정적인 답변을 할 수밖에 없다. 칼빈은 전문적인 역사철학을 발전시킨 인물은 아니었다. 차라리 칼빈은 역사적 변화에 관하여 기독교인이 취해야 할 세련된 인식, 즉 칼빈 자신의 역사연구와 훈련, 성경에 대한 깊은 이해에서 싹튼 하나의 인식을 가지고 있었다고 보는 것이 타당하다.

복음적인 신앙으로 개종하기 전에 칼빈은 이미 당대 가장 강력한 세력들 중의 하나였던 인문주의 문예부흥운동에 이미 참여했었다는 사실을 인식하는 것이 중요하다. 이 운동은 일찍이 카톨릭계에 큰 영향을 끼쳤고-프랑스의 인문주의자였던 뷰데가 로마카톨릭교도였다는 사실을 주목해 보라- 칼빈의 친한 친구들 가운데 몇 명에게도 영향을 준 바 있다. 칼빈은 먼저 인문주의자로서 자기 자신을 형성시켰다.

그 후에야 비로소 그는 변화를 받고 체계적으로 종교개혁을 진행하게 한 인물이 되었던 것이다. 이미 근대사상에 조예가 깊었던 칼빈에게 있어서는 근대사상에 어떻게 뚫고 들어갈 것이냐가 문제가 아니라, 자기 자신과 새로운 학문을 종교개혁에 의해 새롭게 드러난 고대의 복음의 진리에 어떻게 관련을 시키며 근대세계를 복음에 비추어서 어떻게 해석할 것이냐 하는 것이었다.

또 한 가지 잊어서는 안 될 사실은 복음의 진리를 삶에 적용하는데 관심을 두는 칼빈은 실제적인 영역에 대해서도 크게 관심을 보였다는 점이다. 그가 제창한 원리들은 실제 생활과 접촉이 없는 이상적인 체계에 늘 따라다니게 마련인 비현실성을 내포하고 있지 않았다. 칼빈에게는 건실한 현실주의가 있다. 그가 제시한 원리들이 효력을 발휘하고 있었던 이유는 그가 구체적인 삶의 현장과 접촉하여 그것들을 변화시키려는 태도를 취했기 때문이다.[44]

예를 들면 칼빈은 가능한 한 제네바의 교회법을 로마법 원리들로 대체하려고 노력했다.[45] 그는 마로(Marot)와 협력하여 예배 시 음악에 대한 인식의 수준을 향상시켰다.[46] 그는 제네바에서 대학을 창설함으로써 교육계에 뛰어들었으며, 진정한 기독교학문을 발전시키려고 노력하였다.[47] 그는 문학 활동을 통하여 프랑스어를 미증유의 높은 수준으로 끌어 올려놓기도 했다.[48]

「기독교 강요」 서문에서 그가 왕에게 보낸 편지를 보면 참된 복음의 추종자들의 복리를 기구했던 초대 변증가들의 글을 생각나게 할 뿐만 아니라, 당대의 정치적 상황에 대해서도 깊은 관심을 기울였고 그리스도와 말씀의 진리에 대해 복종하듯이 국가의 이익을 위해서도 참된 관심을 기울일 것을 호소했던 그의 모습을 찾아볼 수 있다.[49]

칼빈이 생각했던 하나님의 말씀은 인간의 마음의 틀 안에 갇혀 있는

44) *Ibid.,* p. 298.
45) Bohatec, *Calvin und das Recht,* p. 121 ; cf. pp. 211ff.
46) Cf. Wencelius, *L'esthétique de Calvin,* pp. 225ff.
47) Cf. Bohatec, *Budé und Calvin,* ; pp. 300ff.
48) *Ibid.,* p. 263.
49) Cf. André Biéler, *La pensée économique et sociale de Calvin*(Ge va : Georg,1961), pp. 74ff., and passim.

것이 아니었다. 그 말씀의 힘은 온 세상, 모든 삶의 영역에도 비치는 것이요, 이 영역 안에 문화도 또한 포함되어 있었다.

그러나 이 같은 칼빈의 태도는 그가 기독교 세계관을 철저하게 인식하고 있었고, 적절한 역사 및 역사의 동력에 관한 인식을 발전시킬 수 있었던 점에 기인한다. 그는 어거스틴과 같이 성경의 창조교리가 지닌 원초적인 의미를 이해했고 하나님의 섭리와 주권이 만물 위에 임재하며, 따라서 아무것도 하나님의 창조의지를 회피할 수 없다는 사실을 알고 있었다. 따라서 이 의지는 당연히 역사에까지 미치며 역사의 핵심인 동시에 문화발전의 핵심인 인간의 형성행위(Forming Activity)에까지 미친다고 칼빈은 생각했다.

칼빈의 맥락에 같이 서서 생각하면 인간의 문화적 행위가 신성한 영적 행위와 대립한다고 볼 필요가 없다. 문화는 자연과는 구분되는 인간행위의 한 단면이지만 그렇다고 해서 하나님의 법, 계획, 소명으로부터 분리된 것은 아니다. 인간의 삶의 모든 영역 속에서 인간이 과연 하나님의 창조의지에 합당하게 행동하느냐 하는 문제에 대해서는 이론(異論)의 여지가 있을 수 있지만, 인간의 문화행위를 하나님의 소명에 대한 응답으로 보는 것은 타당한 생각이다. 여기서 필요한 것은 문화관의 재정립이다.

다시 말해서 문화를 신적 계시의 상황 안에서 관찰하고 그 상황 속에서 의미를 찾는 일이다. 하나님의 법에 순종하여 수행되는 인간의 문화행위는 그분의 의지 표현이다. 그분의 의지에서 흘러나온 어떤 것이 이 시대가 끝이 나고 새 하늘과 새 땅이 임할 때 나타나는 하나님의 계획안에 포함된다고 생각하는 것은 칼빈의 사상과 맥락을 같이하는 것이다.

제 7 장

칼빈에 대한 해석과 그의 유산

-영웅인가 반역자인가-

1. 존 칼빈(John Calvin)의 역사적 평가는 16세기 이래로 줄곧 관심과 논의의 문제가 되어오고 있다. 필자는 최근 연구서에 나온 서로 상반되는 언급에 대해 검토해 보고자 한다.

"칼빈은 그의 시대에, 심지어는 시대를 초월하여 그만한 자취를 남겼으며 영향력을 발휘했고 그 영향력은 여전히 시들지 않고 있다"[1]라는 내용과, 또한 "존 칼빈의 다른 쪽 모습은 오점 없이는 말할 수 없을 뿐 아니라 눈에 띄게 성경으로부터 이탈된 점들로 가득하다"[2]는 내용이 있다. 이 두 관점은 칼빈과 그의 영향력에 관한 여러 가지 견해가 발생한다는 것을 강조해 준다, 심지어 그의 생존 시에도 칼빈을 강하

1) Francois Wendel, Calvin: Origins and development of His Religious Thought, trans. Philip Mairet (Grand Rapids:Baker Books, 1997), 360.
2) Laurence Vance, The Other Side of Calvinism, rev. ed. (Pensacola: Vance Publications, 1999), 114.

게 지지하는 자들과 그를 헐뜯는 목소리를 내는 사람들 사이에는 칼빈의 영향에 대한 평가를 두고 서로 열띤 논쟁을 했다.[3]

2. 이 논문에서 필자는 죤 칼빈에 대한 상반된 평가의 뿌리를 조사해 보고, 그의 평가가 오늘날에도 뜨거운 논란의 대상이 되는 이유를 따져보게 될 것이다. 그렇게 하는 목적은 그의 평가에 대한 모든 의문점에 대답해 줄 연구를 그의 전기(傳記)에 의존해서 해보겠다는 것은 아니다. 이 글을 통해서 그의 행위를 옹호하는 방어막을 세우자는 의도도 역시 아니다. 그에 대한 비평들을 한 데 모아 놓은 다음 그를 존경하는 사람들의 우호적인 분석들만을 따로 뽑아내려는 계획도 역시 아니다. 그런 일 대신에, 이 논문의 목적은 칼빈의 동시대인들과 후대인들이 과연 그의 유산을 어떻게 다루어 왔는가를 알아보려는 노력으로써 역사적 평가의 성격과 동시에 칼빈의 영향을 두고 심하게 격돌(激突)한 여러 논쟁의 중요한 의미에 대하여 되새겨 보는 일을 하려는 것이다.

---

3) 칼빈의 가장 지조 있는 옹호자들 가운데에는 제네바에서 칼빈의 후계자인 Theodore Beza가 있었다. 그의 전기는 영어판만 해도 무수히 많다. 그 중에 죤 칼빈의 생애 (The life of John Calvin / Darlington : Evangelical Press, 1997). 칼빈의 반대자 중에는 내과의사 Jerome Bolsec 과 인문주의자 Sebastian Castellio가 있는데, 둘 다 칼빈에 대한 반대의 책들을 썼다. Bolsec은 칼빈을 비방하는 전기, Histoire de la vie, moeurs, doctrine, constance etmort de Jean Calvin Iadis Ministre de Geneve, new ed. (1577, repr : Lyon : N. Scheuring, 1875)에서 Calvin의 인물에 더 초점을 두고 저술하였고, 한편 Castellio는 Micheal Servetus의 죽음을 이유로 Calvin과 제네바 사람들을 도량이 모자라는 부류들이라고 총체적으로 비판했다. 다음을 참고하라. Castellio's Contra libellum Calvini in quo ostendere conatur haereticos jure gladii coercendos esse ([s.l.]:[s.n.],1612), available in excerpts in Roland Bainton, ed. and trans. Concerning Heretics: whether they are to be perscuted and how they are be treated... with excerpts from other works of Sebastian Castellio and David Joris on religious liberty (New York: Octagon Books, 1965), 265-87.

3. 그 문제는 칼빈이 했던 일이나 하지 않은 일을 모두 뛰어넘어서 다루어지게 될 것으로 보이며, 특히 세르베투스(Micheal Servetus : 1511~1553, 스페인 인문주의 신학자, 물리학자 ;예수가 성령으로 잉태한 것을 부정하고, 먼저 사람의 생명이 잉태한 후에, 예수의 영이 들어간 것이라고 주장. Calvin과 개신교 지도자들의 기소(起訴)에 의해 나무에 매여 산채로 화형(火刑)을 당했음. 삼위일체에 대해서도 성경적 근거가 없다고 주장하며, 순수하게 성경 그대로 돌아가고 초대 교부에게로 다시 돌아가자고 주장함: 譯者 註)사건에 대해서나 칼빈이 예정론에 대해서 했던 말 들을 뛰어넘어 다루어지게 될 것이다. 다시 말해서, 이 논문은 사람들이 칼빈을 '영웅이냐 악인이냐'에 대하여 강하게 대립시킬 때, 그 논쟁이 개인으로서의 칼빈에 대해서가 아니라 종교 개혁가로서의 칼빈에 대한 점이라는 것과, 칼빈이 개혁의 전통 속에서 권위적인 인물로서의 역할을 한 것에 대한 평가에 대해 상반된 대립이 그치지 않고 존재한다는 사실 또한 논쟁의 이유라는 점 등을 두고 논의하게 될 것이다.

그런 관점에서 칼빈의 사후평가와 종교개혁 지도자들, 특히 마틴 루터(Martin Luther)와 홀드리히 쯔빙글리(Huldrych Zwingli)와 같은 동시대인들의 사후평가(死後評價)를 비교해 보고자 한다.

4. 원초적으로, 모든 역사적 중요 인물들은 그들의 동시대인들과 계승자들의 분석이나 평가의 대상이 될 수밖에 없다는 점을 말해두는 것이 마땅하다고 생각한다.[4] 대개, 어느 주어진 인물이 자신의 생존 시에

4) 오늘날의 역사 전기에 대한 분야의 개요를 위해서는 다음을 참고하라. Lloyd Ambrosius, ed., Writing Biogrephy: Historians and Their Craft (Lincoln University of Nebraska Press, 2004).

는 비판도 존경도 받을 수 있는 반면, 그 사람의 사후 평가의 양상은
매우 전형적(典型的)이다. 우리는 흔히 한 인물에 대해서 그의 사후에
가족의 일원이나 그 인물과 생시에 우호적 관계에 있던 사람이 쓴 전
기를 보게 되는데, 그다음에는 더 광범위한 자료가 포함되어 다루어지
고 그 인물을 훨씬 폭넓은 관점의 맥락에 넣어 많은 연구서가 뒤를 잇
게 된다.[5] 만일 대상의 인물이 특별히 유명한 사람이 아니면 그에 대한
관심이 막연히 쇠퇴하는 단계가 온 후, 더러는 많은 세대가 지나고 나
면 석사나 박사논문의 주제에 단골로 등장하게 된다. 한 예로, 쯔빙글
리의 동료로써 쥬리히(Zurich) 종교개혁에서 한 역할에도 불구하고 개
혁가 레오 쥬드(Leo Jud)에 관한 상세한 연구서는 (모두 독일에서만)
고작 세 권에 그치고 있다. 즉, 1860년, 1942년, 그리고 1976년에 출판
된 것들이다.[6]

　좀 더 유명한 인물에 대해서는 그 양상이, 결점이 많이 눈에 뜨이는
초기의 전기들로 시작해서 다음에는 더욱 많은 사람이 연구대상으로

5) 그러한 예(例)의 하나는 General George Custer의 생애이다. 그의 아내인 Elizabeth
　는 사실 그에 대한 rldjrd들 되살리려는 노력 끝에 미국의 서구 지향적 팽창에 있어
　서의 그녀의 죽음은 남편의 역할에 관하여 여러 권의 책을 씀으로써 그녀가 그의
　미망인임을 확인시켜 주고 있다. 그런 후부터 General Custer는 나중에 나온 수많은
　전기의 주제가 되었다. 그 중 많은 것들이 그의 역할에 대해서 토론하였고 이전에
　있었던 그의 영웅적 역할에 대하여 논쟁을 벌였다. "Biography Matters: Why
　Historians Need Well-Crafted Biographies More than Ever" in Writing Biography,
　ed. Ambrosius, 7-8. Leckie herself has written a study of Elizabeth Custer, Elizabeth
　Bacon Custer and the Making of a Myth (Norman: University of Oklahoma Press,
　1993).
6) Carl Pestalozzi, Leo Judä: Nach handschriftlichen und gleichzeitigen Quellen
　(Elberfeld: R. L. Friedrichs, 1860), Leo Weisz, Leo Jud: Ulrich Zwinglis Kampfgenosse
　1482-1542 (Zurich: Zwingliverlag, 1942), Karl-Heinz Wyss, Leo Jud: Seine Entwicklung
　zum Reformator (Bern: Herbert Lang, 1976). Wyss's work was indeed a revised
　Ph.D. dissertation.

삼으며, 그 후에 특정의 몇 주년 기념의 해 같은 경우를 제외하면 이
제 관심의 도가 식어지는 시기가 뒤따르게 된다. 더욱 많은 사람의
연구대상이 되는 그런 인물들의 경우에는, 나중에 새로운 정보라든
지 그 인물의 경험 중에서 특정의 내용을 근거로 그 대상에 대한 이
해를 완전히 반대의 시각으로 뒤집어 보려는 시도가 재해석가(再解
釋家)들에 의해 뒤틀리어 행하여진다. 그러한 예로 토마스 제퍼슨
(Thomas Jefferson)의 생애를 재해석한 사람들의 연구서들은 제퍼슨
이 자신의 노예였던 아프리카계 미국 여인(흑인)인 샐리 헤밍스(Sally
Hemmings)와 (성적인)관계를 맺었다고 제시해주는 DNA증거에 근거
해서 재해석을 했던 일이 있었다. 이런 경우에, 새로운 정보가 역사가
들로 하여금 제3대 미국 대통령에 대한 이전 그들의 해석을 다시 생각
하도록 했던 것이다.[7] 그 주제에 대한 특별한 접근에 바탕을 두고 재해
석가들이 저술한 전기 중에는 1958년 에릭 에릭슨(Erik Erikson)이 독
일 종교 개혁가에 대하여 심리적 관점에서 분석한 「젊은 청년 루터
(Young Man Luther)」도 포함되어 있다. 루터의 젊은 청년기로부터 여
러 사건이 그에게 준 심리적 영향에 초점을 둠으로써 에릭슨은 루터에
대한 정신 분석학적 파악(把握)을 통한 종교개혁에의 동기나 그의 성
격을 설명하려고 했다.[8] 끝으로, 사회의 집단적 의식 속에 들어 있는
인물(유명인)들에 대해서는, 연극 또는 널리 보급된 영화를 통해서 그
들의 생애가 더욱 광범위한 대중의 관심을 받게 되는 경우도 더러 있

---

7) Leckie, "Biography Matters," 3-5.
8) Erik Erikson, Young Mon Luther: A Study in Psychoanalysis and History (New York: Norton and Co., 1958). See also Roger Johnson, ed., Psychohistory and Religion: the Case of Young Man Luther (Philadelphia: Fortress Press, 1977) and James Stayer, "The Eclipse of Young Man Luther. An Outsider's Perspective on Luther Studies" Canadian Journal of History 19 (1984): 167-82.

다. 16세기로부터 이러한 추이를 형성한 인물들을 예로 들면 역시 루
터를 포함(3편의 주요 영국영화를 말하며 그중에는 2003년 제작한 것
도 있음)하여, 토마스 모아(Thomas More: 그에 대해서는 「전천후의
남자」- A Man for All Seasons - 라는 제목으로 무대 연극과 영화가
있음), 그리고 엘리자 벤 1세(최소한 5편의 영화가 있음)를 들 수 있
다.[9] 그런데 오늘날까지 아무도 John Calvin을 주인공으로 영화를 만
들려는 관심을 보인 사람은 없다.

5. 이미 언급한 말을 생각하면 다소 유머스러한 이미지가 떠오르긴
하지만, 이것은 사실적인 이야기다. 다른 종교 개혁가인 루터(Luther)
나 쥬리히 종교개혁가인 홀드리히 쯔빙글리(그에 대해 더 자세한 것은
아래사항을 참고할 것)와는 대조적으로, 칼빈의 대중적 이미지는 매우
부정적이거나 삭막해서 그의 생애에 관한 걸작 영화를 만든다는 것은
아무래도 상상하기가 어려워 보이는 것은 어째서일까? 그 대답의 최소
한의 일부분으로 연대기(年代記)적 문제가 있다. 칼빈주의자들의 영역
밖에서는 종교개혁의 인물에 대한 일반적 관심은 루터에게 거의 집중
되고 있다. 루터는 카톨릭의 교세(敎勢)와 신성 로마제국의 정돈된 세
력에 외롭게 맞서서 영웅적인 대항(對抗)을 했던 인물로 간주하고 있
는 것이다. 이런 의미에서 루터의 이러한 이미지로써의 모습은, 1989
년 중국의 천안문 광장에서 탱크부대에 맞서 중국 민주화를 주장했던
투사의 유명한 모습에 필적할만한 16세기 영웅의 초상인 것이다.

최근의 루터에 관한 영화가 실제로 그의 1517년과 1520년대 사이의

---

9) Marrin Luther(1953), Luther(1973), Luther: Rebel, Genius, Liberator(2003); A Man
For All Seasons (1966); Queen Elizabeth (1911), The Private Lives of Elizabeth
Essex(1939), Young Bess (1953) Elizabeth R (six-part miniseries,1972), Elizabeth (1998).

기간에만 초점을 맞춘 것은 의미심장한 일로써, 그 시기는 사실상 루
터가 소수의 목소리를 내는 자들 속에 있었을 때이다. 이를테면 그 영
화는 루터의 후기 생애를 그다지 다루지 않고 있는데, 즉 그가 새로운
교회 구조를 세우려 애쓰고 있을 당시이며 내적 갈등 때문에 고민할
시기인 동시에 그의 수많은 설교와 글을 통해서도 사람들이 알아듣질
못하며 그의 메시지를 듣고도 혼란스러워 하거나 관심을 두지 못하는
데 대하여 때로는 그가 크게 좌절의 심정 속에 있었던 그 시기에 대해
서는 손을 대지 않고 있다는 것이다.[10] 그렇게 해서, 학문적 세계의 밖
에서나 강한 루터교 영역의 밖에서는, 루터의 사후평가가 주로 그의
초기 반란 시기와 맥주를 마시며 투박한 그러면서도 어딘지 호감이 가
는 인물상을 바탕으로 그의 생애를 묘사했다. 그에 대한 후기의 이미
지는, 신중하게 보전된, 학생들이나, 손님들, 그리고 친구들과의 식사
시간 동안에 격의 없이 나눈 대화인 「탁상 어록(His Table Talk)」을 통
해서 전달되고 있다.[11] 추정컨대 이러한 비공식적인 그의 말들은 다소
의도적인 이미지 확립에 뜻을 두고 긍정의 분위기가 만들어지고 있다.
이 식탁 대화들이 쓰여진 시기에는 이미 루터가 명성을 얻고 있던 때
였고, 그의 학생들과 친구들은 그의 명성에 이바지하고 싶어 했던 때
였다.

    6. 대체로 루터에 대하여 끈질기게 부정적인 목소리를 내었던 몇 안

---

10) 대형 스크린에 나오는 루터의 생애와 당시 상황이 매우 복잡하다는 사실에 대해서
    정확한 설명을 제공하기가 어렵다는 점을 더 잘 이해하기 위해서는, Scott Hendrix,
    "Reflections of a Frustrated Film Consultant," Sixteenth Century Journal 35 (2004):
    811-14 을 보라.
11) Theodore Tappert, ed., Luther's Works, vol. 54, Table Talk (Philadelphia: Fortress
    Press, 1967).

되는 비평들은 공교롭게도 루터 자신이 쓴 글들의 결과로 나타나게 된 것이었다. 그것을 뒷받침하는 예로, 1525년에 그는 독일 농부들에 대하여 맹렬한 비방의 글을 썼다. 그 농부들이 루터 자신의 메시지를 자기네들이 주장하는 경제, 정치, 그리고 사회적 요구사항들과 함께 묶어 혼합하여 반란을 일으켜서 루터의 순수한 종교 개혁 의지를 혼란, 퇴색시켰다고 생각했기 때문이다. 루터는 또한 그의 말년에 유대인들이 루터가 소망하는 대로 루터교로 개종하지 않자 다시금 좌절을 느끼고는 유대인 비방의 글을 써서 비난을 받기도 하였다.[12] 특히 1543년 루터가 쓴 「유대인과 그들의 거짓말(On the Jews and Their Lies)」이란 책은, 독일의 반(反) 샘족 사상(Anti-Semitism)을 개시했거나 더 악화시켰다는 이유와, 히틀러(Adolf Hitler)에게 부정적인 영향을 끼쳤다는 이유, 그리고 나치즘(Nazism)에도 더 악영향을 주었다는 등의 이유 때문에 지금까지도 욕을 먹고 있다.[13] 우리는 칼빈에 대한 비판을 고려해 볼 때 루터의 그러한 혐의에 대해 다시 다루게 될 것이다.

7. 이러한 상황 속에서 벌여나가야 할 가장 흥미로운 것 중 하나는 죤 칼빈(John Calvin)의 사후 평가와 스위스 종교개혁가인 홀드리히

---

12) Martin Luther, "Against the Robbing and Murdering Hordes of Peasants" in Luther's Works, vol. 46, The Christian in Society III, ed. Robert Schultz (Philadelphia: Fortress Press, 1967), 47-55; "On the Jews and Their Lies" in Luther's Works, vol. 47, The Christian in Society IV, ed. Franklin Sherman (Philadelphia: Fortress Press, 1971), 123-306.

13) 특히 Robert Micheal의 Robert Michael, Luther, Luther Scholars and the Jews", Encounter 46 (1985): 339-53를 보라.
루터와 히틀러(Hitler)의 표현 스타일의 비교에 초점을 둔 좀 더 공평한 접근을 한 내용을 원하면 Peter Matheson이 쓴 "Luther and Hitler: A Controversy Reviewed" Journal of Ecumenical Studies 17 (1980): 445-53을 보라.

쯔빙글리(Huldrich Zwingli) 즉, 삶의 후반생을 온전히 쥬리히(Zurich)
시의 종교개혁에 헌신한 자의 사후 평가를 비교하는 것이다. 많은 경
우에 북미인들과 스위스 밖의 유럽인들은 쯔빙글리에 대하여 들어보
는 일조차도 거의 없다. 그러다 보니 당연히 쯔빙글리의 전기(傳記)들
중에는 그 제목이, 「쯔빙글리: 제3의 개혁인물(Zwingli: Third Man of
the Reformation)이라는 식으로 되어 있다. 그것은 「쯔빙글리: 잊혀진
개혁가(Zwingli: Forgotten Man of the Reformation)」라고 부르는 것
이나 별 차이 없는 제목이었던 것이다.[14]

쯔빙글리는 쥬리히와 그 주변지역에서는 여전히 기억되고 있으나,
여러 가지 이유로 쯔빙글리의 개혁이 스위스와 독일 지역을 넘어가서
는 아주 소극적으로 전파되었던 것 때문에 그의 국제적 명성은 매우
제한된 상태로 남아있게 됐다. 그런 상황과는 대조적으로 쯔빙글리는
그의 글과 대중적 토론에 있어서는 목사단(牧師團)으로부터 뛰어난 개
신교 교리와 교육을 인정받으며 루터에 버금가는 영웅적인 인물이었
다. 특기(特記)할 만한 것이 있다면, 스위스 카톨릭 세력에 대항하여
벌인 1531년 전쟁 속에서 그가 죽었다는 사실은 그의 영웅으로서의 평
가에 힘을 더해주게 되었다. 적어도 역사적 문헌차원에서는 그렇다.
쯔빙글리 계승자로서 하인리히 불링거는(Heinrich Bullinger) 자신이
쓴 쯔빙글리의 전기에 그(쯔빙글리)가 1531년 카펠(Kappel) 전투에서
사망한 후 그에 대해 다음과 같은 평가를 했다:

「쥬리히(Zurich) 교회의 진정한 종이며 목사였던 저 유명한 울리히
쯔빙글리(Ulrich Zwingli)는 그가 죽음의 순간까지 함께 했던 투쟁의
동지들과 함께 전쟁터에서 부상을 당한 채 발견되었다. 거기에서, 우

---

14) Jean Rilliet, Zwingli: Third Man of the Reformation (Philadelphia: Westminster
   Press, 1964).

리 모든 믿는 자의 중보자이시며 후원자이신 우리의 유일한 구주 그리
스도에 대한 참된 고백을 한 이유로, 쯔빙글리 자신이 그토록 웅변으
로 설교했던 대상자들 중 하나였던 국왕의 의장대장의 손에 살해되었
다.」[15]

8. 쯔빙글리가 전투에서 부상을 당하고 카톨릭 세력의 손에 죽어간
일련의 사실들을 영화로 만든다면 보는자의 몸과 마음을 뭉클하게 해
주는 장면들이 만들어질지도 모른다. 그러나 실제는 그와 달리 쯔빙글
리는 16세기에 그의 개혁교회 모델이 멀리 헝가리(Hungary), 영국
(England), 그리고 이탈리아(Italy)에 까지 종교개혁의 움직임을 북돋
아 주는데 지대한 도움이 되었음에도 불구하고, 개혁교회의 후세 사람
들을 포함한 차후 세대의 종교개혁가들로부터도 대체로 잊혀 져 왔
다.[16]

9. 특히 더 흥미로운 것은, 칼빈과 대조적으로, 쯔빙글리가 대체로
무시되어 왔을 뿐 아니라 쥬리히에서 재세례파(再洗禮派)들을 체포하
여 선고하고 처형하는 일에서 그의 역할도 급진 종교개혁자들의 후손
들 사이에서만 기억되고 있을 뿐 대체로 비판의 대상에서 제외되어 왔
다는 사실이다. 실제 발생했던 일의 중요한 의미를 강조해보기 위해서
그 상황을 다시 짚어 보기로 하자. 쯔빙글리가 외부로 충분히 속도 있
게 개혁의 움직임을 확대해서 이끌지 못한다고 불만스럽게 느끼던 급

---

15) See extract in Denis Janz, ed., A Reformation Reader: Primary Texts with Introdutions
(Minneapolis: Fortress Press, 1999), 163.
16) 쯔빙글리의 종교개혁 운동의 국제적 영향에 관한 내용을 알려면 Bruce Gordon의
The Swiss Reformation (Manchester: Manchester University Press, 2002), especially
chap. 9: "International Zwinglianism: the Swiss Churches and Europe," 283-316을
보라.

진 개혁가인 동시에 그의 추종자들이었던 한 세력의 축(軸)이 쮜리히를 중심으로 일어섰다. 젊고 귀족출신이었던 콘라드 그레벨(Conrad Grebel)과 펠릭스 만즈(Felix Manz)를 포함한 쯔빙글리의 그러한 추종자들은 특별히 세례문제에 관해 우려하였다. 그들은 유아세례의 근거를 신약성서에서 찾아볼 수가 없었기 때문에 장성한 뒤에 믿음이 있는 자에게 세례를 주어야 한다고 주장하였다. 쮜리히 시(市) 당국의 경고가 여러 차례 점점 강력하게 전달되는 데도 불구하고 Grebel과 Manz 그리고 다른 강성론자들은 계속해서 유아세례를 반대하고 성인세례식을 거행하였다.[17] 그 당시 모든 재세례파 개종자들이 그들이 아이였을 때 카톨릭 신자로서 이미 세례를 받았다는 사실을 감안하면, 그들이 성인으로서의 세례행위는 재세례 원칙을 구성하는 셈이 되었으며 그것은 16세기 당시로써는 범법행위로 간주되는 일이었다. 게다가 재세례파들은 성경에 바탕을 둔 시민선서문(市民宣誓文)의 사용을 거부하였으며 종교적인 문제에는 민간 정부의 권위를 부인하였고 무기를 지니는 것을 거절했다. 그들의 이러한 모든 행위들은 그들을 사회공동체에 대한 정체성을 위협하는 존재로 낙인찍히게 했고, 반대파들의 눈에는 그들이 초기 현대 공동체 사회의 안정을 해치는 존재로 보였다.

10. 그 결과 1527년과 1530년 사이에, 그들의 견해를 철회하기 거절하는 4인의 재세례파 지도자들이 재판에 부쳐져서 쮜리히 지역을 선동한 혐의를 받고 산 채로 수장(水葬)되는 처형을 당하게 되었다.[18] 최

---

17) 명쾌하고 투명한 설명을 위해서는 George Williams, The Radical Reformation, 3d ed. (Kirksville: Sixteenth Century Journal Publishers, 1992), 179-93, 212-43을 보라.

18) Felix Manz와는 별도로, 나머지 3인은 Jacob Falk와 Heini Reiman(2인 모두 1528년

초의 처형자는 펠릭스 만즈(Felix Manz)였는데 1527년 1월 5일 오후 리마트(Limmat) 강 속에 던져져 죽었다. 그에 대한 사형 선고문에는 다음과 같이 쓰여 있다:

「그러한 가르침이, 모든 기독교계의 통일된 실천에 해로우며, 그들이(재세례파) 정부에 대한 추악한 소문이나, 반역, 그리고 소요를 초래할뿐더러 모든 이의 평화와 형제애, 시민의 일체감에 대한 파괴와 모든 재앙을 초래하고 있는바, (그 대표적 인물) 맨즈(Manz)는 형(刑) 집행자(執行者)에게 송치될 것이며, 그의 손을 묶어 작은 배에 싣고 거기서 독방 식(獨房 式) 상자에 들어가게 해서 두 무릎을 굽힌 채로 앉힌 다음 묶인 두 손으로 굽힌 무릎을 깊이 감싸도록 씌우게 한 다음 두 팔의 위와 굽힌 다리 안쪽의 사이로 막대를 가로 찔러 넣어 묶은 두 팔이 무릎에서 벗겨 나오지 못하게 장치한 그 상태로 물에 던져 물속에서 죽어 썩게 하는 형벌에 처할 것이다.」[19]

11. 쯔빙글리는 여러 면에서 재세례파를 억압하는데 중대한 역할을 하였다: 그는 만쯔에 대한 초기 재판에 기소를 위한 증인의 역할을 했으며, 재세례파들과 그들의 견해에 반대하는 책을 여러 권 쓰기도 했다. 그중에 가장 두드러지는 것이 1527년에 〈재세례파의 속임수에 대한 반론(A Refutation of Anabaptist Tricks)〉이다. 그는 재세례론(再洗禮論)을 "반란이자 음모"라고 규정짓고 다음과 같이 말했다, "가장

9월에 처형됨), 그리고 1530년 1월에 처형된 Conrad Winkler이다. Leland Harder 편저 The Sources of Swiss Anabaptism: The Grebel Letters and Related Documents (Scottdale, Pa? Herald Press, 1985), 518-19와 Robert Kreider의 "The Relation of the Anabaptists to the Civil Authorities in Switzerland, 1525-1555," (Ph. D. Thesis, University of Chicago, 1953), 100-101)을 보라.
19) Ibid., 90.

선동적인 이 자(者)들은, 더욱 마음대로 모든 것을 혼란으로 빠뜨릴
수만 있다면 칼이라도 빼들고 다닐 것이다."²⁰⁾ 그런데도 재세례파를
박해하는데 대한 쯔빙글리의 역할을 비판한 자들은 적은 수이며 그
내용은 가볍다, 그것은 칼빈이 제네바(Geneva)에서 세르베투스
(Servetus)에 대해 취한 행동을 두고 동요가 그칠 줄 모르는 것과 대
조를 이룬다.²¹⁾ 혹자는 종교 개혁가들의 역할과 그에 대한 인식이 그
와 같이 상이하다는 점에 대해 당연히 의아하게 생각할 수도 있을 것
이라 생각한다.

12. 칼빈에 대한 평가가 루터나 쯔빙글리의 경우보다 더욱 끊임없
이 공격을 받는 데에는 세 가지 주된 이유가 있다. 첫 번째 이유는 연
대기적(年代記的) 문제로 다시 돌아간다. 루터의 이미지는, 그의 시대
에 기존 교회의 세력과 대항하여 투쟁하는 약자로서의 모습에서 유리
한 득(得)을 본다. 또한, 쯔빙글리도 그가 만약 유명한 인물이라면 종
교개혁의 선구자로서 받는 동정에서 득을 볼지도 모른다. 그런데 칼빈
은 2세대 개혁가로서 1484년에 태어난 쯔빙글리나 1483년에 난 루터
보다 25년 늦은 1509년생이다. 다른 말로 말해서 칼빈이 카톨릭 세력
에 대항하여 싸운 것은 당시로써는 새로운 일이 아니었다는 뜻이다.
1536년에 그가 「기독교 강요」(Institutes)라는 책을 출판했을 때 이미
그는 개혁을 지지하는 많은 사람 가운데 하나일 뿐이었다. 제네바의
개혁가라는 꼬리표가 붙었음에도 불구하고 사실은 칼빈이 그 도시에

20) Ibid., 94.
21) Ibid., 92. "순교한 개혁의 영웅들에 관한 책을 출판하기 원하는 사람들이 Felix
Manz의 이야기를 남기지 못한 채 세상을 떠났다. 종교의 자유를 위한 투쟁의 역
사 속에 고스란히 잘 보전된 것은 바로 불운의 Micheal Servetus의 모습이다. Felix
Manz도 그 역사 속에 그의 내용과 함께 남을 가치가 있는 인물이다."

개혁을 가져온 것은 아니었다. 즉 칼빈이 그곳에 개혁가로 오기 전에 이미 제네바는 개신교를 받아들인 상황이었다.[22] 그러므로 그의 평가는 이른바 개척자 효과(The pioneer effect)라는 것의 덕을 보지도 못한 것이다. 제네바에 있던 카톨릭 주교의 세력을 제거하는데 도움이 됐다거나 카톨릭의 세도가(勢道家)였고 그전까지 그 도시를 주장(主張)했던 사보이(Savoy) 가문을 없애는 일 등으로 칼빈에게 신뢰가 형성되는 이른바 밀월여행 기간(honeymoom period)이 있었던 것도 아니다. 그러한 모든 변화들은 칼빈이 오기 전에 일어났던 것이다. 제네바 역사가 아메데 로제(Améddée Roget)가 지적한 대로, 같은 시대에 제네바에 살았던 사람들조차도, 초기 개혁가들 사이의 한사람 이었고 그 도시에 개신교 정신을 전파하는데 가장 적극적이었던 길라문 파렐(Guillamune Farel)이라는 초기 개혁가에게 제네바 종교개혁의 유익을 가져온 데 대한 더욱 큰 신뢰를 주었던 것이다.[23]

13. 게다가, 2세대 개혁가로서 칼빈은 그의 신학적 관점과 카톨릭 교리 사이의 예리한 구분을 해야 했을 뿐만 아니라 그보다 먼저 존재했던 개신교 사상으로부터 자신의 개신교 사상을 뚜렷하게 구별 지어 놓아야만 했다. 당시 16세기에 그러한 일을 하는 주된 방법 중 하나가 말이나 글로써 논쟁을 하는 것이었는데, 칼빈은 그 분야에 뛰어난 사

---

22) 제네바에 종교개혁이 도래한 상황을 가장 상세하게 쓴 내용은 제네바 역사가들이 쓴 작품 속에서 찾아 볼 수 있다. 예를 들어 Amedee Roget, Les Suisses et Geneve, ou l' emancipation de la communaute genevoise au seizieme siecle (Geneva: Jullien, 1864), vol.2을 보라. 1536년 5월에 제네바 사람들이 공식적으로 개신교를 받아들이기 전에 제네바에서 종교개혁을 역설한 주도적인 인물은 Guillamune Farel, Antoine Froment, 그리고 Pierre Viret이었다. 칼빈은 1536년 9월에서야 그 도시의 기록에 나타난다. (Roget, Les Suisses et Geneve, 2:246-47).

23) Roget, Les Suisses et Geneve, 2:247.

람이었다. 그는 카톨릭의 입장에 반대하는 글을 썼을 뿐 아니라 성 유
골(聖 遺骨)이나 트렌트 공회의 (the Council of Trent)같은 쟁점 사항
에 대해서도 글을 발표했으며, 또한 루터교 신학을 비판하기도 했고
특히 성만찬(Lord's Supper)의 논쟁에 대해서도 글을 썼다.[24] 따라서,
개신교가 어떠한 이해의 바탕 속에 뿌리를 내려야 하는지를 분명히 밝
히기 위해서 칼빈은 한꺼번에 여러 인물과 논쟁을 벌여야만 했다. 주
목해야 할 사실은 루터와 쯔빙글리도 서로 논쟁하는 일이 있었다는 점
이며 특히 두 사람은 성만찬에 관한 논쟁을 했는데 1529년 말부루 회
의(Colloquy of Marburg) 席上에서 상호대면을 했으나 성공적인 결과
를 내지 못한 그 전후에 많은 논쟁이 있었다.[25] 그러나 1531년 쯔빙글
리가 상호대면이 있은 지 불과 2년 후에 일찍 세상을 떠나자 두 사람
사이의 직접적 마주침은 이내 끝이 나고 말았다. 이와 대조적으로 칼
빈의 수많은 소책자와 거기에 담긴 그의 강한 논쟁적 어조는 오히려
그의 부정적인 평가에 더 기여해 왔는데 그 이유인즉 어떤 인물에 대
한 사후 평가의 단면은 주로 그가 남긴 글을 바탕으로 이루어지기 때
문이다. 혹자는 만일 칼빈이 논쟁에 좀 덜 뛰어난 인물이었더라면 반
대파의 주장에 반박해 달라는 요청을 여러 동료로부터 받지도 않았을

24) 칼빈의 무수한 논쟁을 위한 소책자들 중에서 선택한 내용을 보려면 Henry
Beveridge 편저 Selected Works of John Calvin: Tracts and Letters (Edinburgh:
Calvin Translation Society, 1844-51); "Acts of the Council of Trent: with the
Antidote," 3:17-188을 보라; "기독교계가 성자(Relics)의 목록을 만듦으로써 얻어
낼 수 있는 이점들을 가르쳐주는 훈계,"(1:289-341); 그리고 Lutheran Joachim Westphal
성찬에 대한 Lutheran식의 이해에 반대하는 3가지 영창(詠唱), 이것은 "Last
Admonition of John Calvin to Joachim Westphal," 2:346-494)에서 절정을 이루고
있다.
25) See G. R. Potter, Zwingli (Cambridge: Cambridge University Press, 1976), 287-342,
and Mark Edwards, "Luther on His Opponents," Lutheran Quarterly 16 (2002):
329-48, especially 337-39.

테고, 오히려 그의 다른 책과 글들 속에 남아 있는 더욱 평화적인 어조
들로 말미암아 그가 더 부드러운 이미지를 갖게 되었을지도 모른다고
상상하기도 할 것이다. 실제로 칼빈 연구가인 쟝 프랑수아 길몽(Jean-
Francois Gilmont)은 칼빈의 논쟁적 재능이 양날이 있는 검과 같은 것
이었음을 지적한다. 한편으로는 날카로운 스타일이 그를 개혁신앙과
그 실천에 대한 어떠한 공격에도 응수할 수 있는 최고의 적임자로 만
들어 줬는가 하면, 반면에 그의 논객적(論客的) 능력은 그에게 적을 더
많이 만들어주기도 하였다.[26]

14. 게다가, 그가 2세대 개혁가였다는 사실은 칼빈 자신의 제네바에
서의 사역이 대부분 새로운 신앙체계를 세우는 일등의 도전적 역할로
이루어져 있었다는 것을 의미한다. 즉 단순히 구식을 파괴하는 흥분된
활력뿐만 아니라, 서로 다른 사상, 식견, 그리고 동기를 가진 사람들로
하여금 새로운 제도에 가담하게 하려는 고통스럽고 지루하며 좌절감
까지 느끼는 책무를 맡고 있었다는 뜻이다. 제네바에서 칼빈은 그 지
역 주민들의 반발뿐만 아니라 목사그룹의 자신의 동료들의 반대에도
마주쳤다.[27] 어느 시대 어느 누구든 어떤 주요사항에 대해 위원회 회원
으로서 일해 봤거나 그에 대한 전담팀과 함께 수고해본 사람이라면,
사람들은 자기네들이 반대하는 일에 대한 관심과 열정의 불을 붙이기
는 쉬워도, 건설적인 목표를 성취하는 일에 진전을 보도록 이끌기는
상대적으로 훨씬 어렵다는 것을 잘 알고 있을 것이다. 그 이유는 그 목

---

26) Jean-Francois Gilmont, John Calvin and the Printed Book, trans. Karin Maag
    (Kirksville: Truman State University Press, 2005), 85-86, 93-100.
27) 칼빈의 사역을 이러한 관점으로 특별히 참신하게 연구한 내용은 William Naphy의
    Calvin and the Consolidation of the Genevan Reformation (Manchester: Manchester
    University Press, 1994), esp. 27-83이다.

표를 수행하기 위한 최선의 방안에 대한 견해와 일에 우선순위에 대한
생각이 사람마다 다르기 때문이다. 이런 의미에서 칼빈의 제네바에서
의 사역은 1530년대와 1540년대 루터의 사역과 유사하며, 1523년에
쥬리히 시 의회가 그를 지지했을 당시와 1531년 그의 사망 사이에 짧
은 시기 동안의 쯔빙글리 사역과 흡사하다.[28] 그러나 칼빈은 더 많은
세월을 쥬네브에서 보냈다. 그가 3년간 스트라스버그(Strasburg)에 망
명생활을 한 것을 제외하면, 칼빈은 제네바 교회가 자리 잡기를 바라
고 거의 30년 동안 조직하고 계획하고 투쟁하면서 제네바에서 활발한
사역을 펼쳤다.[29] 그 결과 그는 실천적인 면(예컨대 교회설립과 집회
등에 대해)과 신학적인 두 가지 면에서 모두 체계적이고 조직적인 리
더로써 명성을 이루었는데, 그 이유는 그의 유명한 「기독교 강요」
(Institute of the Christian Religion)가 독자들에게 성경을 칼빈주의적
인 관점으로 이해할 수 있도록 교리적인 틀을 제공해 주었기 때문이
다.[30] 이러한 책무는 중요한 것이었으며 개신교의 지속적인 건전성을
위해 생명과도 같은 것이었다. 그러나 그가 행한 일들은 루터의 모델
을 따라서 박해자에게 영웅적으로 맞서는 일보다는 칼빈 자신보다 앞
서 일어난 개혁의 움직임에 신학적 체계를 세워 놓는 일에 더욱 능력

---

28) For Luther see Ma가 Edwards, Luther's Last Battles: Politics and Polemics, 1531-
   1546 (Ithaca: Cornell University Press, 1983): for Zwingli, see Gottfried Locher,
   Die Zwinglische Reformation im Rahmen der europäische Kirchengeschiche (Göttin-
   gen: Vandenhoeck & Ruprecht, 1979), 174-96.)
29) 칼빈의 생애에 관한 최근의 가장 납득이 갈만한 연구서들 중에서, Bernard Cottret,
   Calvin: A Biography, trans. Wallace McDonald (Grand Rapid: Eerdmans, 2000)을
   보라.
30) 칼빈의 신학 사상에 있어서 그 원리들과 그것들의 위치를 정교하게 분석한 내용을
   원하면 Richard Muller, The Unaccommodated Calvin: Studies in the Foundation of
   a Theological Theoligical Tradition (New York: Oxford University Press, 2000)
   esp., 101-17.을 보라.

이 있어 보이도록 신학적 효과를 나타냈던 것이다.

15. 그야말로 칼빈의 계획성 및 조직력에 대한 의심할 바 없는 재능은 구교주의(Catholicism)의 선재(先在)하는 체제들이 1536년 제네바가 종교개혁을 받아들인 이후 소멸되었다는 그 사실과 더불어, 적어도 제네바에서만큼은 개신교가 유일한 선택이었다는 것을 의미했다.[31] 칼빈의 평판은 정직한 관망자 또는 약자라기보다는 제네바에서 대세를 지배하는 신앙고백의 집단이 연상되는 듯한 일종의 (강자로서의)시달림을 받아왔다. 이것은 곧, 어느 세력의 고삐를 쥐고 있다고 인식되는 집단이나 개인을 동정적으로 묘사한다는 것은 더욱 사람의 마음을 불편하게 건드리게 되는 일임이 분명하다는 사실을 생각하게 한다. 이처럼 칼빈을 옹호하는 사람들은, 칼빈이 부당하게 지배적인 역할을 했다는 의미를 주게 될 관점으로 흐르지 않으면서도 제네바에서의 칼빈의 성공을 균형 있게 평가해 보려고 애를 써왔다.[32] 칼빈에 대해 더욱 부정적인 평가의 이유를 설명해 주는 또 다른 열쇠는 역설적이게도 그의 성공에 있다. 왜냐하면, 그가 1555년까지 계속된 광범위한 투쟁을 해온 끝에 제네바 교회의 주도적인 대변자가 되는 데 성공을 한 사실을 이유로 후세인(後世人)들은 그를 신정(神政)을 불러들인 학정자(虐政

---

31) Naphy는, 1530년대의 Calvin과 Farel 대한 반대는 제네바에서의 지속적인 카톨릭에 대한 동정심리가 동기였다는 주장을 효과적으로 다루고 있다. Naphy, Calvin and the Consolidation, 28-29.

32) 예를 들어 Marc Cheneviere의, "칼빈이 신정정치를 옹호했는가(Did Calvin advocate Theocracy?)" Evangelical Quarterly 9 (1937): 160-68를 보라. Cheneviere는 자신의 질문에 부정적으로 대답하면서 다음과 같이 말했다. "그 대중적인 오류는, 실제로는 전혀 존재치는 않는 '국가에 대한 교회의 권력'과 칼빈이 그 생애가 끝날 무렵까지 제네바 지방 당국에 궁극적으로 실행했던 '순수 도덕적 지배력' 사이에서 생겼던 혼란 때문이다." 168.

者)로 판단해 왔기 때문이다.[33] 칼빈의 역할이 효과를 덜 보였거나 제
네바가 규모 면에서 작다는 사실이, 실질적인 종교의 재생을 상대적으
로 용이하게 만들어주지 않았다던지 그의 지지자들이 1555년에 정치
적인 선거에서 승리를 거두어 강자로서의 입지 확보에 도움이 되지 않
았더라면, 혹자는 칼빈이 아마도 학정의 모델로 인식이 안 되었을 런
지도 모른다고 생각할 수도 있을 것이다. 칼빈에 대한 현대적 인식이
썩 좋지 않은 이유를 설명하는데 도움이 될 만한 한 가지 요소는, 교회
의 제도와 제네바 시(市) 정치 제도가 상호 연관되어 있다는 바로 그 점
이다. 21C 서구(西歐) 세계에 살고 있는 사람들은 교회와 정치의 분리
에 익숙해 있고, 제네바교회(칼빈이 그 지도자로 인정되었던)가 제네
바시 정부에 그토록 많은 영향력을 끼쳤다는 사실을 수긍하기 어렵
다.[34] 그렇게 볼 때, 루터와 비교해 칼빈은 거친 평가를 받아왔는데 그
는 선구자가 아닌 제2세대 종교개혁의 체계자(體系者)였고 궁극적으로
제네바의 종교계를 재구성하는 데 성공(그의 동료 목사들도 더불어 잊

---

33) 칼빈을 신정정치의 우구머리로 가장 놀라우리만큼 신뢰감 있게 평가한 것들 중에
  서는, M. P. Harney의, "The Catholic Church Through the Ages"에 들어있는 "제네
  바에서의 신정정치(Theocracy in Geneva)" (Boston: St. Paul Editions, 1974), 246-
  50. Harney는 칼빈이 제네바에서의 삶에 대한 통제를 하고자 하는 계획에 대하여
  그의 분석을 다음과 같이 펼쳐 놓았다: "가혹한 교리, 냉정한 숭배, 보수주의의 옷
  을 입은 인간, 삭막한 외모-제네바는 정말로 엄숙하고 어두운 장소였음에 틀림없
  지 않은가" (248)
34) 예를 들어 John Koedyker의 칼빈과 현대종교지도자들(종교와 정부 간의 강한 연
  관을 시켰던) 사이의 차이점을 설명하려는 시도를 보라: "신정정치는 죽지 않았다
  (Theocracy Is Not Dead) ; Calvin and Khomeini" Reformed Review 34 (1980/81):
  74-80. "정치와 종교가 완전 분리된 현대적 교회와 국가의 관념을 칼빈의 눈에는
  납득할 수가 없었을 것이며, 그러한 상상 조차도 할 수 없었을 것이다. . . . 칼빈은
  제네바에서 신정정치라 불릴 수 있는 구체적인 계획을 작성했었다. 현재의 세계적
  상황 속에서, 혹자는 그러한 제도가 오늘날에도 성취될 수 있을 것인지 궁금해 할
  수 있을 것이다"(77.79).

어서는 안 될 것임)한 사람이기 때문이다.

16. 칼빈이 부정적인 평가를 더 많이 받게 된 두 번째 주된 이유는 그의 성격과 관련이 있다. 루터는 그의 개인 성격 때문에 칼빈보다 동정적 이미지를 더 많이 받아왔다. 전에 언급한 바와 같이 쾌활한 성격으로 맥주를 마시는 등의 성격이 그것이다. 그와 달리 일반적으로 나타난 칼빈의 성격은 심하게 모가 난 것으로 보인다. 즉 그는 차가운 성격에, 남을 판단하고, 융통성이 없었던 인물로 간주되고 있다. 이러한 종류의 평가의 예를 들것 같으면 퍼듀(Purdue)에 있는 인디애나 대학교(Indiana University)의 토머스 데이비스(Thomas Davis)가 1996년에 쓴 교회사인 "아량 없는 인물(*Images of Intolerance: John Calvin in Nineteenth Century Textbook*)"이라는 제목의 책 속에 풍부하게 들어 있다. 다른 예를 보면, 데이비스(Davis)는 19C 유명한 역사가인 죤 피스케(John Fiske)를 든다., 죤 피스케는 칼빈을 "종교개혁의 타고난 변호인이며, 분명한 비전을 지닌 자이고, 냉철한 두뇌와 메마른 영혼을 가진 자로서, 늘 링컨 여관(Lincoln's Inn)의 방에 거주하고 빛이 바랜 검정 옷을 입은 어느 소송대리인과 같은 인물이다"라고 묘사했다. 또 피스케는 칼빈을, "그의 엄격함은 죄인을 교수대로 보내는 판사의 엄한 모습과도 같았다"고 표현했다.[35] 에밀 두메루(Emile Doumergue)나 리챠드 스타우퍼(Richard Stauffer)와 같은 칼빈을 옹호하는 평가자들은 칼빈을 깊은 우정을 지닌 인물이며 유머감각을 지녔고, 친구들과 평안한 시간을 즐기기도 했으며, 친구들과 링(ring) 던지기 게임도 즐겼고, 매끄러운 책상 위에 한쪽 끝에서 열쇠를 밀어서 반대편 모서리

---

35) Thomas J. Davis, "Images of Intolerance: John Calvin in Nineteenth-Century History Textbooks" Church History 65 (1996): 234-48.

로 떨어뜨리지 않으면서도 모서리까지 제일 가깝게 가도록 (밀어) 던
지는 게임을 포함하여 여러 다른 놀이도 즐긴 사람이었다고 묘사하여
부정적 평가를 상쇄하는 이미지를 제시함으로써 정면으로 반박했다.[36]
다시 말하지만 이 논문의 목적은 독자들로 하여금 칼빈이 하루 저녁
함께 시간을 보낼만한 호감이 가는 사람인지 아닌지를 결정하도록 도
와주려는 것이 아니라 그의 성격이 의미하는 바를 이해하려고 노력하
는 데 도움을 주고자 하는 것이다. 결국, 그의 성격과 행동과, 또한 거
기에 나중에 부여받게 된 의미가 결부되지만 않는다면 사실상 칼빈의
소문난 엄격함이든 온화함이든 그것이 본질적인 중요한 의미는 전혀
없다. 바꾸어 말하면 칼빈을 중상모략 하는 자들의 주장은 다음과 같
다; "칼빈은 냉정하고 엄격했다. 그래서 그의 신학, 그리고 자신과 다
르게 믿음을 지닌 사람들과의 관계가 마찬가지로 냉정하고 엄격했다"
거나 좀 더 정도가 심한 경우엔 "칼빈은 기쁨의 파괴자였다"고 단정하
기도 했으며 그런 관점의 접근은 그가 생시에 행한 일들과 후대(後代)
의 칼빈주의자들에게 나쁜 영향을 끼쳤다. 비록 그러한 관점이 일리
있는 부분도 있겠지만, 그것은 칼빈의 행적과 후에 끼친 영향에 대한
평가의 대부분이 그의 성격에 바탕을 두었다는 것, 즉 그의 성격을 업
적에 대한 판단기준으로 삼았다는 뜻이 된다.[37]

17. 연대(年代)적 요소나 성격적 분석과는 별도로, 칼빈에 대한 평

---

36) Emile Doumergue, Le caractere de Calvin (Neuilly: La Cause, 1931), 48. Richard
    Stauffer, L' Humanite de Calvin (Neuchatel: Delachaux & Niestle, 1964).
37) 칼빈의 성격을 심리적 정리에 초점을 둔 주요 전기(傳記)가 두 개가 있다. 첫 째는
    William Bouwsma의 John Calvin: A Sixteenth-Century Portrait (New York: Oxford
    University Press, 1988)이고; 둘째는, a more recent publication, is Denis Crouzet's
    Jean Calvin: vies paralleles (Paris: Fayard,2000)이다.

가가 왜 이렇게 시달림을 받게 되었는지에 대한 최종 중요 이유는 그의 이름이 들어간 개혁운동이 성공했다는 사실과 관련이 있다. 대체로 무시되었던 쯔빙글리와 달리 칼빈은 지금도 여전히 알려졌고 세세하게 토론되고 있다. 그 이유는 그의 사상이 뿌리를 내렸으며 유럽에 먼저 퍼졌고 후에 전 세계로 퍼져 나갔기 때문이다. 칼빈주의는 헝가리, 보헤미아, 트랜실바니아(Transylvania)와 폴랜드 그리고 네덜란드, 스코틀랜드, 신성로마제국의 일부, 그리고 프랑스에 자리를 잡았다. 그후 그곳으로부터 세계 여러 곳으로 퍼졌다. 그것은 무역상들의 여행과 해외 이주 정착인들, 그리고 선교사들이 있었기 때문이다.[38] 아직 쯔빙글리식 신앙을 따르는 스위스 교회를 제외하고 개신교나 장로교 이름을 가진 오늘날의 교회들은 그 신앙의 줄기가 칼빈과 제네바의 그 동료로부터 뻗어 나온 것이다. 제네바에서의 칼빈의 최후 성공이 그 시대 사람들로 하여금 칼빈을 제네바의 로마 교황이라고 냉소적으로 부르게 했던 것과 똑같은 식으로, 16세기와 그 이후에 걸쳐서 칼빈주의가 널리 호응을 얻게 되자 그들의 역사를 조금이라도 아는 후계 세대들은 칼빈의 유산에 반발하거나 그의 명성을 따져보려 들게 된 셈이다. 사람들이 칼빈에 대해서 그가 실제로 어떠한 사람이었는지 신경을 쓰고 칼빈대학에 e-mail(칼빈대학 홈페이지 커뮤니티 문답 란에 보내온 글)을 보내어 「우리는 우리 대학을 칼빈대학이라 부르지 말아야 한다. 칼빈은 Servetus를 죽인 악인이기 때문이다」라는 제의를 한다는 것은 칼빈이나 칼빈주의가 영향을 주어왔고 또 여전히 영향을 주고 있다

---

38) 유럽과 북미에 칼빈주의가 뿌리 내린 상황을 조사한 책들은 International Calvinism 1541-1715 (Oxford: Clarendon Press, 1985). See also Andrew Pettegree, Alastair Duke, 와 Gillian Lewis, 편저, Calvinism in Europe, 1540-1620 (Cambridge: Cambridge University Press, 1994)등에서 찾아볼 수 있다.

는 반증이다.[39] 쯔빙글리는 그가 수장(首長) 목사이었음에도 쥬리히 에
서의 재세례파 인사들의 죽음에 대해 비난을 받지 않고 있다. 왜냐하
면 그는 우리의 생각 속에서 주로 잊혀 져 있기 때문이다. 그러나 칼빈
은 대중의 상상 속에 언제나 있었으며, 그리고 그의 국적을(네덜란드
인지 스위스인지) 혼동하는 사람들도 있지만 그에 대한 평가만큼은 사
람들에게 중요하다.[40]

18. 칼빈의 성격 비판은 별개로 하고, 그의 유산 중 가장 논쟁의 대
상이 되어 온 주요 관점 세 가지가 있다. Tom Davis가 쓴 기사와 마릴
린 로빈슨(Marilynne Robinson)이 쓴 그녀의 기고, "칼빈 비판론자
(*The Polemic Against Calvin*): 역사적 평가의 원천과 그 결과들(*The
Origins and consequences of Historical Reputation*)"에서 작가들 특히
19C와 20C의 유럽과 미국의 작가들이 칼빈과 칼빈주의를 반대하게
해왔던 이유를 깊이 있게 분석한 내용을 제공하고 있다.[41] 두 학자는

---

39) 예컨대, Servetus의 사실에 대해서, 자신을 "Bill"이라고만 밝힌 email 서신자와 서
로 내용을 교환한 끝에, Bill은 말하기를 "나는 당신이 말한 바를 이해할 수 있습
니다, 그리고 그 당시에 그리스도의 이름으로 극악한 일들이 많이 자행되었다는
점을 동의하지만, 거기에는 이처럼 부도덕하지 않은 기독교인들도 있었음을 확신
하며, 차라리 진정한 기독교인으로써 생을 산 사람의 이름을 따서 우리대학(현재
Calvin大)의 명칭을 썼으면 좋겠다고 생각합니다." (2001년 9월 8일에 받은 email).
40) 그 기록에 따르면, Calvin은 프랑스 북부의 Noyon에서 태어났고 25세가 되어서야
프랑스를 떠났다고 한다. 그는 자신을 프랑스인으로 인식했고 자신이 죽는 날까지
동료 애국지사들의 행복한 삶을 위한 깊은 관심과 우려를 버리지 않았다. Richard
Stauffer, "Calvin" in International Calvinism 1541-1715, 15-38, esp. 23-28을 보라.
41) Davis의 기사에 대한 언급을 보려면 윗글을 참고하라; Mariynne Robinson, "The
Polemic Against Calvin: The Origins and Consequences of Historical Reputation"
in Calvin and the Church: Papers presented at the Thirteenth Colloquium of the
Calvin Studies Society, ed. David Foxgrover (Grand Rapids: CRG Publications,
2002), 96-122.

모두 주제를 혼합해 놓음으로 칼빈의 비평과 칼빈주의에 대한 공격들
을 뚜렷이 구분키 어렵게 만들어 놓았다. 그 점과 달리 그 기고는, 넓
은 의미에서 칼빈주의에 대한 비판이나 칭찬에 초점을 두는 것보다는
John Calvin 자신에 대해 초점을 유지하려는 의지를 보이고 있다.

19. 이 비평가들이 칼빈에 대해 비판한 것은 처음에 신학에 관한 것
으로, 칼빈이 예정론에 대한 교리를 발전시킨 책임이 있다는 것이다.
그런데 분명히 정확성을 따져 본다면 현재 칼빈의 예정론으로 이해되
고 있는 내용의 대부분은 실제로 칼빈 자신에 의해서 보다는 주로 16C
말엽과 17C 초엽에 결정적 체계로 형성된 것이었다. 게다가, 하나님이
구원 대상의 부분 선택과 나머지를 유기하신다는 택정교리를 칼빈 만
제시한 것은 전혀 아니다.[42] 칼빈의 예정론과, 예정론이 칼빈의 평가에
부정적인 영향을 끼쳤다는 사실에 대한 논쟁이 상대적인 소강상태에
들어간 후, 로버트 피터슨(Robert Peterson)의 「내가 알미니안 주의자
가 아닌 이유(Why I Am Not an Arminian)」와 제리 월즈(Jerry Walls)
와 죠셉 돈겔(Joseph Dongell)의 「내가 칼빈주의자가 아닌 이유(Why I
Am Not a Calvinist)」등 2004년에 출판된 두 책에 의해서 증거 해 주는
바와 같이 갈등이 다시 불거지기 시작했다.[43] 주제의 복잡성을 감안하
고, 칼빈이 예정론에 대한 많은 생각들을 성 어거스틴(St. Augustine)
에게서 받았다는 사실과 위의 현시대 학자들이 칼빈이라는 인물보다

---

42) 그 사람들에 대한 간결한 개요를 위해 Richard Muller, After Calvin: Studies in the
Development of a Theological Tradition (Oxford: Oxford University Press, 2003),
11-13를 보라.

43) Robert Peterson, Why I Am Not an Arminian (Downers Grove: InterVarsity Press,
2004); Jerry Walls and Joseph Dongell, Why I Am Not a Calvinist (Downers
Grove: InterVarsity Press, 2004).

는 칼빈주의를 다시 토론대상으로 삼았다는 사실을 볼 때, 이 주제를
지금은 잠시 접어놓기로 하자.

20. 비평의 두 번째 중심 영역은 칼빈 자신의 행동에 더 직접 관련
되어 있다. 이번에는 초점이 제네바에서 시행되었던 교회의 규칙과 제
네바 종교회의(Consistory)에 있다. 그것들 속에서 칼빈이 비판의 대상
이 된 것이다. 제네바 거주민들의 일상생활 속에서 교회와 그 지도자
들에 의해 이루어진 적극적인 역할 때문이다.[44] 제네바 종교회의가 사
람들을 감시하기 위해서 칼빈이 설립해 놓은 빅-브라더(Big Brother:
Gorge Owell의 소설 [1984년]에 나오는 절대통치자의 가설적 이름으
로써, 모든 인간의 사생활과 행동을 어디에나, 심지어 화장실이나 숲
속에까지 설치된 고도로 발달된 전자 감시 카메라 망에 의해서 철저히
감시하며 통제하고 처벌한다는 권력의 숨어있는 공포정치 주체자로서
의 명칭; 역자 주)와 같은 것이라고 느끼는 사람들은 제네바의 정치구
조를 신정정치와 같다고 말하기를 주저하지 않는 바로 그 사람들이다.
대부분의 경우에 이 비평가들은 정교분리(政敎分離)의 강력한 지지자
들이며, 자발적으로 이루어지는 종교 공동체를 찬성하는 경향이 있는
사람들이다. 그러므로 제네바 민간과 교회기록에서 발견된 가장 강력
한 강제성의 실 예들, 특히 오늘날 우리에게는 도덕이나 영적인 죄로
생각될 일들에 대해 최고 극형에 처했던 일들은 칼빈이 비난받는 이유
인 것이다.

---

44) 예를 들어 Lian Brophy의 "The Consequences of Calvinism After Four Centuries,"
Social Justice Review 56 (1963/64): 364-68을 보라. 칼빈의 생애와 종교회의 설립
을 포함하여 제네바에서의 사역에 대한 간결한 개관(槪觀)을 정리한 후에, Brophy
는, "무엇보다도 지적해야할 것은, 칼빈이 유럽에서는 최초로 전체주의(全體主義)
적 경찰국가를 세운 책임이 있다."고 결론 내리고 있다.

21. 그 문제는 거짓된 학문과, 칼빈의 제네바에서의 행적에 부정적인 이미지를 주는데 기여 될 수 있는 잘못된 정보가 되풀이됨으로써 더 악화되고 있다. 예를 들어, 필립 얀시(Philip Yancey)가 쓴 "은혜가 뭐 그리 놀라운가(*What's so Amazing About Grace*)"라는 책에서 저자는, "교회가 사회의 모든 삶에 대한 것을 규정할 때 흔히 그것은 예수께서 경고하셨던 극단주의로 변질된다. 한 가지 예만 고려해 보자, 바로 John Calvin의 제네바의 경우다. 칼빈의 의붓아들과 친아들의 아내 즉 며느리가 각각 별도의 간음, 간통 행위 현장이 발각되었다."[45] 얀시(Yancey)는 각주(footnote)를 주의 깊게 달아 놓지는 않았지만 그 전체 단락에 대한 두 가지 가능한 근거를 인용해 놓았다. 칼빈에 대한 이러한 고발은 칼빈대학교 홈페이지 만남의 광장(Meeting Center)에, 추측건대 우리에게 칼빈의 평가에 대한 옹호자로서, 칼빈의 그러한 혐의점에 대하여 대답해보라는 요구차원의 e-mail을 누군가 보낸 것으로, 홈페이지 관리자들의 관심을 다시 집중하게 하였다. 그 말에 대답하면서 나는 근거를 추적하느라고 최선을 다해 봤다: 알아보니 얀시(Yancey)는 윌리엄 맨체스터(William Manchester)의 작품, "오직 불로 밝혀진 세계(*A World Lit Only By Fire*): 중세 정신과 르네상스(*The Medieval Mind and the Renaissance*)"라는 작품으로부터 그의 정보를 취했던 것으로 나타났다. 맨체스터(Manchester)는 근거를 전혀 제시하지 않고, "칼빈의 의붓아들은 다른 여자와 침상에 있는 것이 발견되었고: 또한 칼빈의 며느리도 다른 남자와 함께 건초더미 뒤에 있다가 발각되었다. 그 네 사람의 악인들은 모두 처형당했다."고 진술했

---

45) Philip Yancey, *What's So Amazing About Grace?* (Grand Rapids: Zondervan, 1997), 234.

다.[46] 그들의 그런 행위가 일어난 장소를 주의해보라, 적어도 며느리였다고 추정한 여자의 경우는 어느 근거(Source)를 다루느냐에 따라 그 불륜 발생 주장의 장소가 달라지고 있다: 그러한 불일치의 모순들은 이미 잘못된 지식의 징후들이다. 칼빈의 의붓아들의 그 모친이 칼빈과 결혼했을 때 그 (의붓)아들이 스트라스 버그(Strasbourg)를 떠난 적이 있었다는 증거가 어디에도 없으며, 칼빈의 친아들도 태어난 뒤 바로 죽어서 칼빈에게는 친 며느리가 생길 수가 없었기 때문에, 분명히 거기에는 뭔가 혼동이 있었다고 본다. 맨체스터가 칼빈의 의붓아들에 대하여 거론한 것에 대해 신뢰를 줄만 한 어떠한 증거도 지금까지 발견된 바가 없다. 결국, 며느리에 대한 가장 신빙성 있는 설명은 칼빈이 의붓딸로 인해 야기됐던 부끄러운 일에 대해 라틴어로 쓴 편지를 오역(誤譯)한 것으로 보는 것이다. 문제의 여인은 칼빈의 아내가 칼빈과 결혼하기 전에 첫 번째 결혼에서 낳은 딸 쥬디쓰(Judith)였던 것이다.[47] 종교법원의 기록을 점검해보고 나니, 실상은 그녀가 시당국에 의해서 처형되기는 고사하고 형벌조차 받은 사실이 없는 것으로 보인다. 사실은 그 종교 법원의 1562년 3월 12일 자 기록에는 그 의붓딸이 자신의 남편에게, 제네바 시 당국이 그녀를 용서했던 것처럼, 자기를 용서해달라고 부탁했던 것으로 나타나있다. 그녀에게는 성찬(Lord's Supper)이 금지당했었는데, 그 밖에 범죄에 관하여 그녀에게 어떤 처벌도 가해진 증거가 없다. 그녀의 남편은 이혼을 요구했고 그의 청원

---

46) William Manchester, A World Lit Only By Fire: The Medieval Mind and the Genaissance: Portrait of an Age (Boston: Little, Brown and Co., 1992), 191.
47) Calvin to Heinrich Bullinger, March 1562 in Calvini Opera XIX (Braunschweig: Schwetschke & Son, 1879), col. 327: "accidit moreor domesticus ob flagitium privignae" [a domestic disturbance occurred because of the disgrace of my step-daughter].

은 허락되었다. 1562년 5월 14일 종교재판은, 그녀가 뉘우침의 자세를 보여서 성찬에 대한 참여가 다시 허락되도록 하자는 의견에 동의했다.[48] 이러한 에피소드가 제시하는 바가 있다면, 우리들 가운데 누구든 책을 저술하는 사람은 우리가 쓰는 글의 근거를 보여주기 위해 주위를 기울이기를 계속하여야 한다는 것과, 독자들은 글의 원천적 근거를 참고하지 않은 채 글 속의 언급들을 송두리째 받아들이는 일에 주의를 기울여야 한다는 점이다. 그러나 다시 말하건대 교회 규율의 칼빈주의적인 제도를 비평하는 글들이나, 제네바 교회 규율의 제정자로서의 칼빈을 비판하는 글들은, 찬반 양면을 균형 있게 뒤섞어 놓아 개인으로서의 칼빈 자신과 끈질기게 관련되어 있는 주제는 오히려 한쪽으로 접어놓는 것이 가장 좋겠다는 생각이 들도록 만드는 경향이 있다.

22. 칼빈을 비판하거나 칼빈을 재평가하려는 사람들에 의해서 지속적으로 제기되는 세 번째 요소는 1553년에 제네바에서 산채로 화형 된 스페인 출신 반삼위일체론(反三位一體論者) 마이클 세르베투스(Micheal Servetus)에 대한 재판과 처형이다. 근래의 인기 저서, "화염

---

48) Archives d'Etat de Geneve, Registres du consistoire de Geneve (typed transcription), vol. 19, fol. 18v (12 March 1562) and fol. 68r (14 May 1562). Although there is no external confirmation that Calvin's step-daughter Judith and the Judith that appears in the consistory records in March and May 1562 (the husband's name was Leonard Mazel) are one and the same woman, the dates fit, and there is no sign of any other Judith in the 1562 records. Givin that sexual activity outside of marriage was considered as very serious offence, it seems highly likely that Calvin's step-daughter would have had to appear before the consistory. At this point in time, and barring any evidence to the contrary, I am convinced that the references in the 1562 consistory records do indeed pertain to Calvin's step-daughter.

속에서 나온(Out of the Flames): 겁 없는 학자의 유별난 이야기(The Remarkable Story of a Fearless Scholar), 숙명의 이단자(a Fatal Heresy), 그리고 로렌스(Lawrence)와 낸시 골드스톤(Nancy Goldstone)의 저서이자 세계적인 희귀서 (Out of the Rarest Books in the World)는 세르베투스(Servetus)를 칼빈의 반대편 대립자 위치에 세워 놓는다, 그리고 그들의 실제 충돌사항 뿐만 아니라, 영적 인격적 분석에 있어서도 서로 상반되는 위치에 놓아두고 있다. 세르베투스가, "유명한 학자", [49] "빛나는", "카리스마가 넘치고 설득력 있는"[50] 학자로 묘사되고 있는 반면에, 그 작가는 칼빈을, "그의 엄격함과 자신의 경건에 대한 완전한 확신이야 말로 소름끼치는 냉혹함을 초래할 수 있었다."고 묘사했다. [51] 1534년 파리에서의 계획된 회합(會合)에서 만났던 두 인물을 대조시키면서, Goldstone家의 사람들(그 책의 저자)은 "빛나는 두 인물-신비력(神秘力) 있는 혁명가 세르베투스와 얼음처럼 냉정한 개혁의 인물 칼빈(The brilliant minds-Calvin the coldly logical reformer against Servetus the mystic revolutionary.)"이란 제목의 책을 썼다. [52] 이 작품에서만큼은 모든 동정(同情)이 세르베투스의 편에 있다. 그런데 칼빈의 지지자들에게는 세르베투스의 재판과 처형이 도저히 항변해 줄 대상이 될 수 없는 일이다: 즉 칼빈의 생시에조차도, 스위스의 다른 개혁도시에 있던 그의 동료 가운데 몇 사람은, 그 스페인 인물(세르베투스)이 죽은 이후에 세르베투스에 대한 반대 표현의 강도를 낮춰

---

49) Lawrence Goldstone and Nancy Goldstone, Out of Flames: The Remarkable Story of a Fearless Scholar, a Fatal Heresy, and One of the Rarest Books in the World (New York: Broadway Books, 2002), 89.

50) Ibid., 95.

51) Ibid., 148.

52) Ibid., 95.

달라는 부탁의 서신을 칼빈에게 쓰기도 했다.[53] 대개 표현의 강도를 완화시키는 두드러진 요소들 가운데는 Servetus가 제네바 시 당국에 의해서 판결받은 것이 아니며: 스위스의 다른 도시들은 그에게 사형이 마땅하다는데 동의했다는 것과: Servetus가 이미 프랑스 카톨릭의 이단 심문에 의해 혐의가 인정되었으며 그가 도피하고 없는 상황에서 사형의 형벌이 선고되었었다는 내용이 포함되어 있었으며: 칼빈이 Servetus에 대한 처벌을, 산채로 기둥에 묶어 화형을 시키지 말고 교수형으로 완화시켜 달라고 부탁을 했다는 내용이 들어 있다.[54] 그러나 재세례파의 재판에서 쯔빙글리처럼 칼빈도 Servetus 재판을 기소하는데 증인이었던 것으로 나타났고, 쯔빙글리처럼 칼빈도 그의 대립자가 처형된 후에 그(대립자)에게 반대하는 내용의 책을 출판했다.[55] 칼빈의 부정적 평가를 완화하는 데 사용된 더욱 너그러운 표현은, "다수파와 다른 믿음을 가졌던 자들을 박해하는 그러한 일은 초기 현대 유럽에서는 보통으로 흔한 일이었다."는 내용이다. 다른 말로 하자면, 칼빈은 당시 그의 동시대인들에 비해 더 좋았던 것도 그렇다고 더 나빴던 것도 아니었다는 것이다. 그런데 칼빈의 명성에 가장 신경 쓰는 사람들은 그러한 설명이 마땅치 않았던 것 같다.

23. 궁극적으로, 칼빈이 Servetus의 죽음에 대해서 그토록 심하게 비난받는 이유는 개신교의 권위 있는 인물들에 관한 상반된 주장, 증거, 그리고 인식과 관련이 있을지도 모른다. 초기 개신교 사상은, 성경

---

53) Gilmont, John Calvin and the Printed Book, 97.
54) Francois Wendel, Calvin: Origins and Development of His Religious Thought, trans. Philip Mairet (Grand Rapids: Baker Books, 1997), 93-97.
55) Cottret, Calvin: A Biography, 218-27.

이 모든 것 위에 권위를 가진다는 것이었고 초대교부들도, 카톨릭 교
회의 전통도 그것을 가르치지 않았었다. 그러나 종교 개혁가들은, 누
군가는 성경의 권위적인 해석을 제시해야 한다는 점을 재빨리 깨달았
다: 그러한 조치가 없이는 끝에 올 결과는 만인자유해석(a free for all;
萬人自由解釋)의 상황이 되어 모든 이들이 제각각 자기 식견에 따라
성경을 해석하게 될 것이라고 생각했던 것이다. 어떻게 보면 당연하
게, Luther, Zwingli, Calvin을 포함한 개혁가들은, 그들 자신과 동료
들 그리고 목사 단의 계승자들은 그들의 자세한 연구와 성령의 영감으
로 하나님 말씀의 권위적인 해석자요 전달자가 되어야만 한다는 것을
재빨리 깨달았다.[56] 그런데 종교개혁 이래로 줄곧, 개신교인들은 위의
개혁지도자들에 관하여 혼란스런 상황에 봉착했다: 그들의 권위가 오
직 그들이 쓴 주석에 대해서만 존재하는가? 그 위대한 믿음의 영웅들
도 오류가 있을 수 있으며 특히 신앙의 문제에서까지도 그렇게 될 수
있을까? 다른 말로 하자면, 만일 칼빈과 쯔빙글리가 그들과 다르게 믿
음을 가진 자들의 죽음에 기여했던 행위들이 그릇된 것이라고 믿거나
만일 루터가 그의 글로써 농부와 유태인들을 타깃(targets)으로 삼도록
부추긴 사실이 잘못됐다고 믿는다면, 그들의 전반적인 믿음의 해석가
로서의 지도자적 권위가 손상이 될 것인가? 개신교 사상이 카톨릭의
성자숭배를 싫어하지만, 상기(上記) 개신교 지도자들(루터, 칼빈, 쯔빙
글리)은 그들에 대한 전통적 설명에 있어서만큼은 순교자들과는 별도
로 성자에 버금가는 인식과 대우를 해준 상황이 아닌가.

---

56) 간결한 개관(槪觀)을 보려면 Alister McGrath, Reformation Thought: An Introdution
(Oxford: Blackwell, third edition 1999), 161-65을 보라. 또한 G. R. Evans의
Problems of Authority in Reformation Debates (Cambridge: Cambridge University Press,
1992), 70-79, 216-22에서 그 논점들의 상세하고 잘 정리된 연구 내용을 찾아볼 수
있다.

우리에게 남겨진 문제들은 다음의 내용이다: 칼빈이 개혁의 전통에 특별한 권위가 있는가? 만일 그렇다면 그 권위는 어떠한 성격의 것인가? 혹시 그 권위가 Servetus 사태 같은 경우의 칼빈의 행위 때문에 손상되거나, 약화되거나, 파괴되지는 않았나? 적어도 일부분의 경우에는 칼빈의 행위에 대한 비평이, 칼빈을 큰 흠이나 잘못이 없는 완전한 개신교 영웅이라는 사실을 밝히고자하는 사람들에게서 나온다. 이 기대는 그것을 기대하는 자들의 뜻에 부합되지 않을 경우에는 그의 행위에 대한 역사를 잘 모르는 평가와 합해져서 강한 분노를 촉발시키는 역할을 하였다. 반면에, 모든 단계의 방법에서 칼빈을 방어하고 그를 비판하는 자들에게 비판의 여지를 남겨주지 않으려 애쓰는 사람들도 마찬가지로, 심지어 그의 언행이 비판적으로 분석되어 마땅할 때조차도 열렬하게 그를 방어함으로써 그에 대하여 비사실적 묘사를 하려고 한 죄가 있는 것이다.

24. 나는 역사가로서 의심할 여지없이, 비록 사람들의 칼빈에 대한 지식이 'Servetus를 죽게 한 자' 란 것도 있기는 하지만 최소한 칼빈의 실질적인 뭔가에 대하여 알고 있다는 사실에 기뻐할 수밖에 없다. 그러나 넓은 의미의 개혁전통의 테두리 안에서 우리가 필요로 하는 것은 믿음의 영웅으로 간주되는 인물들을 좀 더 격의 있게 되돌아보는 일이다. 만일 우리가 그들을 다른 사람들의 존재보다 높여주려고 노력한다면, 우리는 그들의 영향을 왜곡하고 그들의 행위 중 문제가 될 소지가 있는 부분을 숨기거나 부인하려고 노력하는 위험에 놓이게 된다. 동시에, 우리가 그들의 그릇된 행동을 강조하는 요소적인 내용만을 초점을 두고 보려 한다면 우리는 또다시 그들의 기록을 왜곡하게 된다. 우리가 칼빈의 유산을 제대로 평가할 수 있는 길은 그러한 인물을 그 자신

의 역사적 상황 속에 놓고 보아야 하며 그 역시 인간으로서 우리와 같
이 오류를 범하거나 그릇된 행위를 하고 죄를 짓기 쉬운 존재라는 사
실을 기억하는 것을 통해 이루어지는 것이다.

이 논문은 미국 칼빈 신학교에서 간행하는 *Calvin Theological Journal*
제 41권 2호(2006)에 게재된 것을 번역한 것임

Hero or Villain?
Interpretations of John Calvin and His Legacy

제8장

칼빈과 낙스

1560년 스코틀랜드에서 성취한 종교개혁은 그 뿌리를 유럽대륙에서 발생한 종교개혁운동에 박고 있다고 말하고 있다. 물론 옳은 말이다. 그러나 단지 그렇게 말하고 끝나버린다면 그것은 너무나 평범한 이야기가 되고 말 것이다. 그러므로 많은 역사가는 스코틀랜드의 종교개혁과 유럽의 종교개혁 운동과의 관계를 규명하려고 과감한 노력을 기울여왔다는 것을 무시할 수 없을 것이다.

그러나 지금까지 스코틀랜드의 종교개혁운동과 대륙에서 발생한 종교개혁운동과의 관계를 규명하는 것이 역사가들의 임무의 하나라는 것을 인정하고 있음에도 불구하고 그 중계역할을 담당했던 존 낙스(John knox)에 관해서 철저하게 연구하여 언급한 것이 별로 없다는 것이다. 즉 스코틀랜드 종교개혁의 주인공으로서 낙스가 직접 혹은 간접적으로 칼빈(Calvin)으로부터 어떤 신학적 유산을 받았는가, 그리고 스코틀랜드의 종교개혁운동이 강한 칼빈주의적 요소를 내포하고 있다는 이유를 선명하게 설명한 글이나 저서가 그리 많지 않다는 것이다.

그러므로 필자는 본 논문에서 낙스와 칼빈과의 관계를 되도록 구체적으로 고찰함으로써 낙스가 칼빈으로부터 받은 신학사상이 개혁운동을 전개함에 있어서 어떻게 반영되었는가를 가능한 한 그 핵심을 지적해 보고자 한다.

그러나 이 글은 스코틀랜드 종교개혁운동을 이해하는데 극히 일부분에 지나지 않는다는 것도 아울러 말해 둔다.

1. 낙스와 칼빈의 만남

스코틀랜드의 개혁가 낙스가 스위스의 제네바시를 방문하여 처음으로 칼빈과 상봉한 것은 1554년 3월경이었다. 낙스가 칼빈을 직접 대면하여 상호 간의 의견을 교환하고 조언을 요청하기 전에 언제부터 낙스는 칼빈의 저서를 읽었는가에 관해서 그 시기를 정확하게 규명하는 것은 매우 어렵다.

스코틀랜드에서 최초로 개혁운동이 시작된 것은 비텐베르그시로부터 시작된 루터 개혁운동의 강한 영향에서 비롯되었다.[1] 그런데 스코틀랜드에 있어서 루터의 개혁사상은 1540년경에 이르면서 정부당국의 탄압으로 그 기세는 수그러들게 된다. 그 후 죠지 위샤트(George Winshart)의 감화와 영향을 받은 낙스가 설교를 시작한 것은 1548년 St. Andrews 성내의 교회에서였다.

그러나 이 무렵의 낙스의 사상은 일반적으로 복음적이라고 할 수 있을 뿐 개혁신앙적이라고 하기보다는 루터적이고 반 교황적(反敎皇的)

---

1) W. S. Reid, "Lutheranism in the Scottish Reformation", *Westminster Theological Journal* vol.7. (1945), p. 91ff. 이하 상기 잡지의 명칭을 WTJ로 생략함.

이었다고 평할 수 있을 것이다. 따라서 오늘날 우리가 사용하고 있는 신학적 용어로 그 무렵의 낙스의 사상을 개혁신앙 내지 칼빈주의적이라고 말하기는 어렵다.[2]

낙스가 아마도 처음으로 칼빈에 관한 지식을 습득하게 된 것은 그가 St. Andrews시에서 프랑스 해군에 의하여 체포되어 포로생활을 하고 있을 때로 추측된다. 낙스는 프랑스 해군의 갈리(Galley) 선 노트르담(Notre Dame)호에 강제로 승선하여 19개월 동안 노예취급을 받으면서 중노동을 하였다.[3] 19개월 동안의 노예생활 중에서 때로는 육지에서 근무할 때도 있었다. 낙스가 육상에서 근무했던 곳은 류앙(Rouen)과 낭트(Nantes)였다. 1548년경 이 지역에도 칼빈주의 사상이 파급되어 교인들 사이에 유포되어 있었다.

1549년 낙스가 영국정부의 개입으로 돌연히 석방되어 영국으로 가게 되면서 혹시 낙스가 영국으로 건너가기 전 제네바를 방문했을지도 모른다. 이와 같은 추측이 가능한 것은 칼빈이 쓴 선지자 예레미야서의 주석에 대하여 낙스가 1549년에 이미 언급한 바 있기 때문이다. 칼빈의 예레미야서 주석은 1549년 이후 수년이 지나서 간행되었다.[4]

혹은 이렇게도 생각할 수 있다. 낙스는 칼빈의 1539년 판 「기독교강요」를 입수하여 읽었다고 할 수 있다. 확실한 것은 1550년에 간행된

---

2) John Knox, *History of the Reformation in Scotland,* (ed. W. C. Dickinson ; Edinburgh, 1949), 1. 84ff. R. Kyle, *The Mind of John Konx* (Lawrence, Kans : Cororado Press, 1984), p. 17.

3) John Knox, 전집 제1권, p. 206. 이 전집은 D.Laing이 편집하여 1864년 Edinburgh시에서 간행한 것을 말함.

4) W. S. Reid, "John Calvin, John Knox, and the Scottish Reformation" Church, Word and Spirit, ed., by J. E. Bradley and Richard A, Muller (Grand Rapids, Michigan, 1987), p. 142.

「기독교 강요」를 입수하였다는 사실이다. 이 사실은 낙스가 쓴 서신이나 팸플릿에서 그 자신이 칼빈에 관해서 언급한 것으로 보아 알 수 있다. 이 무렵부터 낙스는 칼빈의 영향을 받기 시작하였고, 그의 사고 패턴은 칼빈의 가르침에 근거하여 설정되었다고 할 수 있다.[5]

영국의 메리 여왕(Mary of Tudor)의 즉위로 말미암아 고민에 빠져 있던 낙스는 드디어 대륙으로 망명할 것을 결심하였다. 그리하여 프랑스의 디에프(Dieppe)로 탈출하는데 성공하였다. 그곳에서 낙스는 영국에 있는 개신교 신자들에게 격려의 편지와 팸플릿을 집필하였다. 그가 쓴 팸플릿과 서신에서 낙스는 개혁신앙의 자유를 다시 회복할 수 있는 가능한 시기가 도래할 것 같으면 궐기할 수 있는 행동을 취하도록 권면 하였다.[6]

이 무렵에 쓴 낙스의 글의 내용을 볼 것 같으면 불의한 통치자에 대한 반항의 문제에 대해서 신중하게 그 타당성의 여부를 제기하고 있었고 또한 여인(Mary of Tudor를 말함)이 국가를 과연 통치할 수 있는가에 대해서 문제를 제기하고 있었다.

이와 같은 어려운 문제에 대해서 그 스스로 만족스러운 해답을 얻고자 제네바를 방문하기로 하였다. 낙스는 제네바에서 칼빈을 만나 솔직하게 자신의 의견을 털어놓았고, 로잔(Lausanne)에 가서 비레(Viret)를, 그리고 쥬리히(Zurich)에 가서는 불링거(Bullinger)를 따로따로 만났다. 그러나 이들 세 사람은 낙스의 의견에 반대의 입장을 취하고 있었다. 즉 혁명적 저항은 타당치 않으므로 가능한 한 그 나라의 헌정적 질서 안에서 합법적인 절차를 밟아 추진하도록 낙스에게 조언하였다.

---

5) V. E. d'Assonville, John Knox and the Institute of Calvin (Durban : Drakenberg, 1968) Chapter Ⅰ.
6) John Knox의 전집 제3권, p. 157, p. 251ff.

그러나 이와 같은 대답을 들은 낙스는 약간 실망하였다.[7]

저항사상에 대한 칼빈의 미온적인 태도에 실망한 낙스는 그렇다고 제네바에서 연구하겠다는 그의 애당초의 희망을 포기한 것은 아니었다. 그는 제네바에서 히브리어와 신학을 연구하기로 결심하고 있었다. 낙스는 일단 디에프로 돌아왔다가 다시 제네바로 돌아왔지만 때마침 영국에서 신앙의 자유를 찾아 독일 프랑크푸르트(Frankfurt am Main)에 약 800명의 피난민이 도착했다는 소식을 듣고 그곳을 방문하였다. 그런데 그들은 낙스에게 설교자로서 봉사해줄 것을 간청함으로써 수락하였지만 스트라스부르그에서 온 영국 교회의 주교 리챠드 콕스(Richard Cox)가 옴으로 교회는 양분되어 낙스는 다시금 제네바로 돌아올 수밖에 없었다. 이때 프랑크푸르트에 있던 영국 피난민 신도 약 200명이 낙스를 따라 제네바로 이주하여 왔다. 낙스가 프랑크푸르트를 떠나게 되었던 가장 중요한 원인은 기도서(*Book of Common Prayer*)를 사용하는데 있어서 콕스와 그를 지지했던 무리는 제1기도서를 사용할 것을 주장했던 것에 반해서 낙스와 그를 지지했던 무리는 제2기도서를 사용하기를 원했기 때문이다.[8]

낙스가 일찍 언급했던 것처럼 "이 세상에서 가장 완전한 그리스도의 학교"인 제네바에서 낙스는 영국 피난민 교인들을 위한 목회자가 되었다. 예배를 드리는 건물은 칼빈이 시무하고 있던 St. Peter 교회 옆에 붙어 있는 부속건물이었다. 이때야말로 칼빈과 낙스가 개인적으로 밀접하게 접촉할 수 있었던 절호의 시기였다. 그는 칼빈이 작성한 예배모범서(*Forme des Prieres*)에 의거하여 *The Form of Prayer and*

---

7) R. Kyle, *The Mind of John Knox* (Kans : Coroado Press, 1984), p. 250ff.
8) W. S. Reid, "The Division of the Marian Exiles," *Canadian Journal of History*, 3. (1968), p. 21ff.

*Ministration of the Sacrament*를 작성하여 예배모범서로 사용하였다.

그리하여 1555년부터 1558년 영국 교인들이 본국으로 돌아갈 때까
지 칼빈과 낙스는 밀접하고도 두터운 친분관계를 수립하였던 것이다.
칼빈은 영적으로 물질적으로 낙스의 후견자 역할을 하였다. 그러나 우
리가 유의해야 할 것은 칼빈과 낙스가 매사에 있어서 의견을 같이하지
않았다는 것이다. 그 한 예로서 낙스가 제네바에 체류하고 있을 때 작
은 팸플릿을 간행하였다. 그것은 약 일 년 전 디에프에 체류하고 있을
때 집필했던 것을 1558년 제네바에서 출판한 것이었다. 제목은 「여인
들과 奇怪(기괴)한 통치에 반대하는 첫 째번 나팔 소리」(*The First
Blast of the Trumpet against the Monstrous Regiment of Women*)로 되
어 있었다.

이 팸플릿은 영국 여왕 메리(Mary of Tudor)의 불의한 통치에 분노
를 느낀 나머지 과연 여자로서 그와 같은 최고통치권력의 자리에 앉아
통치할 수 있는가에 대하여 반문을 제기하는 내용으로 되어 있었다.
이 글에서 낙스는 칼빈의 여성관에 입각하여 연역적 논리를 비판하였
다. 그러나 칼빈의 이름을 들먹임으로써 그에게 위험의 부담을 주는
것을 원치 않았었다.

그런데 칼빈은 훗날 이 글에 담겨 있는 모든 지식의 근원을 부정하
였다.[9] 1558년 엘리자베스 여왕의 즉위로 제네바에 체류하고 있던 모
든 피난민들은 귀국하였고 낙스도 그 이듬해에 스코틀랜드로 돌아가
게 되었다. 그는 조국에 돌아가서도 1564년 칼빈이 죽을 때까지 서신
교환을 지속하였고 그가 죽은 후 그의 후계자인 베자(Beza) 하고도
1572년 낙스가 죽을 때까지 상호 간에 서신교환을 계속하였다.

---

9) John Knox 전집 4권, p. 357ff.

2. 칼빈과 낙스의 상이한 상황

칼빈과 낙스 두 사람 사이의 관계를 비롯하여 스코틀랜드 종교개혁
과의 관계를 규명할 대 두 사람의 성격과 배경을 이해하여야 할 것은
말한 필요가 없지만 두 사람을 보다 밀접하게 만들었던 것은 당시의
정치적 상황이었다고 생각할 수 있다.

우선 두 사람을 이해하는데 있어서 언제나 필요한 것은 두 사람 모
두가 강한 신념의 소유자였다는 것이다. 어떤 문제에 대해서는 명백하
게 견해를 같이하였고 또 어떤 다른 문제에 대해서는 심한 견해의 차
이를 표시하기도 하였다. 그것은 주로 개성의 차이에 기인하는 경우가
많았다.

그러면 칼빈과 낙스의 유사점과 차이점은 무엇인가. 우선 두 사람의
유사성부터 지적해 보기로 하자.

첫째 두 사람은 대학에서 법학을 공부했다는 것, 즉 칼빈은 그의 아
버지가 노용의 주교(the Bishop oh Noyon)와 어떤 문제로 다툼이 있고
난 후 아버지의 강한 권유에 따라 파리를 떠나 오르레앙(Orleans)으로
가서 피에르 드 에스토와이에(Pierre de I' Estoile)밑에서 법학을 연구
하였고 또한 얼마 동안은 브르케(Bourges)에 가서 인문주의자요 법학
자인 앙드레 알크(André Alcait)밑에서도 법학을 공부하였다. 그리하
여 칼빈은 당대에 있어서 법학도로서의 사고력을 키울 수가 있었다.
한편, 낙스는 로마교회의 공증인으로 활동하였다. 그러므로 낙스의 전
공은 시민법이 아니라 교회법이었다. 이 점에서 두 사람은 세상을 바
라보는데 있어서 각각 시각을 달리하고 있었다고 생각할 수 있다.[10]

10) P. H. Brown, *John Knox* (London, 1895), vol I, pp. 58~61, 홍치모, 「종교개혁사」,
   (성광문화사, 1979). pp. 131~146.

이와 같은 시각의 차이는 여러 면에서 나타난다. 한 가지 예를 들면 칼빈은 인문주의자로서 파리에서 수학하였으므로 그의 법 해석이 철학적으로 흐르는 경향이 있었다. 물론 칼빈은 1540년대 제네바의 법개정위원회에서의 활동은 매우 실제적인 활동을 보여주기는 했지만 그의 궁극적 관심은 법률의 체계화와 이론적 이해에 보다 많은 관심을 가지고 있었다. 칼빈은 이와 같은 관심은 세네카(Seneca)의 「관용론」(De Clementia)의 주석에서 잘 표시하였다.[11]

이와는 반대로 낙스는 르네상스 시대의 인문주의적 교육을 받은 일도 없거니와 그 시대의 사조에 영향을 받은 일을 전혀 보이지 않는다.

이와 같은 교육의 차이야말로 낙스로 하여금 칼빈의 냉철한 철학적 사고를 넘어서서 정치적 급진주의를 선택하도록 유도했던 것이 아닐까. 칼빈은 전형적인 프랑스의 교양인으로서 사랑의 질서를 추구하는 중용의 도를 지향했다고 할 것 같으면, 낙스는 매우 감정적인 인간으로서 그의 격정성을 엿볼 수 있다. 그러므로 낙스는 어떤 상황에 처하든지 간에 그의 조건반사적 행동은 그의 두뇌에서 나왔다기 보다는 심정에서 표출되었다고 보아야 할 것이다. 물론 낙스도 사고하지 않았던 것은 아니나, 그의 감정적 요소가 언제나 그의 행동을 좌우하였다. 이 것이야말로 낙스가 반항적이며 급진적이었다는 가장 근본적인 이유가 될 것이다.

이와 같은 두 사람의 상이한 기질은 두 사람이 개혁운동을 추진시키는 과정에서도 여실히 드러났다.

칼빈이 1536년 스트라스부르그(Strasbourg)로 가는 도중 제네바에 들렸을 때 이미 그 도시에서는 파렐(Guillaume Farel)에 의해서 개혁이

11) *Calvins Commentary on Seneca's de Dementia*(ed. F. L. Battles und A. M. Hugo ; Leiden : E. J. Brill, 1969) 서론을 참조

진행되고 있었다. 그런데 파렐 자신은 단체를 조직하는 사람으로서는 부족한 존재라는 것을 알고 있었으므로 칼빈이 제네바에 도착하자 즉시 젊은 법학도에게 달려가 자존심을 버리고 솔직하게 개혁운동의 도움을 요청하였던 것이다. 칼빈은 그것이 어려운 일인 줄 알고 사양했지만 파렐의 간청이 하도 강해서 수락하고 말았다. 이후 칼빈은 제네바에 체류하면서 개혁운동을 단체운동으로 이끌 수 있는 필요한 조직과 기구를 창설하는데 이바지하게 되었다.[12]

낙스가 부딪혔던 역사적 현실은 칼빈이 직면했던 상황과는 판이하였다. 본래 스코틀랜드의 종교개혁은 지하운동으로서 출발하였다. 즉 귀족의 저택에서 비밀리에 모이는 사교회로 시작했거나 그렇지 않으면 작은 邑(읍)에 있는 한적한 집에 모여 예배를 드리는 데서 운동이 전개되었다. 그러므로 낙스가 해야 할 일은 이들 지하에 숨어 있는 개혁세력들을 결집해 지상으로 끌어올림으로써 개혁의 깃발을 높이 들도록 하는데 있었다. 이와 같은 작업이야말로 그가 성 앤드류 성에서 체포되기 직전에 해야 할 일이었다. 그리고 낙스는 어디를 가든지 스코틀랜드인을 만나면 개혁의 필요성을 주장했고, 자기와 뜻을 같이하는 귀족들에게 용기와 결단을 촉구하는 고무적인 서신을 발송하곤 하였다. 이와 같은 과업을 수행하는데서는 칼빈과 같이 냉랭하고 합리적의견을 제출하는 것만으로는 부족했던 것이다. 당시 스코틀랜드에 주재하고 있던 영국대사의 말을 빌릴 것 같으면 "500명의 나팔수가 끊임없이 우리들의 귓가에 나팔을 불어대는 것보다 낙스는 더 많은 용기를 북돋아 줄 수 있었다."[13] 이것은 낙스가 당면했던 당시의 정치적 상황이 칼빈이 거주하고 있던 제네바의 상황과 판이하였다는 것을 웅변적

---

12) E. W. Monter, *Calvin's Geneva* (New York : John Wiley, 1967)
13) *Calender of State Papers, Scottish* (Edinburg, 1898), I, 551.

으로 입증해 주는 것이다. 칼빈은 비교적 작은 도시에서 개혁운동을
조직화시키고 단체화시키면 그만이었지만 낙스의 경우는 달랐다. 그
는 스코틀랜드라는 전 국민과 국가를 상대로 개혁운동을 추진시켜야
하는 거창한 과업을 걸머지고 불과 12인의 개혁신앙의 동지들과 개혁
을 수행해야만 했었으므로 인문주의자의 합리적 사고 이상의 그 무엇
이 필요하였던 것이다.

낙스가 추진해야 할 개혁운동은 도시가 아니라 국가였다. 그러므로
낙스는 스코틀랜드에 돌아오기 직전 프랑스에서 진행되고 있던 개혁
운동을 유심히 눈여겨보았다는 것을 상기할 필요가 있다. 프랑스의 위
그노파의 개혁운동은 비록 실패로 끝나기는 했지만 적어도 그들이 추
진하고 있던 초기의 개혁운동은 그 규모가 국가적인 것이었다.

낙스는 디에프에서 활동하면서 La Rochelle시를 방문하여 설교한
일이 있었다. 의심할 것 없이 그는 쁘아티에(Poitiers)를 방문하여 개혁
교회 목사들이 최초로 회집했던 대회(Synod)에 참관하였고, 그가 스코
틀랜드를 향해 떠난 지 3주 만에 채택된 최초의 프랑스 개혁교회의 치
리 서의 원고를 세밀하게 정독했었다는 것을 간과할 수 없다.[14]

위에서 언급한 모든 사실을 염두에 둠으로써 우리는 칼빈의 신학사
상과 개혁사상이 어떻게 스코틀랜드의 종교개혁운동에 영향을 주었는
가를 파악할 수 있을 것이다.

3. 칼빈과 낙스의 신학사상

칼빈과 낙스의 신학사상을 비교함에서 우선 두 사람의 성경관을 고

---

14) W. S. Reid, *Trumperter of God* (New York, 1974), p. 145. 153, 192.

찰할 때, 두 사람 모두가 성경을 기독교 신학의 바탕으로 삼고 있었다
는 점에서 이의가 있을 수 없다. 칼빈은 그의 신학적 사고의 출발점을
성경 그 자체에 설정하고 신학의 이론을 전개하였다. 칼빈의 「기독교
강요」 제1장에서 성경은 하나님의 영감 된 말씀으로 전제하고 있다.
하나님의 말씀 안에서 또한 그 말씀을 통해서 하나님은 이스라엘 민족
에게 자신을 계시하셨다. 그리고 신약시대에 이르러서는 신·구약 성
경을 통해서 그의 백성에게 말씀하셨다. 그런데 칼빈은 하나님이 그의
백성에게 말씀하신 것을 정적으로 인식하지 않았으며 오히려 하나님
은 역사를 통해서 그의 구속의 목적을 수행하기 위하여 점진적으로 계
시하신 것으로 파악하였다. 이 점에 있어서 칼빈은 기회 있을 때마다
수차 지적한 바와 같이 구약성경에 기록되어 있는 정치제도나 경제제
도를 그대로 16세기에도 적용시킬 수 있다고 생각하지 않았다. 성경
은 선지자들과 사도들을 통해서 교회에 직접적으로 생명을 부여하고
자 주신 하나님의 궁극적인 안내서로 믿었다. 하나님의 백성은 하나님
의 뜻을 파악하기 위해서는 성령의 조명을 받아 영맥이 열려야만 가능
하다.[15]

　반면에 낙스는 원칙적인 면에서 칼빈과 다를 바가 없으나 기독교인
이 선호해야 할 정치적 행동과 정치조직에 관해서 지도원리로 받아야
할 규범을 언제나 구약성경에서 찾곤 했다는 것이 칼빈과 다르다.[16] 낙
스의 성경관은 이 점에서 약간 정적이었다고 할 수 있다.

　칼빈은 신·구약 성경을 언제나 다이나믹하게 이해하려고 노력한 신
학자였다. 만일 우리가 구태여 낙스의 정치사상을 칼빈의 「기독교 강

15) V. E. d'Assonville, *John Knox and the Institute of Calvin* (Durban Drankenberg, 1968), p. 66.
16) 열왕기상 10장 1절 이하.

요」 제4권과 비교해 본다면 두 사람의 접근방법이 다르다는 것을 감지하게 될 것이다. 즉 여자의 국가통치가 타당한 것인가 혹은 부당한 것인가에 대해서, 낙스는 전적으로 구약성경에만 의존하였다면, 칼빈과 불링거(Bullinger)는 매우 신중하게 생각하고 있었다. 그 이유로서 구약성경에도 스바 여왕이 있었기 때문이었다.

다음 죄악의 문제에 대한 두 사람의 견해를 고찰한다면 다음과 같은 이해의 차이를 발견하게 된다. 우선 원죄에 관해서 두 사람의 견해는 일치한다. 죄는 인간을 전적으로 타락시키고 또한 부패시켰기 때문에 인간 스스로 자력으로 복음을 듣거나 믿을 수 없다. 그러나 칼빈은 인간이 죄로 말미암아 타락했음에도 불구하고 하나님의 은혜로 하나님의 형상(Image of God)의 일부가 아직 인간에게 남아 있어서 그것이 창조적 기능으로 작용함으로써 국가를 건설하고 정부를 조직하며 아름다운 예술을 창조한다. 그리고 인간은 이 세상에서 질서를 유지하면서 살아갈 수 있도록 공의를 구현시키고 있다. 그러므로 비록 인간이 타락하였다고 하더라도 그 기능만은 마비되지 않은 채 남아서 발휘하고 있다고 칼빈은 주장하였다.[17]

반면에 낙스는 칼빈과 같은 견해를 선명하게 표시한 적이 없다. 다시 말해서 낙스는 자연은총 영역에서, 택함을 받고 구원을 얻은 사람이나 구원을 얻지 못한 사람들이 똑같이 누리는 문화생활에 대해서 칼빈과 같은 인식에 도달치 못하였다는 것을 짐작하게 된다. 그러므로 낙스는 신학자로 보는 것보다는 정치가요 혁명가로 보아야 한다는 주장이 나오게 된다.

---

17) L. Nixson , *John Calvin's Teaching on Human Reason* (New York : Exposition, 1960), p. 53ff. Kyle, The Mind of John Knox, p. 20ff.

이어서 예정설에 있어서도 두 사람은 약간 뉘앙스를 달리하고 있다. 칼빈은 하나님이 죄인을 구원하고자 선택함에 있어서, 그의 선택에 배후에 놓여있는 궁극적 동기나 목적이 어디에 있는지를 잘라 말하려고 하지 않았지만 낙스는 단순하게 그것은 전적으로 하나님의 의지의 문제라고 단정적인 결론을 내리고 말았다. 이 점에서 낙스는 칼빈보다 훨씬 급진적인 태도를 취하고 있었다.[18]

칼빈이나 낙스에 있어서 신학 중심과제는 구원의 산실에 관한 것이었다. 여기서 다시금 우리는 두 사람 사이의 약간의 차이점을 발견하게 된다. 칼빈은 그리스도의 속죄 사역에 큰 비중을 두고 강조한다. 그리스도는 자기 백성을 위해서 죗 값을 치렀고, 그들의 효과 있는 부르심을 위해서 성령의 사역을 통하여 오류 없이 신앙을 부여하였다. 낙스는 이 사실을 칼빈과 마찬가지로 마음속에서 우러나오는 찬성을 표명하였다. 그러나 낙스는 칼빈보다 한층 더 인간의 신앙을 강조하였다.[19] 낙스는 신학자나 학자적 입장에서가 아니라 오히려 전도자로서 입장에서 말을 했고 글을 썼다. 아마도 이 점에서 우리는 칼빈과 낙스와의 기본적인 차이점을 더욱 확인할 수 있을 것이다.

다음은 교회관에 대해서 두 사람의 견해를 비교해 보기로 하자. 칼빈은 교회를 구속받은 죄인들이 하나님의 백성으로서 이 세상에서 하나님을 경배하고 이웃을 섬기고자 형성된 공동체로 보았다. 참된 교회는 하나님의 말씀을 신실하게 전파하고 성례전을 거룩하게 집행하는 것을 가장 중요한 사명으로 삼고 있다. 낙스는 이와 같은 관점 외에 영적훈련의 철저한 시행을 강조했다. 낙스는 이 주장을 프랑스 개혁교회

---

18) Kyle, Ibid., p. 102ff. D'Assonville, *Knox and the Institute of John Calvin*, p. 47ff.
19) Knox, 전집 제3권, p. 433ff.

의 강령을 모델로 삼았다. 즉 1557년 쁘아티에(Poitiers)의 대회에서 작성한 교회의 치리 강령이다.[20]

낙스가 이와 같이 신자들의 교회 공동체 생활의 철저함을 기하려고 했던 것은 당시 윤리·도덕적으로 황폐한 스코틀랜드라는 국가를 상대로 개혁을 추진하고 있었기 때문이었다. 이 일을 수행하기 위해서는 무엇보다도 강력한 법적 뒷받침이 필요했던 것이다. 낙스는 그의 주장을 펼 때마다 성경을 자주 인용하였다. 그는 신약성경 보다는 구약성경을 더욱 많이 인용했다는 것이 특징이라고 할 수 있다.

다음은 교회관에 관한 문제로서 제기된 것은 교회와 국가와의 관계였다. 이 문제에서 낙스는 근본적으로 교회와 국가라는 기관은 하나님이 세우신 독립된 기관으로 보았다. 여기서 낙스는 계약관계를 직접적으로 언급하지는 않았으나 다만 통치자와 피통치자 사이에 계약관계가 성립되어야 할 것과 교회와 국가는 모두 하나님 앞에서 각 기관에 주어진 임무를 책임을 지고 수행해야 할 것을 역설하였다. 교회가 성실하게 복음을 전해야 할 책임이 있다면 정부는 국민에게 정의와 평등을 실현해야 할 의무와 책임을 지고 있다는 것은 재언할 필요가 없다.

국가와 교회와의 관계에 대한 낙스의 기본적인 견해는 구약성경에 입각한 계약국가의 개념이다. 영국과 스코틀랜드가 종교개혁을 받아들였으므로 양국은 이스라엘과 유사한 계약국가의 입장에 서게 되었다. 여기서 낙스는 이중계약사상을 표명하였다.

첫째는 통치자와 국민 사이에 맺어지는 계약이고, 둘째는 통치자를 포함하여 백성과 하나님 사이에 맺어지는 계약관계이다. 그르므로 국가의 통치자는 백성과 더불어 개혁교회가 이룩한 진정한 종교의 성립

---

20) W. S. Reid, "French Influence on the First Scots Confession and Book of Discipline", *Westminster Theological Journal*, vol 35 (1972).

을 시인하고 교회의 발전을 위해서 전적으로 협력해야 한다. 이 문제에 대해서 칼빈은 구체적으로 언급한 것이 없었다. 만약 낙스의 논리를 그대로 전개한다면 장로교회는 스코틀랜드에 있어서 마땅히 국교가 되어야 한다는 결론에 도달하게 된다.[21]

끝으로 저항권문제에 대해서 두 사람 사이의 견해를 고찰해 보기로 하자. 칼빈은 불의한 통치자에 대해서 국민들이 무력으로 저항하는 것을 반대했다. 어떤 특수한 경우에서 불가피하게 불의한 통치자에 대하여 저항적 행동을 한다고 하더라도 다만 하급관리들만이 시민을 탄압하는 불경건한 군주에 대해서 저항하도록 백성에게 호소할 수 있다고 하였다.[22] 낙스는 처음에 칼빈의 의견에 동의하고 있었다. 그러나 메리(Mary of Tudor)가 영국 여왕으로 즉위한 후 곧 신교도들에 대한 무자비한 탄압을 시작하자 낙스의 마음은 변하기 시작하였다. 그는 간신히 런던을 탈출하여 프랑스의 디에프에 도착하자 과격한 어조로 글을 썼다. 그는 영국에 살고 있는 믿음의 형제들에게 여왕이 통치하고 있는 정부를 전복시켜도 무방하다는 것을 암시했다. 참된 종교를 탄압하는 것은 곧 적 그리스도의 행동이기 때문이다.

낙스의 주장은 독일 농민 전쟁의 지도자 토마스 뮌쩌(Thomas Müntzer)의 주장과는 근본적으로 다르다. 즉 낙스는 정치경험이 없고 성공할 가망성이 없는 민중에게 혁명을 외치지는 아니했다. 다만, 낙스는 승리를 획득할 수 있는 능력을 갖추고 있는 계급에 의한 조직적인 무력봉기를 기대하였다. 처음에는 귀족계급에 기대했고 다음은 하층 귀족들이 중심이 되어 형성한 The Lords of Congregation(귀족동

---

21) W. S. Reid, *Trumpeter of God* (New York, 1974), p. 110, 171, 234, 251, 255. Knox, 전집 4권, p. 461ff.
22) Calvin, *Opera Omina*, 4, 20, 30.

맹)에게 개혁운동의 주체가 되어 주기를 기대했다. 이 단체는 조직화
된 정당이나 다를 바 없었다. 이 단체가 주축이 되어 스코틀랜드의 종
교전쟁이 수행되었다. 스코틀랜드의 섭정 Mary of Guise(Mary of
Scot의 어머니)의 정권은 바로 귀족동맹에 의해서 무너진 것이다.

그 후 낙스는 Mary of Scot가 구금당했을 때 그녀의 남편 Henry
Darnley를 살해한 장본인으로 간주하여 귀족들에게 여왕을 처형하라
고 할 정도였다. 만약 칼빈이 그와 같은 상황 속에 처해 있었다고 가정
할 때 낙스와 같은 극단적인 의견을 표명했었을지 의문스럽다. 여기서
우리는 낙스의 급진적 성격을 발견하게 된다.[23]

이상과 같이 칼빈과 낙스와의 신학적 견해를 비교해 볼 때 두 사람
이 의견을 같이했건 안 했건 간에 낙스는 일반적으로 칼빈의 견해를
따랐다고 볼 수 있다. 다만, 실제문제에서 낙스는 칼빈보다 급진적인
태도를 보여주었다는 것을 부인할 수 없다. 그 이유는 세 가지 면에서
찾을 수 있을 것이다.

첫째, 낙스의 개성이 칼빈보다 좀 더 강했다는 것, 둘째는, 낙스의
강한 소명의식에 기인한다고 볼 수 있다. 그는 언제나 자신을 하나님
의 나팔수로 자처하고 있었다. 셋째로는 낙스가 처해있던 스코틀랜드
의 특수한 정치적 상황이 낙스로 하여금 과감하게 종교혁명전쟁도 불
사한다는 쪽으로 몰고 갔다고 생각할 수 있다. 그러나 여기서 유의해
야 할 것은 낙스의 그와 같은 급진적 견해가 하루아침에 탄생한 것이
아니라는 것이다. 그것은 오랫동안 고민하면서 심사숙고한 끝에 도달
한 신념이었다고 할 수 있다.

---

23) C. P. Finlayson, "A Volume Associated with John Knox," *Scottish Historical
Review,* vol. 38(1959), p. 170ff.

4. 맺는말

낙스가 제네바에 체류하고 있을 때 그는 언제나 제네바를 그리스도의 가장 완전한 학교(The Most Perfect School of Christ)로 생각하고 있었다. 그러므로 언젠가 자기도 스코틀랜드에 돌아가면 한 도시에 국한시켜 개혁을 추진할 것이 아니라 스코틀랜드라는 전 국가를 제네바와 같이 그리스도의 학교로 만들겠다고 다짐하였다.

그는 그가 집필한 스코틀랜드 종교개혁사 제4권의 서문에서 즐거운 마음으로 기술하기를, 스코틀랜드인들은 최상의 개혁교회를 가졌다고 하였다.[24] 낙스와 그의 후계자들은 생각하기를 자기들이야말로 다른 어느 개혁가가 성취한 것 이상으로 완전하게 개혁을 수행했다고 자부하였다.

이와 같은 확고한 신념을 지니게 된 이유는 그들이 계약(언약)의 백성에게 개혁신앙을 심어줌으로써 밑거름이 되었다고 확신했기 때문이었다. 한 걸음 더 나아가서 낙스는 주장하기를 계약의 백성으로서 그들은 자유롭게 계약 공동체를 형성할 권리가 주어져 있으며 그 공동체 안에서 말씀을 선포하여 합당한 신앙의 훈련과 처리를 시행할 수 있게 되었다고 하였다. 이와 같은 확신은 훗날 낙스의 후계자들로 하여금 신앙의 자유가 위협을 받을 때마다 과감하게 궐기하여 왕들과 섭정들을 향해서 의로운 투쟁을 벌이도록 용기를 주었다. 이 계약사상은 교외에만 국한해서 적용했던 것이 아니고 국가에 까지도 적용시켰다. 하나님의 언약하에 있는 국가의 통치자도 하나님에게 복종할 의무가 있으며, 궁극적으로 교회의 머리가 되실 뿐만 아니라 국가의 머리도 되

---

24) Knox, *History of the Reformation in Scotland,* ed., W. C. Dickinson (Edinburgh, 1949), Book 4.

시는 예수 그리스도는 언제나 국왕과 백성의 심판자로서 군림하고 있다는 것이 낙스의 주권사상이었다. 낙스는 이 주장을 기회가 있을 때마다 계속하였다. 낙스는 궁중에서 뻔뻔스럽게 미사를 드린 메리 여왕에게 정면으로 대들어 그녀를 울리게 하였고, 낙스의 후계자인 앤드류 멜빌(Andrew Melville)은 제임스 6세를 알현하는 자리에서 교회를 농락하고 있던 국왕을 향해서 "너 어리석은 하나님의 종이여!"라고 소리를 지르기도 하였다.[25]

이와 같은 저항정신은 17세기까지 이어져서 스코틀랜드 교회의 자유와 독립을 유지하는데 하나의 이데올로기로 작용하였다. 1707년 스코틀랜드와 영국이 합병했던 당시 영국정부는 교회체제의 일치를 시도해 보았으나 목숨을 내걸고 저항했던 스코틀랜드 장로교회를 당해낼 수가 없었다. 스코틀랜드 교회는 신학적으로, 교회적으로 칼빈의 영향을 받았다는 것을 부인할 사람은 없을 것이다. 그럼에도 불구하고 제네바의 칼빈주의 사상은 스코틀랜드에 들어와서는 스코틀랜드의 토양 위에 심어져서 새롭게 〈Scottish Coenanting Calvinism〉으로 발전하게 되었다. 그것은 본래의 칼빈주의 보다는 급진적이었다.

그러나 그것은 지적으로 사회적으로 스코틀랜드의 정신적, 자연적 풍토에 잘 적응함으로써 오늘의 스코틀랜드 교회를 성장 · 발전시키는 이데올로기가 되었던 것이다.

---

25) James Melville, *Autobiography and Diary,* (ed. R. Pitcaim ; Edinburgh, 1842), p. 270.

제 9 장

낙스의 개혁사상과 여성통치

시작하는 말

존 낙스(John Knox)는 스코틀랜드의 정치와 종교의 자유를 위해 투쟁한 종교 개혁가이다. 개혁(reform)이라는 용어는 일반적으로 잘못된 것을 교정하며, 이전의 바른 상태로 회복하거나, 더 나은 상태로 변화하는 것을 의미한다. 낙스에게 개혁은 하나님이 구약의 이스라엘에 명한 것과 같이, 스코틀랜드 교회의 순수한 예배를 회복하고, 로마카톨릭의 종교적 남용을 견제하는 것이었다.

낙스의 개혁사상에 대한 학자들의 견해는 크게 두 가지 부류로 구별된다. 첫째는 낙스의 기본적인 관심이 종교개혁에 있으므로 그의 정치사상은 종교적인 관심에서 발전된 것이라는 입장이고, 둘째는 낙스의 개혁사상의 종교적인 면이 아닌, 정치적인 성격을 강조하는 입장이다. 그러나 필자는 기본적으로 낙스의 사상을 정치적 혹은 종교적으로 구별하여 분리시키는 것은 바람직하지 않다고 본다. 왜냐하면 낙스의 종교개혁은 유럽과 스코틀랜드의 종교적이며 정치적인 두 측면 모두와 연관되어 있기 때문이다.

　이 글을 통해 필자는 학자들의 논쟁인 낙스의 사상의 성격이 종교적이냐 정치적이냐 하는 점을 검토하는 것이 아니라, 낙스의 구약에 기초한 계약사상과 저항사상을 중심으로 그의 개혁사상의 성격을 살펴보고자 한다. 아울러 최근 학자들의 관심이 여성문제에 관심이 고조되고 있는 점을 염두에 두고, 낙스의 여성통치에 대한 견해를 검토하며, 마지막으로 낙스의 개혁 사상의 급진적인 성격과 그 의의를 논하면서 결론에 대신하고자 한다.

I. 낙스의 계약사상

　낙스의 계약사상을 논하기에 앞서 먼저 국가에 대한 그의 기본 입장을 살펴보고자 한다. 낙스에 의하면, 국가는 백성들에게 행복과 덕을 조장하는 선한 국가가 되어야 한다고 주장하면서, 인간 사회의 질서와 정의로운 삶을 강조하였다. 낙스는 국가의 의무와 기능을 네 가지 면에서 설명하였다.

　1. 국가는 진실한 신앙을 지지하고 우상과 무신론을 배격해야 한다.
　2. 국가는 교회가 부패하여 잘못된 판단을 할 경우 이를 시정할 수 있는 고등 법원으로의 역할을 담당해야 한다.
　3. 국가는 세금(tithes)을 징수하여 교회에 적절하게 분배해야 한다.
　4. 국가는 하나님과 법에 위배되는 악을 벌해야 한다. 결국 국가는 개신교가 발전하는 여건을 조장하고 유지해야 한다.

이처럼 낙스에게 국가는 그의 개혁을 성취하는 데 중요한 수단이었
으며, 무질서한 인간 사회에 하나님의 권위를 드러내는 하나의 조직체
였다. 낙스의 국가관에서 가장 중요한 점은 권위의 문제이다. 낙스에
의하면 모든 권위가 하나님으로부터 부여되었으므로, 정치 권력이 절
대화 될 수 없다고 하였다. 낙스는 통치자의 절대권력을 인정하는 어
떠한 정부도 반대하고 있다. 그의 정치적 이상은 통치자든 백성이든
하나님의 절대 권위를 인정하는 국가에 있었다. 낙스는 이 정치권위를
계약의 관점에서 보았다. 통치자나 백성이 하나님의 절대 권위를 인정
하든 안 하든지 간에, 이들 모두는 하나님과 계약 관계에 있다고 하는
것이 그의 계약사상의 기초이다. 통치자들은 백성의 복리와 하나님의
영광을 위해 통치하며, 백성은 자신들의 복지와 하나님의 영광을 위해
통치자들에게 복종하는 계약 관계에 있다는 것이다. 낙스는 계약사상
에 기초하여 국가의 구성원인 통치자와 백성 모두는 하나님과의 계약
관계에 있으며, 이들 모두는 하나님과의 계약을 지켜야 한다고 주장하
였다. 즉 낙스가 볼 때 바른 국가는 하나님과 통치자와 백성 상호 간의
계약을 지키는 국가였다.

낙스는 통치자와 백성 그리고 하나님과의 관계를 계약관계로 구분
하였다. 낙스의 개혁사상의 기반인 이러한 계약의 개념은 그의 저서에
잘 나타나고 있다. 「잉글랜드인에게 보내는 신실한 훈계」(*A Faithful
Admonition to the Professors of God's Truth in England*, 1554)에서
낙스는 왕과 백성 간의 계약을 언급하면서, 잉글랜드의 메리 튜더
(Mary Tudor, 1553-58)가 나라의 법을 어기고 스페인 사람과 결혼을
함으로 잉글랜드 백성과의 계약을 어겼다고 하였다. 그의 「귀족과 지
주들에 대한 호소문」(*The Appellation to the Nobility and Estates*,
1558)에서도, 낙스는 스코틀랜드의 통치자와 백성 간의 계약을 언급하

였다. 여기서 낙스는 종교개혁이나 우상에 대한 심판이 귀족이나 관리의 책임인 근거를 계약관계를 통해 밝혔다. 열왕기하 23장에 보면, 왕과 하나님 혹은 관리나 귀족과 하나님과의 계약을 볼 수 있는데, 여기에서 우리는 개혁을 위한 요시야 (Josiah)의 계약을 알 수 있다. 뿐만 아니라 낙스는 「스코틀랜드의 백성들에게 보내는 서신」 (Letter to the Commonalty of Scotland, 1558)을 통해 낙스는 하나님과 백성간의 계약에 근거하여, 그리스도가 중심인 바른 교회를 위한 백성들의 책임과 사명을 논하였다. 여기에서 우리는 어떻게 낙스의 계약사상이 저항사상으로 발전하는지를 알 수 있다. 즉 낙스는 만약 통치자가 계약관계를 무시하고, 종교적인 박해나 전제적인 정치를 하면 백성들은 종교의 자유를 위해 통치자에게 복종할 필요가 없다고 하였다. 낙스는 하나님과 그의 백성 간의 계약에 근거하여, 백성들은 하나님의 율법을 순종하며 아울러 우상 숭배자를 처형할 수 있음을 주장하였다.

이러한 낙스의 저항사상은 계약의 책임감에서 비롯되었는데, 낙스의 계약의 의무와 상호 책임에 대한 입장은 그의 저서 「런던과 뉴캐슬, 버윅, 다른 도시에 있는 신실한 크리스천에게 보내는 권면과 경고」 (An Admonition or Warning that the Faithful Christians in London, Newcastle, and Berwick, 1553-54)에 잘 나타나고 있다. 낙스는 개인의 소명감을 강조하면서, 정치, 경제, 사회 종교 등 모든 영역에서 하나님의 영광을 위하여 최선을 다하는 책임이 우리에게 있음을 논하였다. 이것이 칼빈과 낙스의 계약사상의 차이점이다. 즉 낙스의 계약과 칼빈의 계약을 비교할 때, 칼빈은 계약을 그리스도와 관련하여 인간에 대한 하나님의 약속으로 설명하지만, 반면 낙스는 틴데일, 불링거, 후퍼, 그리고 오콜람파디우스와 유사한 인간의 상호 책임과 복종을 요구하는 하나의 조건적인 약속 (계약)으로 다루었다. 이 두 개혁자의 사상을 엄밀하게 구별하는 것은 쉽지 않다. 그러나 이들의 사상에서 어느 면이 더 강조되었느냐를 볼 때, 칼빈은 약속 (은혜)의 측면을, 낙스는 계약의 의무와 책임 (행위)을 더 강조한 것으로 보인다. 그러나 우리가 낙스의 계약을 인간 상호 간의 정치적인 계약개념으로만 이해한다면, 이것은 그의 사상에 대한 오해를 야기한다. 왜냐하면 낙스는 하나님의 법과 계약에 따라 스코틀랜드 종교개혁을 수행하였기 때문이다. 실제로 낙스는 자신의 계약사상을 그의 개혁사상의 기초로 삼고, 이를 카톨릭의 종교적 탄압에 대한 정치적인 저항사상으로 발전시키고 있다.

II. 낙스와 구약성경

무엇보다 낙스는 자신의 개혁을 전개함에 있어서, 하나님 말씀에 절대적인 권위를 두었다. 낙스의 사상에서 가장 중요한 전제는 우상 숭배를 경고하는 신명기 12장 32절이다. 낙스는 세인트 앤드류성에서 행한 설교 (신명기 12장)에서, 바른 하나님의 종교는 우상 숭배가 아니라, 그리스도를 교회의 중심으로 섬겨야 한다고 주장하였다. 그러나 낙스가 볼 때 당시 스코틀랜드 교회는 우상을 섬기며 그리스도가 교회의 중심이 아니었다. 그러므로 낙스는 스코틀랜드의 종교개혁을 위해 우상 숭배를 반대하는 것을 그의 중요한 의무로 여겼다. 낙스에게 우상 숭배란 로마카톨릭교회를 의미하였다. 특히 낙스는 카톨릭 교회의 미사에 큰 반감을 갖고, 「미사가 우상 숭배라는 것에 대한 변명」(A Vindication of the Doctrine that the Sacrifice of Mass is Idolatry, 1550)에서 "우상이란 하나님이 아닌 것을 예배하거나, 하나님 이외의 것들을 믿는 것을 의미한다"고 하였다.

낙스의 개혁사상을 이해함에 있어 그의 성경 해석의 문제는 주목할 만 하다. 낙스는 성경을 해석할 때 주로 문자적인 방법에 의존하였다. 즉 낙스는 잉글랜드와 스코틀랜드의 상황을 이스라엘의 역사적 상황과 동일시하면서, 우상 숭배에 대한 저항을 정당화하려고 했다. 1553년 에드워드 6세 앞에서 행한 설교에서 낙스는 구약의 다윗 (David)-히스기야 (Hezekiah) 시대의 사악한 관리들과, 잉글랜드의 에드워드 시대의 카톨릭 교도들을 비교하면서, 에드워드 시대의 불 경건한 성직자들을 비난하였다. 그는 고대 이스라엘과 잉글랜드, 다윗과 에드워드 6세, 아히도벨 (Ahithophel, 다윗의 모사)과 에드워드의 자문관 존 더들리 (John Dudley), 셉나(Shebna, 히스기야왕의 국고를 맡은 궁내 대신)와 에드워드의 재무관리(Marguess of Winchester)를 비유하였다.

낙스의 성경 해석의 다른 특징은 예언적 성경 해석이다. 그는 자신을 구약의 이사야, 엘리야, 다니엘, 예후, 아모스, 예레미야와 같은 예언자로 보면서 하나님의 대변자로서 역할을 감당하려고 하였다. 낙스는 (예언자로서) 스스로 성령의 조명에 의하여 세속 권력자들을 지도하며, 비판하는 권위를 가졌다고 생각하였다. 이러한 면에 근거하여, 일부의 학자는 "낙스가 이론적으로는 성경 중심의 개혁교리를 주장하였으나, 실제로 자신의 예언자로서의 이미지 때문에 자신도 모르게 성경의 개혁 교리를 상실하였다"고 까지 주장하였다. 그러나 필자는 이것이 낙스의 사상을 단순화하는 역사 해석의 결정론의 오류를 범하는 해석이라고 본다. 왜냐하면 낙스의 예언자로서의 성격은 말씀에 따라 바른 예배를 회복하려는 성경의 절대권위 안에 있는 것이지, 낙스의 예언이 성경에 벗어난 신비주의적인 색채를 띠고 있는 것은 결코 아니기 때문이다.

우리는 낙스의 대표적인 저서 「스코틀랜드 종교개혁사」 (*History of*

the Reformation in Scotland)를 통해, 스코틀랜드의 여왕과 개신교 지도자들의 죄악에 대한 낙스의 예언자적인 성격을 볼 수 있다. 낙스는 이 책을 통해 하나님의 백성들이 우상으로부터 해방되어야 함을 역설하면서, 우상으로부터 벗어나기 위해서는 하나님의 예언자와 백성들은 말씀을 지키는데 필요한 개혁을 수행하여야 한다고 주장하였다. 낙스는 스코틀랜드의 메리 (Mary Queen of Scots, 1542-67)와 메이트란드 (William Maitland)와의 대화에서 하나님, 성경, 민족, 통치자, 백성들의 문제를 논하면서, 하나님의 백성은 통치자의 비성경적인 종교 정책에 저항할 책임과 권위를 갖고 있다고 주장하였고, 또한 (부정한) 여왕이 나라를 통치 할 때 초래할 (심판을) 경고하였다.

낙스는 자신의 개혁사상을 논할 때 구약성경을 많이 인용하였다. 예를 들면 「여성의 부도덕한 정부에 반대한 첫 번째 나팔」(*The First Blast of the Trumpet against the Monstrous Regiment of Women*, 1558)에서 낙스는 구약에서 38번, 신약 (주로 바울 서신)에서 12번 성경을 인용하고 있다. 이외에도 대체로, 낙스는 잉글랜드와 스코틀랜드의 종교적이며 정치적인 탄압에 대한 저항의 정당성을 구약으로부터 이끌어 내고 있다. 그러나 낙스와 성경과의 관계를 논함에 있어서 낙스가 구약에 의존하였다고 하여, 단순히 낙스를 구약의 사람으로 단정하는 것은 바람직하지 못하다. 왜냐하면 낙스에게 가장 중요한 사상적 근거는 구약만이 아닌, 하나님 말씀인 신구약 모두이기 때문이다. 요컨대 우리는 낙스가 자신의 개혁사상을 피력함에 있어 신구약 성경 모두에 근거하고 있으나, 단지 신약보다는 자신의 시대 상황과 부합하는 구약에 의존하고 있음을 이해하고 인정해야 할 것이다.

Ⅲ. 낙스와 여성통치자

이 장에서는 낙스의 여성통치에 대한 입장과 그의 저항사상을 살펴
볼 것이다. 낙스의 저항사상은 계약사상과 당대의 여성 통치자와 관계
있다. 잉글랜드의 메리 여왕이 즉위함에 따라 낙스와 잉글랜드의 개신
교도들은 메리의 종교적 박해로 인해 신앙의 자유를 찾아 유럽으로 갔
다. 유럽에서 망명 생활하는 동안 낙스는 개신교도들을 격려하는 정치
적이며 종교적인 팸플릿을 작성하였는데, 그 내용은 저항의 합법성과
여성 통치권에 대한 것이었다. 낙스의 이러한 입장은 다른 개혁자들과
의 서신 교류를 통해 잘 알 수 있다. 저항의 정당성 문제를 두고 낙스
는 제네바의 칼빈과, 로잔의 비렛(Pierre Viret)과 쯔리히의 불링거
(Heinrich Bullinger)에게 자문을 구하였다. 낙스는 칼빈에게 다음과
같은 정치적인 문제에 대해 질문을 했다.

1. 왕의 아들이 연소하여 왕위를 계승했을 때 합법적인 통치자로
   인정할 수 있는가, 그리고 백성들은 그의 권리를 신성하다고 보
   아서 복종해야 하는가,
2. 여성이 통치자로서 통치 자격이 있는가, 그리고 여성의 통치 권
   리가 남편에게 양도될 수 있는가,
3. 우상 숭배를 요구하는 통치자에게 복종해야 되는가, 그리고 무
   력으로 권력을 획득한 권위에 저항할 수 있는가,
4. 우상 숭배하는 통치자에게 저항하는 신실한 귀족들을 지지할 수
   있는가.

낙스의 질문에 대해 칼빈은, "낙스가 2년 전 여성정부에 대해 나의

의견을 물었다. 분명히 여왕은 일반 여성과는 다른 사람들이며, 과거의 관습이나 동의를 보면 여왕의 세습권이 허용되었다. 그러므로 나는 이 문제가 논의의 여지가 있다고 보지는 않는다"고 하였다. 여성 정부에 대한 칼빈의 이러한 입장은 세실 (William Cecil)에게 보내는 편지 (1559년)에 더 구체적으로 잘 나타난다.

1. 내 견해로는 어린 왕도 정당한 법에 따라 임명되었으면 합법적인 왕으로 간주될 수 있다.... 그러므로 백성들은 그 왕의 법과 칙령에 복종해야 한다. 그리고 왕은 이전의 훌륭한 어떤 통치자들보다도 더 경건하게 나라를 다스려야 한다.
2. 하나님의 법은 성경에서 보여지듯이 여성의 위치를 지배자가 아닌 종속적인 위치로 규정하고 있다. (그러나) 만약 여성이 나라의 법과 관습에 따르고 복종한다면 여왕으로 인정될 수 있으며, 정부의 세습권을 유지하고자 결혼하거나, 여왕의 자문관들에 의해 정부의 통치를 유지함에도 불구하고, 정치적으로 반대입장을 고수한다면, 이는 경건한 사람들에게는 불행한 일이다.... 여왕이 남편에게 정부의 권력을 양도하는 권리에 대하여, 국가의 법과 관습을 잘 아는 사람들은 무엇이 바른지를 안다.
3. 다니엘과 마태복음 10장의 하나님의 분명한 명령, 그리고 사도행전 4장과 5장의 사도들의 실례와 교회사의 수많은 순교자를 통해, 왕과 관리들이 하나님과 그에 대한 경배를 거역할 때 우리는 복종하지 말아야 함을 배웠다. 그러나 우리는 우리의 백성, 생명, 행복이 위험에 처해있음을 드러내야 한다. 주님이 말씀하셨듯이 이러한 권력은 흑암의 권세이며, ... 성경은 관리들을 허용할 뿐만 아니라 이들에게 하나의 정당하고 필요한 권위를 부여하셨다.... 상황에 대한 정확한 지식이 판단에 중요한데, 내가 그러한 정보를 갖고

있지 않으므로 특별한 경우를 단정하기가 어렵다. 그러므로 내가
어떤 권고를 하거나 그 상황에 어떤 결정을 내린다고 하는 것은 어
리석은 일이 될지 모른다.

4. 나는 이 문제에 대한 해답을 경건한 사람들이 판단하기를 바란
다.... 그러나 나는 위선과 부정을 야기하는 모든 요인들이 제거되
기를 바라며, 우리는 하나님께 회개하며 우리를 낮추고 그의 자문
과 도움을 구하기를 원한다. 하나님만이 우리의 유일한 진리의 구
원자시다. 사사기에서 알 수 있듯이 하나님의 교회에 부족한 것은
아무것도 없었다. 우리의 눈을 들어 하나님을 바라보자. 이는 우리
가 구원을 소망하며, 미신과 우상으로부터 벗어나, 말씀에서 계시
하신 것을 행하는 것을 말한다.

칼빈의 정치적인 문제에 대한 소극적인 대답은 낙스가 기대한 것이
아니었다. 칼빈뿐만 아니라 초기 종교 개혁가들의 입장은 정치적인 저
항 문제에 있어 기본적으로 복종론을 따르고 있다. 낙스도 이들의 정
치적인 입장을 수용하여 초기에는 소극적인 저항사상을 피력하고 있
지만, 이후 그의 저항사상이 이들로부터 이탈하여 급진적으로 발전하
고 있음은 분명하다. 칼빈과 낙스의 신학사상이나 정치적인 입장의 차
이들을 바르게 이해하기 위해서는, 이들의 서로 다른 시대적 상황을
이해하는 것이 필요하다. 낙스의 개혁은 칼빈과 달리 시대적 위기감이
고조된 절박한 상황가운데 전개되었다는 점을 염두해 두어야 할 것이
다. 이에 대해 리드 (Stanford Reid)는 칼빈을 교회 개혁의 조직자나 기
여자라고 한다면, 낙스는 스코틀랜드 교회 개혁의 창시자로 볼 수 있
다고 하였다. 이와 더불어 또 하나 간과하지 말아야 할 점은 칼빈의
「기독교 강요」 4권과 낙스의 「첫 번째 나팔」을 비교할 때, 칼빈은 기본

적으로 정치질서의 복종을 강조하지만, 낙스는 시대적으로 긴박한 역사적 현실에서 구약의 계약사상에 근거하여 그의 정치사상을 발전시키며 개혁을 위한 저항사상을 정당화하고 있다는 점이다.

실제로 여성통치와 관련하여 칼빈은 낙스에 비해 우호적이며 온건한 입장을 취하고 있다. 이러한 칼빈의 여성통치에 대한 견해는 프랑스의 문화적 경험의 소산으로 보여진다. 실제로 종교개혁시기에 프랑스의 여성 귀족들은 정치적으로 중요한 역할을 담당하였고, 칼빈 역시 그들의 도움을 필요로 했다. 칼빈은 여성통치가 자연 질서에 위배되지만 종종 하나님의 도움으로 하나님의 축복을 받은 여성 통치자도 있다고 주장하였다. 이때 하나님은 여성을 통해 자신의 영광을 분명히 드러내시고자 여성을 선택하신다고 하였다. 칼빈은 훌다 (Huldah)와 드보라 (Deborah)를 예로 들면서, 하나님이 이사야를 통해 여왕이 교회를 돌보는 어머니가 될 것을 약속한 사실을 언급하였다. 칼빈은 여성의 왕위 계승권을 인정하면서 하나님의 섭리로 세워진 정부는 결코 전복될 수 없다고 하였다. 또한, 칼빈은 만약 통치자가 드보라와 같은 자격을 갖추지 못하더라도 백성들이 저항하는 것을 허용하지 않았다. 불링거도 칼빈과 마찬가지로, "군주가 드보라와 같지 못하고, 전제적이며 경건치 못한 통치자일 경우, 믿음 있는 사람이라면 (무력과 폭력을 일삼다 비극적 종말을 맞은) 아달야의 예를 통해 위로를 얻는다.

그러나 여성통치와 관련하여 낙스의 입장은 칼빈과 달랐다. 낙스에 의하면,

1. 유대와 기독교의 전통에 따라, 타락 이전에도 여성은 남성에게 종속되었다.
2. 여성은 신이 제정한 세계에서 남성에게 종속되며 복종하도록 되

어 있으며, 존재론적인 면에서도 열등하다.

3. 비유적 방법을 도입하며 낙스는 바울 서신에 의존한다. 그의 여
성론에 대한 입장은 디모데전서와 고린도전서 11장과 14장으로
부터 나온다. 낙스는 여성이 교회에서 능력을 인정받지 못하면,
사회에서도 여성의 권위는 부인된다고 하였다.

4. 필립의 딸과 아굴라, 브리스길라를 무시하면서, 낙스는 이스라엘
의 여성 통치자와 예언자들로 드보라와 훌다를 인용하였다. 이
들은 하나님을 두려워하였지만, 아달야와 이사벨처럼 여왕 메리
는 그렇지 못했다.

낙스가 볼 때 당대 여성 통치자인 메리는 드보라와 같은 통치를 할
수 없는 자로 판단되었으며 하나님의 뜻에 반하는 통치자였다. 더욱이
낙스는 성경의 드보라의 예는 특별한 경우에 해당하므로 일반적인 상
황에 적용하는 것은 바람직하지 못하다고 하였다. 또한, 낙스는 드보
라의 경우에는 세상의 정치가 아닌, 하나님의 말씀을 선포하는 예언이
그녀의 가장 중요한 임무라고 보았다. 낙스에 의하면, "이스라엘 (드보
라)의 정부는 오늘날 우리의 부정한 권력과는 달리 권력이 남용되지
않았다. 드보라는 우상 숭배를 비난하며, 사람들의 죄에 대해 회개를
권면하며, 결국 하나님께서 그들을 적으로부터 구원할 것이라고 위로
하였다. 그리고 최고의 관리가 아님에도 불구하고 여성으로서 (드보라
처럼) 일을 한, 유대왕 요시야 시대의 살룸 (Shallum)의 아내인 훌다도
있다. 그녀는 권위나 권력을 왕으로부터 받지는 않았으나, 예언을 말
하고 왕을 위로한 인물이다." 그러나 낙스의 상황은 드보라 시대와는
달랐다. 낙스는 하나님께 여왕의 개종과 종교개혁을 위한 도움을 위해
기도하였지만 나라의 상황은 변화되지 않았다. 메리의 이름을 가진 다

른 3명의 여성통치자 즉, 잉글랜드의 여왕 메리, 스코틀랜드의 여왕 메리, 섭정 메리 (Mary of Guise, 1516-60)는 분명 드보라가 아니었다. 우리는 낙스와 여성 통치자와의 관계를 통해, 낙스에게 "드보라와 같은 정치를 기대하고 기다리는 것"은 허황된 일이었음을 알 수 있다. 낙스는 요시야가 예언자 훌다의 말에 주의를 기울였듯이, 섭정 메리도 낙스의 말을 따를 것을 바랐다. 만약 낙스 시대에 개혁적인 요시야와 같은 왕이 있었다면, 낙스는 저항론에 큰 관심을 두지 않았을지 모른다. 낙스는 섭정 메리에게, "당신 앞에 하나님의 말씀을 놓고 말씀에 따르십시오. 요시야가 예언자의 훈계를 따랐듯이 경외심을 갖고 복종하면, 전쟁시 두 배의 축복이 임할 것이며, 지혜, 부, 영화, 명예의 보상이 있을 것이며, 당신의 통치도 오래갈 것입니다. 그리고 만 왕의 왕인 예수 그리스도가 심판하실 때, 영원한 삶이 보상될 것입니다"라고 하였다. 그러나 섭정 메리는 낙스의 조언을 무시하고 낙스를 처형하고자 하였다.

실제로 당대의 여성 통치자들은 드보라와 같이 하나님의 권위를 드러내지 못했다. 오히려 잉글랜드와 스코틀랜드의 여왕들은 외국사람과 결혼함으로 자국을 우상 (카톨릭)의 지배하에 있게 했으며, 스페인과 프랑스의 국익에 이용되는 비극적인 결과를 초래하였다. 그러므로 통치자가 드보라와 같은 통치를 못하면, 낙스에게 이는 합법적이지 못한 '괴물 같은' (부정한, monstrous) 여왕이 되는 것이었다. 다른 한편 낙스는 하나님이 주신 권위를 상속되는 것으로 보지 않았다. 낙스에 의하면, "나는 드보라가 권력을 찬탈하지 않고, 백성들의 잘못을 나무라고, 회개를 권하면서…. 통치한 인물임을 의심하지 않는다. 백성들이 드보라를 존경하고 신뢰한 것은 그녀의 경건함과 (백성에 대한) 적절한 권고 때문이다. 드보라는 지금 우리의 짐승 (여왕)과 같은 절대

권력은 아니었다. 드보라가 통치한 이후 그녀의 자녀와 인척들이 권력
으로부터 물러나지 않았는가?" 또한 낙스는 슬로브핫 (Zelophehad)의
딸의 예를 들면서 아버지의 재산을 분배하는 것은 성경적으로 문제가
없지만, 권력의 상속은 바람직하지 않다고 하였다. 이처럼 낙스는 잉
글랜드와 스코틀랜드 여왕들의 왕권 양도를 인정하지 않았다. 또한 이
들이 외국의 왕실과 결혼을 했는데 낙스가 볼 때, 이는 이방인들에게
나라를 넘기는 것이며, 백성들의 자유를 저버리고 우상을 숭배하도록
하는 것이었다. 이에 낙스는 "영토와 민족의 양도가 하나님의 공의를
기쁘게 하는 것이냐, 권력의 쟁탈이 하나님 앞에서 정당하냐? 나는 결
코 그렇지 않다고 확신한다."고 단언하였다.

낙스가 통치자들에게 드보라상을 기대한 것은, 통치자들이 하나님
의 권위를 드러내며, 우상을 멀리하는 바른 정치를 위해서 이다. 그러
나 당대 여성 통치자들은 드보라와는 달리 우상을 숭배하는 불경스러
운 통치를 하였기 때문에, 낙스는 그들의 정치에 불신감을 가졌다. 이
것이 낙스에게 저항의 근거가 되었다. 낙스의 정치사상에서 저항의 근
거가 되는 하나님에 대한 '불경' 은 중요한 개념인데, 카메론(James
Cameron)은 여섯 가지 측면에서 불경의 의미를 정의하고 있다.

1. 하나님의 존재를 부인하거나, 무한한 하나님의 능력을 가볍게
   여기는 것.
2. 하나님의 신성 (위엄)을 의심하도록 하는 것.
3. 하나님에 대한 존경과 신앙으로부터 떠나 인간의 허구를 추구
   하는 것.
4. 하나님의 진리와는 상반된 무도한 교리를 완고하게 주장
   하는 것.

5. 우리의 구원에 필요한 하나님의 심판을 불필요한 것으로 여기
   는 것.
6. 하나님과 하나님의 백성들을 박해하는 것.

　분명히 낙스는 당대 여성 통치자의 '우상 숭배'는 하나님의 뜻에 반
하므로, 합법적인 권위로 인정할 수 없다고 하였다. 낙스의 여성의 통
치에 대한 입장을 가장 잘 나타내는 작품은 그의 「첫 번째 나팔」로, 이
저서에서 낙스는 당대의 여성의 통치자들, 즉 프랑스의 캐더린 메디치
(Catherine de Medici of France), 잉글랜드의 메리 튜더, 스코틀랜드
의 섭정 메리를 비판하였다. 이 작품에서 낙스는 부정한 여성의 통치
는 하나님께서 결코 인정하지 않으신다는 입장을 견지했다. 「첫 번째
나팔」에 대한 학자들의 견해는 논쟁적이다. 리들리 (Jasper Ridley)에
의하면 낙스가 개인적으로는 여성에 대해 부정적인 태도를 갖고 있지
않았지만, 대중(잉글랜드 난민)들의 입장을 옹호하고 영합하려는 정치
적인 의도에서 이 팸플릿을 썼다고 하였다. 그러나 이 주장은 설득력
이 없다. 왜냐하면, 낙스가 여성통치를 비난하는 「첫 번째 나팔」을 자
신의 개인적인 이해관계를 고려하여 저술했다면, 오히려 자신에게 닥
칠 정치적 어려움을 예상하여 그 작품을 출판하지 않았을 것이다. 반
면 리드는 리들리의 전제를 부인하면서, 이 팸플릿을 단지 (종교적) 박
해로부터의 해방을 정서적으로 묘사하는 하나의 극적인 카타르시스로
보았다. 다른 한편, 그리브즈 (Richard Greaves)에 의하면 이 「첫 번째
나팔」은 의로운 분개, 개인적 비통감, 원한과 좌절 등이 혼합되어 있는
작품이라고 했다. 무엇보다 우리는 「첫 번째 나팔」을 통해 낙스가 저항
문제를 종교적인 의무와 계약의 책임성의 문제로 다루고 있다는 점과,
저항의 수행자로서 관리들이 그러한 의무를 먼저 행하기를 바라지만,

그렇지 못할 경우는 누구든지 저항을 할 수 있음을 인정했음을 알 수 있다. 이처럼 이 작품은 당대와 이전의 개혁가들과는 달리 정치적인 문제에 급진적인 저항사상을 표현한 것으로, 이는 16세기 종교개혁 시대에 얼마나 성과 권력의 문제가 낙스에게 중요한 주제였는지를 보여 준다.

우리는 낙스의 여성통치에 대한 입장이 하나의 점진적인 단계로 나타나고 있음에 주목한다. 그것은 희망, 실망, 비평 등의 단계로, 예를 들면 먼저 낙스는 1553년 8월 우리의 군주인 메리 여왕의 마음이 성령의 풍성한 은사를 드러내며, 왕의 자문관들의 마음이 두려움과 사랑으로 가득 차기를 원하였다. 그러나 1554년 7월 낙스는 그들의 마음에 하나님에 대한 두려움과 사랑이 없음을 보고 절망하여 한탄하였다. 낙스는 당대 통치자들에게 바른 정치를 기대하였지만, 이들은 오히려 백성들의 종교적인 자유를 유린하는 전제정치를 하여 이들의 정치 행위를 비판하였다. 이러한 희망, 실망, 비평의 단계적 과정은 3명의 통치자 메리에 대한 낙스의 전형적인 모습인데, 이는 낙스의 여왕에 대한 저항이 무조건적이지 않음을 반영한다. 낙스의 여성통치에 대한 반대는 스코틀랜드의 왕 메리의 종교적인 행위와 관계가 있다. 메리는 1561년 스코틀랜드에 도착한 이후 미사를 행했다. 이에 낙스는 설교를 통해 "미사는 종교를 탄압하는 만 명의 무장한 적이 이 땅에 있는 것보다 더 두려운 것이다"라고 하였다. 낙스의 설교와 그의 종교적인 입장은 메리와 낙스 간의 관계를 악화시켰다. 메리에 의하면, "낙스가 나의 어머니(섭정 메리)와 나에 대한 반란을 조장하고, 정당한 권위에 반대하는 저서 「첫 번째 나팔」을 저술했으며, 잉글랜드 내의 선동과 학살을 야기하며 마법을 행하는 자이다"라고 그를 비난했다. 이에 대해 낙스는 백성과 통치자의 계약사상에 기초하여 통치자에 대한 백성들의 저항을 정당화하였다 낙스는 스코틀랜드의 메리에게 여왕과 백성들 간에는 상호계약이 체결되어 있음을 주장하면서, 왕의 부정한 정치에 백성들의 저항을 용인하고 있다. 낙스에 의하면,

1. 백성들은 자신들의 신앙과 관련해 하나님에게 자신들의 책임을 다해야 한다.
2. 진실한 신앙이란 군주의 의지가 아닌, 단지 성경에서만 발견되어진다.
3. 신앙인을 박해하는 통치자를 감금하는 사람은 (통치자에게 불복종하는 것으로 보이지만) 실제는 정당한 복종을 하는 것이다. 왜냐하면 이는 하나님의 의지에 따르는 것이기 때문이다.

낙스의 이러한 주장은 메리를 당황하게 했다. 혹자는 낙스의 여성통치에 대한 입장을 두고, 낙스가 여성에 대한 편견을 갖고 있다고 주장한다. 그러나 우리는 낙스가 여성통치 그 자체를 비판하거나 부정하지 않음을 엘리자베스와의 관계에서 알 수 있다. 낙스는 엘리자베스와 세실에게 보낸 서신을 통해 여왕과 우호적인 관계를 원했다. 낙스에 의하면, 엘리자베스의 왕위 즉위를 자신의 고통을 위로할 하나님의 기적적인 일로 보면서, 이는 자신이 가장 소망하던 일이며, 이로 인해 하나님께 감사했다고 하였다. 요컨대 우리는 낙스의 여성통치에 대한 비판을 여성의 성 그 자체에 대한 것이기보다는, 여왕의 통치가 우상 숭배적이냐 아니냐에 대한 기준으로 보아야 할 것이다. 주지하다시피 낙스의 여성통치자에 대한 저항은 당대 여성 통치자들의 우상 숭배에 대한 그의 입장이었다.

실제로 낙스는 여성이 남성보다 천성적으로 열등하다는 주장에 큰

관심을 보이지 않았다. 「스코틀랜드의 백성들에게 보내는 서신」에서 낙스는 "모든 사람 즉 유대인이나 헬라인이나 종이나 자주자나 남자나 여자 없이 다 예수 그리스도 안에서 하나이니라"(갈라디아서 3:28)는 사실에 근거하여 남녀의 영적 동등성을 주장했다. 펠츠(Susan Felch)에 의하면, 낙스는 자신의 서신과 「첫 번째 나팔」에서 분명히 성의 차별 없이 여성이 (나라의) 경건을 도모해야 한다고 주장하였다. 낙스는 여성 문제와 관련해 단순히 전통적인 입장을 지지하기보다는, 성경의 권위에 따르고 있다. 한편, 펠츠는 낙스가 여성을 열등하게 보았거나, 부정적인 편견을 갖고 있지 않음을 록(Anne Vaughan Lok)과의 서신을 통해 강조하였다. 펠츠에 의하면 개신교 신앙을 가진 록은 16세기 중엽 스코틀랜드의 개혁에 적극적으로 참여한 자로, 낙스의 개혁에 도움을 준 여자였다. 낙스는 록을 (성적으로 편견 없이) 동등하게 대하였으며, 그녀의 자문을 구하기까지 하였다. 그러므로 낙스의 여성통치에 대한 비판은 단순한 여성과 남성에 대한 구분이 아닌, 경건과 불 경건에 대한 것이었다. 즉 낙스의 저서 「첫 번째 나팔」에서 낙스가 표현한 여성 정부가 '괴물적인'(monstrous) 것은 여성이 천부적으로 괴물이기 때문이 아니라, 그의 통치가 하나님의 말씀에 어긋나기 때문이다. 이러한 면에서 볼 때 낙스의 여성에 대한 견해는 성경의 권위에 따르고 있음을 알 수 있다.

낙스의 저항사상은 1558년 이후 급진적으로 발전하였다. 낙스는 이미 이전에 소극적이기는 하지만 그의 정치적 저항론을 언급하였다. 예를 들면 「권면과 경고」에서 낙스는 신자들이 우상을 멀리해야 함을 설명하면서, 우상 숭배하는 자에게 귀족이 저항할 수 있음을 언급하였다. 또한 「잉글랜드인에게 보내는 신실한 훈계」에서, 낙스는 카톨릭 정부의 전복을 위해 하나님께 기도하며 공개적으로 통치자인 메리 여왕을 공격하였다. 그리고 「스코틀랜드에 있는 형제들에게 보내는 서신」 (*Letters to His Brethren in Scotland*, 1557)을 통해서도, 낙스는 왕의 정치에 반대하는 귀족의 정치적 저항을 정당화하였다. 그러나 1558년 이전에 낙스의 저항론에서 백성들의 저항을 논한 급진적인 면은 나타나지 않았다. 낙스의 급진적인 면은 1558년 초기의 팸플릿에 의해 나타나고 있는데, 여기에서 낙스는 분명하게 자신의 급진적 저항사상을 언급하고 있다. 낙스는 소극적인 복종론을 비판하면서, 백성들이 악한 권력을 따르면 하나님으로부터 악한 권력자보다 더 큰 심판을 받을 것이라고 주장하였다. 이를 통해 우리는 1558년이 백성들의 저항을 용인하는 낙스의 급진적인 저항론이 대두한 시기임을 알 수 있다.

요컨대 낙스의 급진적인 저항사상은 스코틀랜드의 개혁을 위한 그의 예언자적 소명과 잉글랜드와 스코틀랜드의 시대적인 상황에서 비롯된 것이었다. 무엇보다 중요한 점은 낙스가 통치자와 백성과의 계약 관계 속에서 백성의 저항사상을 피력하고 있다는 점이다. 우리가 낙스를 급진적인 정치사상가라고 평가하는 것은, 낙스가 우상 숭배적이며 전제적인 권위에 대한 저항권을 관리, 귀족뿐만 아니라, 백성들에게까지 확대시키고 있기 때문이다. 필자의 견해로는 낙스가 다른 개혁가들과 달리 백성의 저항을 인정한 것은, 낙스의 계약사상이 갖는 책임성의 문제와 관련이 있다고 여겨진다. 왜냐하면, 낙스는 계약의 책임과 의무에 기초하여 남용된 정치 권위를 개혁하며, 결과적으로 하나님과 통치자, 백성 상호 간의 계약이 지켜지는 이상적인 사회를 만들 수 있다고 보았기 때문이다.

낙스가 말하는 이상적인 사회는 기독교 공화국을 의미한다. 낙스에게 기독교 공화국이란 군주가 나라를 하나님의 뜻에 따라 경건하게 통치하는 신성 공화국 (godly commonwealth)을 말한다. 필자가 보기에 낙스에게 하나님의 뜻에 합당한 통치란, 세속 권력에 대한 복종과 부정한 권력에 대한 저항이 공존하는 정의로운 정치체제를 뜻하는 것으로 보인다. 낙스에 의하면 부정한 카톨릭의 체제를 전복하고 개신교를 설립하는 것이 그의 스코틀랜드 종교개혁이 목표한 기독교 공화국의 구현이었다. 이는 하나님과의 계약을 지킨다는 의무와 책임감에서 볼 때, 모든 백성들에게 요구되는 하나의 도덕적인 명령으로서의 의미를 지니는 것이다.

맺는 말

우리는 낙스의 개혁사상으로서 계약사상과 저항사상을 이해할 때 이러한 사상들이 상호 연관성이 있음을 주목해야 할 것이다. 주지하다시피 낙스의 구약에 기초한 계약사상은 그의 개혁사상에 기초가 되었으며, 스코틀랜드의 종교개혁을 성취하는 저항사상의 발전에 그 배경이 되었다. 실제로 낙스는 계약의 책임감과 불변성 (immutability)에 기초하여 저항사상을 발전시켰고, 성경의 문자적이며 예언적인 해석방법으로 카톨릭 교회의 우상 숭배를 반대하며 종교개혁을 성취하였다.

16세기 다른 개혁가들과 달리 낙스는 당대 여성 통치자들의 전제적인 정치하에서 백성들의 저항을 용인하는 급진적인 저항사상을 주장하게 되었는데, 낙스의 이 저항사상은 당대 여성 통치자들의 우상 숭배와 관계가 있다. 즉 낙스의 여성통치에 대한 저항은 통치자의 불경스러운 통치행위에 대한 견제였다. 여성통치자에 대한 낙스의 입장을 이해하는데 성(gender)의 문제는 분명 어느 정도 중요한 부분인 것으로 보인다. 필자의 견해로는 낙스의 여성에 대한 견해를 평가함에 있어, 낙스가 단순히 여성의 문제에 편견을 갖고 있어서 여성통치의 부당성을 그의 저서에서 주장했다고 하는 것은 성급한 판단으로 보여진다. 단지 낙스가 부정한 통치에 대한 자신의 개혁을 정당화하는 과정에서, 부분적으로 창조와 자연의 질서 면에서 여성의 열등을 언급한 점등을 볼 때, 낙스가 여성의 여성통치 자체를 부인했다는 오해의 여지를 남길 수 있다고 본다. 그러나 낙스의 여성통치에 대한 반대는 성 그 자체에 대한 반대가 아니라, 전제적인 통치를 하는 부정한 여성통치자에 대한 저항이었다.

다른 한편, 스코틀랜드의 종교개혁을 논함에 있어 간과하지 말아야 할 것은 민족주의에 대한 문제이다. 낙스의 급진적인 개혁사상은 대내적으로는 스코틀랜드의 통치자들의 전제적인 통치와, 스코틀랜드에 인접한 잉글랜드와 프랑스와의 대외적인 관계에서 이해하는 것이 바람직할 것으로 본다. 종교개혁 시기에 스코틀랜드는 잉글랜드와 프랑스의 정치적이며 종교적인 간섭으로부터 벗어나, 스코틀랜드를 하나의 개혁적이며 계약화된 국가로 만들려는 개혁의 이상을 실현하려고 하였다.

낙스의 사상에 대한 학자들의 논쟁은 그의 사상이 정치적 자유를 위한 근대 정치사상과 어떠한 관계가 있느냐의 문제였다. 일부 학자들은 낙스의 개혁사상이 종교적인 것에 국한되었다고 하는 점을 들어, 그의 정치사상의 종교적 한계를 지적하며 낙스의 개혁사상을 비판하는 경향이 있는데, 필자가 보기에 이는 바람직하지 못하다고 본다. 왜냐하면 종교와 정치가 불가분의 관계를 맺고 있던 16세기에는 종교적인 저항이, 곧 정치적인 저항을 의미하기 때문이다. 다른 한편 낙스의 급진적인 저항사상을 근거로, 낙스가 근대 민주주의 개념의 혁명을 의도했다는 주장이 있는데, 이것 또한 타당성이 없다고 본다. 학자들의 논쟁과 관련하여 필자는 계약사상에 기초한 낙스의 개혁사상은 권력의 절대화를 반대하며 전제적인 정치에 저항을 정당화하였으며, 스코틀랜드와 유럽의 종교와 정치의 자유를 성취하는데 공헌하였다고 본다.

낙스의 개혁 사상이 후대에 어떠한 영향을 미쳤는가를 평가하기는 쉽지 않다. 그러나 낙스의 사상이 17세기 잉글랜드와 스코틀랜드의 사회와 교회를 개혁하는데 기여한 사실은 부인하지 못할 것이다. 요컨대 우리는 낙스의 개혁사상을 통해 질서와 권위의 문제가 얼마나 중요한 것인지를 주목할 필요가 있다. 왜냐하면 낙스의 개혁의 이상은 통치자의 전제정치에 반하여, 국가와 교회의 바른 질서와 권위를 세우는 데 있었기 때문이다. 낙스에 의하면 모든 권위와 정의는 하나님으로부터 오며, 이 권위를 인정하는 것이 질서를 유지하는 것이었다. 그러므로 낙스에게 부정한 정치에 저항하는 것은 반란이 아니라 오히려 질서를 유지하는 것이었고, 이러한 면에서 볼 때 스코틀랜드 종교개혁은 정의를 위한 질서와 권위의 회복을 주장한 하나의 개혁 운동이었다고 할 수 있다.

제 10 장

낙스와 윈람과의 논쟁

－1547년 낙스의 설교와 목회를 중심으로

시작하는 말

스코틀랜드 종교개혁가 존 낙스(John Knox)에 대한 학자들의 평가
는 크게 3부류로 나누어진다. 먼저 바베타인(Richard Babbatyne), 매
크리(Thomas M'Crie), 대주교 스퍼티스우드(Archbishop
Spottiswoode)과 같은 낙스의 지지자들, 그리고 카톨릭 진영에 속한
낙스의 반대자인 윈셋(Ninian Winzet), 그로스라구엘 (Abbot of
Grossraguel), 프레이저(Antonia Fraser), 메이트랜드(William
Maitland of Lethington), 트래퍼 로퍼(Hugh Trevor Roper), 리들리
(Jasper Ridley)가 있고, 마지막으로 중도적인 입장의 디킨슨 (W. C.
Dickinson), 잔톤 (Pierre Janton), 위틀리(Elizabeth Whitley), 맥그레
골(Geddes MacGregor) 등이 있다.[1]

---

1) 참고 W. Stanford Reid, John Knox and his Interpreters, *Renaissance and Reformation*
10 (1974), 14-15.

필자는 이 글을 통해 1560년 스코틀랜드 종교개혁 이전의 초기 개혁의 상황을 살펴보고자 한다. 이에 1547년 낙스의 설교와 목회를 중심으로 초기 스코틀랜드 개혁의 성격을 검토하고자 한다. 특히 낙스의 개혁사상에서 1547년은 낙스가 처음으로 세인트 앤드류스(St. Andrews)에서 목회의 소명을 확신하고 설교하였기에 그의 개혁사상에서 의미있는 시기이다. 본 고는 1547년 세인트 앤드류스에서의 낙스의 목회와 설교를 중심으로, 그리고 세인트 앤드류스 수도원의 부원장인 존 윈람과의 논쟁을 통해 낙스의 초기 개혁 사상을 고찰하고자 한다.

1. 존 낙스의 개혁과 세인트 앤드류스

스코틀랜드의 종교개혁을 이해함에 있어, 세인트 앤드류스는 매우 중요한 도시이다. 그 이유는 낙스가 세인트 앤드류스 대학에서 공부하고, 목회자로서 소명을 갖고 목회한 곳이기 때문이다. 낙스의 초기 생애와 관련하여 낙스의 출생 연도는 정확지 않다.[2] 그러나 낙스의 연구자들은 낙스의 출생을 1513–1515년경으로 본다. 낙스는 에딘버러 인근 로티안(Lothian)의 하딩톤(Haddington) 출신인데, 낙스가 어느 대학을 다녔는지 하는 문제를 두고 일부의 학자들은 글라스고(Glasgow) 대

---

2) 1904년까지 낙스의 출생 연도는 1505년이라는 설이 지배적이었다. 이러한 견해는 글라스고우의 대주교 스퍼티스우드(J. Spottiswoode)에 의해 주장된 것이다. 그러나 브라운은 낙스가 59세에 사망한 점을 지적하며 그의 출생을 1513년경으로 본다. 그러나 플레밍과 베자는 낙스가 57세에 사망한 것에 기초해 그의 출생은 1515년으로 보았다. P. H. Brown, *John Knox* (London: Adam and Charles Black, 1895), v.2 p. 322; G. Macgregor, *The Thundering Scot* (Philadelphia:The Westminster Press, 1957), Appendix 2를 참조. C. G. McCrie, *Beza's Icones Contemporary Portraits of Reformers of Religion and Letters* (London: The Religious Tract Society,1906) p.227

학교를 다녔다고 주장하기도 하고, 또 다른 학자들은 세인트 앤드류스 대학교에서 공부하였다고 한다.[3] 그러나 초기 낙스 생애에 대한 정확한 기록이 없기에 이러한 학자들 간의 이견은 불가피하다. 어려서 낙스는 하딩톤에서 프란체스코 수도원에서 수사로 교육을 받았고, 이후 철학, 신학, 법학, 고전어를 공부한 후 성직자로 임명되었다. 낙스는 제롬(Jerome)과 어거스틴(Augustine of Hippo)의 저서를 읽으면서 스콜라 신학과 로마카톨릭교회에 대하여 회의를 갖기 시작하였고, 이후 로마교회의 성직을 포기했다.[4] 당시 스코틀랜드 왕은 비교적 개신교에 우호적인 제임스 5세(James 5, 1513-42)였다. 1542년 스코틀랜드 의회가 라틴어가 아닌 스코틀랜드어로 성경을 읽는 것을 합법적이라고 선언하자, 스코틀랜드의 개신교 세력은 이전보다 더 강한 힘을 갖게 되었다. 더욱이 1528년 패트릭 해밀턴(Patrick Hamilton)의 순교 이후 유럽으로부터 개신교 서적들이 스코틀랜드로 수입되고, 유력한 가문들이 루터교로 개종하는 일이 벌어졌다. 그러나 제임스 5세 이후 스코틀랜드는 메리(Mary Queen of Scot, 1542-1567)가 즉위하면서 종교적인 상황은 달라졌다. 메리 여왕의 즉위 이후 신구교 간의 갈등이 다시 심해지기 시작하였다.[5]

스코틀랜드의 여왕 메리는 정략결혼에 따라 프랑스로 보내졌고, 국내의 정치는 메리의 어머니 메리 기즈(Mary of Guise)가 섭정이 되었다. 이로 인해 프랑스(카톨릭)의 영향력이 스코틀랜드에서 커지게 되었는데, 메리 기즈와 대주교이며 추기경인 비튼(David Beaton)은 자신

---

3) 스탠포드 리드, 『존 낙스의 생애와 사상』, 서영일 역 (서울: CLC, 1984), 29-30.
4) 도로시 마틴, 『존 낙스의 생애』, (서울: 생명의 말씀사, 1990), 7-8.
5) 리드, 『존 낙스의 생애와 사상』, 28-34; 마틴, 존 낙스의 생애, 7-9. 당시 스코틀랜드 인구는 30만명 정도였고, 사제의 수는 3000명 정도였다. Rosalind Marshall, *John Knox* (Edinburgh: Birlinn, 2000), 6.

들의 종교정책에 의해 따라 개신교도들을 박해하였다. 이에 낙스의 고향 교회의 목사인 조지 위샤트(George Wishart)는 카톨릭의 종교정책에 불만을 갖고, '성물의 경배는 야비한 것' 이라고 하면서 비튼을 비판하였다. 결국 비튼이 지켜보는 가운데 위샤트는 1546년 3월 세인트 앤드류스에서 화형 당하였다.[6] 위샤트의 순교는 낙스와 스코틀랜드의 종교개혁에 결정적인 사건이 되었다.

이처럼 세인트 앤드류스는 최초의 스코틀랜드의 순교자인 패트릭 해밀턴과 조지 위샤트를 비롯한 개신교 순교자들이 화형당한 종교적인 중심지였으며, 16세기 스코틀랜드 종교개혁의 산실이었다. 리옹(C. J. Lyon)은 자신의 저서 〈세인트 앤드류스의 역사〉에서 세인트 앤드류스 도시를 "스코틀랜드의 캔터베리이며, 스코틀랜드의 가장 오래된 대학이 있는 곳이며, 스코틀랜드의 종교개혁의 온상(nursery)"이라고 묘사하고 있다.[7]

무엇보다 낙스의 설교와 개혁 사상은 세인트 앤드류스의 교회와 대학과 사회에 적지 않는 영향을 주었다. 1560년 에딘버러로 가기 전 낙스는 대부분 세인트 앤드류스에 머물면서 자신의 개혁 사상을 전파하고 있었다. 낙스는 1559년 5월에 유럽에서 귀국한 후 퍼스(Perth), 안스트루더(Anstruther), 크레일(Crail)에서 설교하고, 6월 9일 세인트 앤

---

6) Ursula Hall, *St. Andrews and Scotland* (St. Andrews:St. Andrews University Library,1994) 159-60. 비튼은 알브로치 (Arbroach)의 수도원장으로 1538년 추기경이 되었고, 1538-39년 2월14일-1546년 5월 29일까지 세인트 앤드류스 대학교의 총장이었으며, 1539년 그의 삼촌이 죽자 대주교가 되었다. 비튼에 대해서는 John Herkless, Robert Kerr Hannay(ed.) *The Archbishops of St. Andrews* V.Ⅳ(Edinburgh: William Blackwood and Sons,1913)를 참조하라.

7) C. J. Lyon, *History of St. Andrews* v.1(Edinburgh;William Tait,1843) vii. 세인트 앤드류스 역사에 대한 대표적인 저서는 다음을 참고하라. Andrew Lang, *St Andrews* (St Andrews: W. C. Henderson, 1951).

드류스에 던의 어스킨(Erskine of Dun), 피따로우의 위샤트 (Wishart of Pitarrow), 할리벌튼 (Provost Halyburton of Dundee)과 같이 세인트 앤드류스에 도착했다.[8] 그리고 낙스는 세인트 앤드류스 대학교의 레오나드 대학의 수도사들과 신학 논쟁을 하며 세인트 앤드류스의 홀리 트리니티(Holy Trinity) 교회에서 설교를 하였다.[9] 1559년 6월 11일부터 14일까지 그는 세인트 앤드류스에서 회중들에게 예루살렘 성전을 정화하는 예수 그리스도에 대하여 설교를 했다. 이 설교 후 세인트 앤드류스의 회중들과 시민들은 프란체스코와 도미니칸 수도원, 대수도원, 수도원장 저택(Provostry of Kirkheugh), 성 레귤러스 (St. Regulus) 고대 교회, 대성당, 사제 무덤 등을 파괴했다.[10] 결국 낙스의 설교로 세인트 앤드류스의 프로테스탄트 귀족들과 대수도원장, 부수도원장, 시장, 관리 등 거의 대부분의 시민들이 개혁사상에 동의하기 시작했다. 낙스에 의하면 1559년 6월 23일 "세인트 앤드류스의 많은 사제들이 숭고한 신앙을 고백했고 교황, 미사, 모든 미신에 대해 적의감을 표현했다"고 서술하고 있다.[11] 세인트 앤드류스는 낙스와 스코틀

8) Lyon, *History of St. Andrews*, 329.
9) 낙스는 1559년 11월초부터 1560년 4월 말 까지 대부분 세인트 앤드류스 교회의 목사로 있었다. 세인트 앤드류스 교회 문서(Register)에 보면 1560년 3월경 목사로 있었음이 언급되고 있다. David H. Fleming, *St. Andrews Kirk Session Register* (Edinburgh:T. and Constable,1889) 27 .
10) Lyon, *History of St. Andrews*, 336; Hall, *St. Andrews and Scotland*, 160. 맥크리에 의하면 낙스의 영향으로 세인트 앤드류스의 시장, 관리들, 시민(약 2500명)들이 개혁 신앙에 만장일치로 동의했고 이로서 교회(카톨릭)의 이미지는 손상되었고, 수도원은 파괴되었다고 했다. 특히 수도원의 완전 파괴는 개혁자들이 볼 때 수도원은 개혁자들의 적이었기 때문이다. T. M'Crie, *The Life of John Knox* (London, 1905), 134.
11) David Lang, *The Works of John Knox* (Edinburgh: Wodrow Society, 1846) 아래 Works로 표기 약함. *Works*, 4: 26. 당시 프로테스탄트 진영의 가장 강한 세력은 '귀족동맹' 이었는데, 이들은 스튜어트와 아가일을 중심으로 섭정 군대에 대치하

랜드의 종교개혁에 있어서 의미가 있는 도시이다. 특히 낙스에게 세인트 앤드류스는 대학에서 종교개혁자로서 훈련을 받은 곳이며, 종교개혁자로서의 처음으로 목회의 소명을 느끼고 설교한 곳이므로, 스코틀랜드의 종교개혁 과정에서 개혁의 중심 도시라고 할 수 있다.

2. 존 낙스와 존 윈람과의 논쟁

낙스의 생애에서 1546년과 1547년은 중요한 해이다.[12] 왜냐하면 1546년은 위샤트가 순교하고 추기경 비튼이 살해당하였는데, 이것이 낙스에게는 한 종교개혁자로서의 부르심을 확신한 시기이기 때문이다. 추기경 비튼의 살해로 스코틀랜드 내의 개신교도에 대한 종교적 박해는 더욱 심각하였다. 이에 세인트 앤드류스의 개신교도(120-150여 명)들은 신변에 위협을 느껴 세인트 앤드류스 성으로 피신을 하게 되었다. 이 당시 낙스는 이 성에 있는 개신교도들[13]을 위해 1547년 이 성에 들어가서, 학생들을 교육하고 요리문답서를 가르치며, 성내의 예배당에서 요한복음을 강의하였다. 이들의 지도자 중에 러프(John

---

였다. 세인트 앤드류스의 대학과 시장, 그리고 과 관리들이 이들의 입장을 지지했으며, 특히 시장과 관리들, 시의회 그리고 300명 이상의 시민들이 1559년 7월 13일 프로테스탄트의 동맹인 '언약'(band)에 서약했다. Jane E. A. Dawson, The Face of ane Perfty Reformed Kyrk:St. Andrews and the Early Scottish Reformation,(ed.).James Kirk, *Humanism and Reform:The Church in Europe , England, and Scotland, 1400-1643* (Oxford:Basil Blackwell, 1911), 416, 427.

12) Eustace Percy, *John Knox* (London: Hodder and Stoughton, 1937), 41-62.
13) 1546년 추기경 살해 이후 세인트 앤드류스 성내에 있는 개신교도들을 '카스틸리안'(castilians)이라고 한다. 이 당시 카스틸리안에 대한 이해를 위해 다음의 저서를 참고하라. Stewart Lamont, *The Swordbearer: John Knox and the European Reformation* (London: Hodder & Stoughton, 1991), 32-38.

Rough) 목사가 있었는데, 러프의 설교와 목회는 카톨릭의 수석 사제인
존 앤낸드(John Annand)의 견제로 어려움을 겪고 있었다. 그리하여 러
프는 낙스에게 자신의 목회와 개신교도들의 영적인 문제에 낙스가 도
움을 주기를 원했다.[14]

낙스는 러프의 요구를 받아들여 앤낸드를 비판하면서 주장하기를,
"당신이 우리를 정죄하려면 먼저 교회가 무엇인지 하나님의 말씀 안에
근거한 성경적인 교회를 정의해야 한다. 그리고 우리는 교리적으로 모
호한 성모와 영적 타락으로부터 순결한 신부 예수 그리스도를 분별해
야 한다. 우리는 매춘을 허용치 않는 영적 분별력과 사탄에게 우리 자
신이 굴복지 않고, 예수 그리스도께 순종해야 함을 생각해야 한다. 그
런데 오늘날 로마교회는 사탄의 교회로 부패했고, (예수 그리스도의
권위가 아니라) 로마교회가 교회의 권위를 갖는 것은 문제가 있다. 로
마 교황이 죄성을 지난 인간인데, 교황이 교회의 머리인 것을 난 의심
한다. 나는 이제 말이나 글로서 오늘날 로마교회는 유대인들의 교회가
무죄한 예수 그리스도의 죽음에 동의함으로써 모세의 율법으로부터
멀어졌을 때 보다도 오히려 더욱 사도들의 교회에 있던 순결을 저버리
고 타락하였음을 증명하고자 한다" 낙스의 이러한 생각은 당시 개신교
도들에게 설교자로서 낙스를 요청하는 계기가 되었다. 낙스는 이제 자
신의 이러한 주장을 세인트 앤드류스 교회에서도 선포하게 된다. 이것
이 낙스의 공적인 목회의 첫 번째 설교이다.[15]

낙스는 그다음 주일날 다니엘 7:24-25을 본문으로 하여 설교를 하

14) John Sefton, *John Knox* (Edinburgh: St Andrew Press), 1-5; 리이드, 『존 낙스의 생
애와 사상』, 49-67.
15) Kevin Reed (ed.), *Selected Writings of John Knox* (Dallas: Presbyterian Heritage
Pub., 1995), 5-6.

였다. 이는 요한계시록 속의 4번째 괴물의 머리에 솟은 10개의 뿔, 혹
은 왕국들 후에 다시 솟아난 조그만 뿔 혹은 왕국에 대한 이야기였다.
낙스는 로마 제국의 잔재 속에 솟아난 로마교회야말로 신약 성경이 말
하는 적 그리스도라는 입장을 유지하였다. 그 후에는 여러 교황들의
사생활에 대하여 말하고 또한 오직 믿음에 의해서만 의롭다 하심을 얻
었다는 신약의 가르침에 위배되는 각종 로마교회의 교리 등을 취급하
였다. 그리고 누구든지 자기의 성경 해석과 의견을 달리하는 자들은
설교 후에 이 문제에 대하여 토론할 것이며, 그 자리에서 자기의 견해
야말로 성경 저자들의 뜻과 일치한다는 것을 증명하겠다는 말로써 설
교를 맺었다.[16]

낙스의 설교를 통해 우리는 낙스가 어떤 사람이었는가를 알 수 있
다. 우선 낙스는 성경을 완전한 하나님의 말씀이라고 믿음'으로 스스
로 진리를 외치고 있다는 확신을 얻게 되었으며, 성경의 예언에 의해
당시의 상황을 해석한 것은 그의 주장이 뚜렷한 (성경적인) 근거를 갖
고 있음을 시사한다. 또한 낙스는 '오직 믿음에 의한 의롭다 하심'을
강조함으로써, 자기가 하나님의 백성으로 외치고 있다는 확신을 갖게
되었으니, 이러한 소신은 앞으로 개혁자로서 모든 박해를 이겨나가는
데 필요한 것이었다. 낙스의 이러한 개혁 사상을 다른 설교자들과 비
교 할 때, 다른 설교자들은 단지 카톨릭 교회를 비판한 정도에 그쳤지
만, 낙스의 설교는 카톨릭 교회 근본 뿌리를 흔드는 강한 메시지였다.
이처럼 설교자로서 소명감을 느낀 낙스는 일생 동안 '하나님의 나팔
수' 로서 부르심에 대한 강한 확신을 갖고 스코틀랜드의 종교개혁을
추진하였다.[17] 이처럼 낙스는 세인트 앤드류스 교회에서 처음으로 공

---

16) 리드, 『존 낙스의 생애와 사상』, 68.
17) 리드, 『존 낙스의 생애와 사상』, 68.

적인 설교자로서 자신의 개혁 사상을 피력하였다. 낙스의 교회에 대
한 비판적인 주장은 카톨릭의 지도자들에게 공개적인 논쟁으로 발전
하였다.

낙스와 카톨릭 교회와의 교리적인 논쟁 상대는 존 원람(John
Winram)[18]이었다. 당시 카톨릭의 대주교인 존 해밀턴(John Hamil-
ton)[19]은 원람에게 "낙스의 이교적이고 종파 분리적인 교리가 전파되

---

18) 원람은 1492년 태생으로 1515년 레오나드 대학에 있었으며, 대륙의 새로운 신학
사상을 갖고 있는 로기(Master Gavin Logie)의 동료이기도 하다. 원람은 1532년
세인트 앤드류스 성당 참사회의원이었고, 1536년에는 세인트 앤드류스 수도원의
부 수도원장이었다. 1540년에는 신학 박사 학위를 취득하고, 1550년에는 세인트
앤드류스 대학의 부학장이었고, 1559년에는 개혁 신앙에 관심을 갖고 스코틀랜드
의 개혁 문서 작성에 동참하였고, 이후 1561년에는 파이프 지역의 감독(superin-
tendent)이 되었다. David McRoberts (ed.) *The Medieval Church of St. Andrews* (Glasgow
:John Burns and Sons,1976) 116, 134; John Herkless, Robert Kerr Hannay(ed.),
The College of St. Leonard (Edinburgh:William Blackwood and Sons, 1905), 21
note 4.
19) 존 해밀턴은 레오나드 대학 출신으로 1547년 세인트 앤드류스의 대주교였다. 그러
나 그의 신학적인 입장이 철저하게 로마 카톨릭 적이지는 않았다. 그에 의해 1530
년대 후반과 1540년대 독일의 카톨릭 개혁에 반항하여 나온 문답서(Catechism, by
R. Mashall 도미니칸)가 1552년 발행되었는데, 그 내용을 보면 그의 신학적인 견
해가 분명히 나타난다. 문답서는 가시적 교회, 공의회, 이신칭의를 언급하며, 미사
그 자체를 하나의 희생으로 보지 않고 있다. 그러나 교황권과 계서 제도에 대해서
는 아무런 언급이 없다. 더욱이 화체설과 7성례, 연옥, 사자를 위한 기도를 인정하
며 성경의 권위가 교회로부터 나왔다고 주장하기도 한다. 이처럼 이 문답서는 프
로테스탄트적인 입장과 카톨릭적인 입장 모두를 공유하고 있다. 그러나 이 문답서
가 스코틀랜드 종교개혁에서 갖는 의미는 크다고 본다. 그것은 개혁 이전에 이러
한 개혁 사상이 부분적이기는 하지만 대두되고 있다는 점에서 그러하다. 특히 이
문답서에서 강조하는 교회를 신자들의 공동체로 보는 점과, 이신칭의와 말씀과 성
례의 바른 집행을 강조하는 것은 루터의 개혁사상과 같은 것이다. David F.
Wright, David C. Lachman, Donald E. Meek, *Dictionary of Scottish Church History
and Theology* (Edinburgh: T&T Clark,1993), 389-90; James K. Cameron, Aspects
of Luthern Contribution to The Scottish Reformation 1528-1552, *Records of the
Scottish Church History Society*, V.22 (1984), 10-11.

고 자신이 이에 반대하지도 못하고 있음을 괴로워한다"고 편지를 썼다. 이에 레오나드 대학 정원에서 윈람은 도미니크와 프란체스코 수도사들의 집회에 러프와 낙스를 소환하였다.[20] 존 윈람은 1515년 세인트 앤드류스 대학교의 레오나드 대학에 입학한 후, 어거스틴 수도원에 입문하여 1536년 세인트 앤드류스 수도원의 부 수도원장이 되었다.[21] 그러나 낙스와 교리 논쟁을 통해 낙스를 탄핵하려는 윈람의 의도는, 오히려 낙스에게 논쟁 상대자가 되지 못하고 그의 계획은 실패했다. 낙스는 이 수도사들의 집회에서 자신의 견해를 정리한 어떤 조항을 읽었다.[22] 그 조항의 내용은 카톨릭의 토대를 파괴하는 것으로 모두 9개항으로 되어있다.

1. 이 세상의 어느 누구도 교회의 머리가 될 수 없다.
2. 교황은 적그리스도이며 그리스도의 신비스런 몸이 아니다.
3. 인간은 하나님이 인정하신 종교를 (새롭게) 만들거나 고안해서는 안되며, 쉽게 변하지 말고 하나님이 정하신 종교를 유지시켜야 한다.
4. 신약의 성례는 예수 그리스도와 사도들이 행하신 것처럼 집행되어야 한다. 어느 것도 성례에 가함이 있어서는 안된다.
5. 미사는 그리스도의 죽음에 대한 혐오스런 우상과 불경이며, 주

---

20) Wright, *Dictionary of Scottish Church History and Theology*, 732. 프로테스탄트 순교자인 러프는 도미니크회 수사로 1520년 세인트 앤드류스의 대학에 들어와 아란 통치시 목사로 활동한 인물이다. 7대 성례를 거부하며 화체설을 비판하였고 크래머와 리들리의 가르침을 수용하며 급진적인 에드워드 공동기도서를 인정하여 화형 당했다. William Crift Dickinson, *John Knox's History of the Reformation in Scotland* (Edinburgh: Thomas Nelson and Sons, 1949) 이하 표기 History로 약함. *History.* 1: 42-43, .48, 81-83, 87.
21) Dawson, The Face of ane Perfty Reformed Kyrk, 416; David McRoberts (ed.) *The Medieval Church of St. Andrews* (Glasgow: John Burns and Sons, 1976), 116-17.
22) *Works*, 1:188, 192-93; Douglas Young, *St. Andrews* (London: Cassel, 1969), 159.

의 성찬에 대한 신성모독이다.

6. 인간의 영혼이 사후 고통을 당한다고 주장하거나, (카톨릭에서)
   정당화하는 연옥은 존재하지 않는다. 천국은 신실한 자에게 지
   옥은 신의 버림을 받은 자와 감사치 않는 자에게 주어 진다.

7. 죽은 자를 위한 기도는 공허한 것이며 죽은 자에게 하는 기도는
   우상이다.

8. 카톨릭의 주교는 존재치 않는다. 단지 주교들이 어떤 중보없이
   스스로 설교하는 것은 예외가 된다.

9. 하나님의 율법에 의하면 십일조는 반드시 교인들에게 부과해서
   는 안된다.[23)]

원람은 이 조항의 내용에 대해 낙스 자신의 대답을 듣고 싶다고 하
자, 낙스는 "나는 나의 하나님을 찬양한다. 나는 당신이 진리에 무지한
사람이 아닌 것을 오래전부터 들었기 때문에, 하나님의 이름으로 당신
께 간구하며 당신의 양심에 호소한다. 내가 말한 어떤 조항 가운데 하
나님의 진리와 다른 것이 있다고 당신이 생각한다면, 당신은 분명 그
(하나님의) 진리를 거부하는 사람일 것이다. 만약 당신이 오히려 그 진
리를 믿는다면 나는 당신의 후원자가 될 것이며, 오히려 당신으로 인
해 많은 사람들이 진리를 믿게 될지 모른다"고 하면서 원람을 설득하
였다.[24)]

위의 조항에 나타난 낙스의 견해는 카톨릭의 입장에서는 매우 위협
적인 주장이었다. 낙스의 카톨릭 교회에 대한 비판은 원람과의 구체적

---

23) *Works*, 1: 193-94. 낙스의 이 조항 가운데 3항과 4항은 카톨릭의 오류를 공격하는
   것일 뿐만 아니라, 청교도주의의 기본적인 원칙을 내포하고 있다. David Hay
   Fleming, *The Reformation in Scotland* (London: Hodder and Stoughton, 1910), 207.

24) *History*, 1: 87-88.

인 논쟁을 통해 드러났다. 낙스와 윈람의 논쟁은 주로 교리적인 것에 대한 것이었는데, 이들의 논쟁을 통해 다음과 같은 낙스의 개혁 사상을 알 수 있다.

윈람: 나는 당신을 심판하러 여기 오지 않았고, 단지 친근하게 대화를 하고 싶다. 그러므로 나는 무슨 판결을 내리지 않을 것이다. 나는 당신이 원하는 것을 들어볼 것이다. 교회가 선한 목적으로 성례를 제정하고, 하나님을 예배하는 일에 다른 것을 고려하는 것이 왜 안되는가?

낙스: 교회는 신앙과 어긋난 어떤 것도 해서는 안 되며, 신앙 안에서 진실한 목자(예수님)의 말씀만 따라야 한다.

윈람: 카톨릭의 의식은 신앙 안에서 행해지는 것이며, 이는 우리의 신앙에 유익한 상징적 표식이다. 즉 세례 언약은 성경의 율법 내용을 전체적으로 보여주는 것이다. 따라서 카톨릭의 성례 의식은 하나의 거룩한 의식이며, 이 모든 의식은 신앙에 근거하여 집행되며 또한 신앙 안에서 행해지는 것이다.

낙스: 사람이 고안한 카톨릭의 의식은 적절치 못하다. 인간을 만족시키는데 그 의미가 있다. 이는 이방인의 의식과 같으며, 오늘날 이슬람의 마호메트의 의식과 같은 것이라 말할 수 있다. 교회의 의식이 신앙에 근거한 것이라면, 하나님의 확신 있는 말씀에 기초해야 한다. 믿음은 하나님의 말씀을 들음으로 주어지는 것(롬10:17)을 당신들이 알지 않는가. 당신은 카톨릭의 의식이 신앙에 근거하며 하나님을 기쁘시

게 하는 일임을 증명하기를 원한다면, 하나님이 그 의식을 분명히 명하셨음을 증명해야 한다. 그렇지 않으면 그 의식은 신앙에 근거한 것이 아니며, 하나님을 기쁘시게 하는 것도 아니다. 오히려 그것은 죄이다. '믿음에서 나오지 않은 것은 다 죄'(롬14:23)라는 사도 바울의 말씀에 따라 하나님을 노엽게 하지 마라.

원람: 낙스 당신은 우리가 하나님의 말씀과 무관하다고 보면서, 우리를 그렇게 엄격하게 대하느냐? 당신은 내가 죄인이라고 여기며, 하나님의 말씀이 나에게 없다고 생각하느냐?

낙스: 나는 우리의 심각한 문제를 가볍게 여기지 않기를 바란다. 당신이 궤변으로 진실을 왜곡하지 말기를 바란다. 만약 당신이 그러하다면, 나는 할 수 있는 한 최선을 다하여 내 자신을 변호할 것이다. 내가 말하고자 하는 바는 무엇보다 하나님 말씀에 대한 확신이 없이 먹고 마시면, 이것이 죄이며 결국 하나님을 노엽게 하는 것이다. 먹고 마시는 일에 바울 사도가 말하지 않았더냐, "만물이 거룩하며 하나님의 말씀과 기도로 거룩해져야 한다"(딤전4:4-5, 딛1:15). 이 말은 "만물이 깨끗하고 깨끗해야 함을 말한다." 난 이제 카톨릭의 의식에 대하여 당신에게 듣기를 바라며, 당신과 논쟁할 것이다. 나는 당신이 불경하고 거룩한 것이 함께 있을 때 이를 비교할 수 있는지 의심한다. 문제는 이것인데, 하나님 나라는 먹고 마시는 일이 아니다. 문제는 하나님을 바르게 예배하는 것이며, 이것이 없이는 하나님과 어떤 교제도 할 수 없다. 나는 우리가 먹고 마시는 일에 자유 하듯이, 예수 그리스도의(성례)의식에 당신이 자유하는 일에 의문을 제기한다. 나는 먹는 일에 있어서 조차도 양심의 가책으로 인해 음식을 받거나 거절한다. 종교적인

일에서도 같아야 하지 않는가? 우리가 좋아하는 일을 그만두거나 삼가야 하지 않는가? 하나님의 이름으로 이스라엘 백성들에게 모세가 말하지 않았는가, "하나님이 명하신 모든 것을 지키며, 더하지도 말고 빼지도 말라"(신12:32, 12:8). 이 원칙에 근거하여 나는 하나님의 교회가 자기 생각에 옳은 대로가 아니라, 하나님을 예배하기를 기대한다.[25]

윈람은 한 수사에게 말하기를, "내가 말한 것을 들었지 않느냐? 그리고 내가 답한 것을 듣고, 낙스와 논쟁을 계속하라"고 권면 하면서 이 논쟁에 한 수사 앨버클(Alexander Arbuckle)를 끌어들인다.[26]

수사: 나는 카톨릭의 의식이 하나님이 제정하신 것을 분명히 증명할 것이다

낙스: 우리는 하나님께서 명하신 것을 받아들이고 경외함으로 그것을 시행한다. 그런데 하나님께서 정하신 것이 아닌 것이 문제이다. 즉 세례의식에서 사용하는 것이 카톨릭 교회에서 고안하여 만든 것이 문제이다.

수사: 나는 당신이 하나님의 저주받은 자임을 증명할 것이다.

낙스: 나도 당신이 그것을 증명하는 것을 듣고 싶다.

---

25) Reed, *Selected Writings of John Knox*, 11-14.
26) Reed, *Selected Writings of John Knox*, 14.

수사: 바울이 말하지 않았더냐, 예수 그리스도외에 어떤 다른 기초도 사람이 놓을수 없다고? (고전 3:11-15) 그러나 우리는 이 기초위에 어떤 진귀한 금이나, 은 혹은 돌, 나무를 올려놓은 것이다. 이것이 교회의 예배에 사용하는 물건들이다. 이것은 성경적으로도 문제가 없다.

낙스: 나는 예수 그리스도로 인하여 나의 하나님을 찬양한다. 왜냐하면 나는 하나님의 약속이 확실하고 진실하며 변함없으심을 알기 때문이다. 그리스도가 우리와 함께 하시므로, '사람들 앞에서 진리를 고백할 때에 두려워 말라', 하나님께서 약속하신바, 우리에게 때가 주어질 때 말할 것을 알려주실 것이다. (마10:19, 막13:9, 11, 눅21:13).. 당신과의 논쟁에서 말한바, (정결케 하려면 불에 타지 않는) 교회의 금과 은, 보석은 불에 넣으라. 내 생각은 당신의 말하는 의식 (성물)은 하나님의 말씀에 근거가 없다.

수사: 나는 당신과 다른 입장이며, 당신의 논리를 부정한다. 우리의 의식은 하나님의 말씀에 시험이 되지 않는다.

낙스: 하나님의 말씀은 카톨릭 의식을 정당화하지 않는다. 하나님께서 분명히 그렇게 말씀하셨다. 그들의 눈에 좋게 보이는 것이 하나님께서 그렇게 하는 것이 아니다. 하나님께서 명하신 대로 하라. "말씀에 가감하지 말라"(신4:2, 12:8, 32). 하나님께서 카톨릭의 의식을 명하셨다고 증명할 수 없다면, 당신과 당신의 의식 모두는 하나님의 심판을 받을 것이다.

낙스: 그리스도의 신부는 말씀에 위배된 권력이나 권위를 결코 갖지

못한다고 말하였다.

수사: 만약 그러하다면 당신은 우리와 결별할 것이다. 다른 한 수사
가 말하기를, 시편에 이르기를 악인들의 교회가 있는데, 이 교회는 말
씀이 없고 하나님의 말씀에 거슬리는 일을 한다. 우리는 그런 교회가
아니다. 우리 교회는 예수 그리스도가 목자이며, 우리는 그의 음성을
들으며 낯선 사람의 음성을 알지 못한다(시26:5, 요10:4-5).[27]

낙스의 초기 개혁을 이해하는데 전술한 윈람과 논쟁은 매주 중요하
다. 그런데 낙스의 논쟁 상대자인 윈람의 종교적인 입장은 시간이 지
남에 따라 변화가 있음을 보게 된다. 패트릭 해밀턴의 순교 이후 수 십
년 동안 윈람의 입장은 분명히 카톨릭 교회에서 중요한 역할을 담당하
였다. 즉 1540년 볼트위크(John Borthwick)의 이단 재판과 1542년 3
명의 마녀 재판에서 윈람은 카톨릭의 재판관이었다. 또한 윈람은 1546
년 위샤트의 종교재판에서도 설교를 하였고, 1550년과 월래스(Adam
Wallace) 재판에 참여하였고, 1558년 밀니(Walter Milne) 이단 심판에
도 재판관이었다. 이처럼 이후 1559년 3월까지도 공의회의 개혁을 주
장하기도 했지만, 여전히 로마교회를 지지한 카톨릭 지도자였다.[28]

그러나 윈람의 종교적인 견해는 1559년 3월 이후 점차 변화되었다.
실제로 윈람은 1559년경 수도원장 제임스 스튜어트 경(Lord James
Stewart)와 관계를 버리고, 자신이 개신교도임를 선언하였다. 실제로
그는 1560년에 개혁의회에 참여하고 '스코틀랜드 신앙 고백서' 초안

27) Reed, *Selected Writings of John Knox*, 14-17.
28) Linda Dunbar, *Reforming the Scottish Church: John Winram and the Example of
Fife* (Hants: Ashgate, 2002), 15-16.

작성에 도움을 주고, 〈제일 치리서〉(The First Book of Discipline) 작
성에도 기여하였다. 1560년 12월에 윈람은 총회의 목사로, 1561년 4
월에는 파이프(Fife)와 스트래썰은(Strathearn) 지역의 감독
(superintendent)이 되었다. 윈람은 이전에 자신이 판결한 볼트위크의
이단 판결을 번복했으며, 이전에 서명한 것도 하나님의 말씀과 율법에
무지한 결과로 일어난 것으로, 자신이 진리의 분명한 대적이었다고 회
고하였다. 결과적으로 보면 윈람은 1559년 이후 거의 20년 이상 동안
스코틀랜드의 종교개혁에 기여한 자로, 결국 윈람은 카톨릭 개혁자에
서 개신교 종교개혁자로 변화된 사람이었다.[29]

맺는 말

낙스와 윈람과의 논쟁을 통해 우리는 초기 스코틀랜드 종교개혁에
있어서 세인트 앤드류스에 있는 카톨릭의 수도원과 대성당의 개혁적
인 성격을 볼 수 있다. 패트릭 해밀턴과 조지 위샤트와 같은 개신교 순
교자들의 영향, 그리고 낙스의 설교와 목회가 세인트 앤드류스의 사제
들에게 적지 않는 영향을 주었음을 보게 된다. 즉 세인트 앤드류스 수
도원의 사제들이 개혁 성향을 지닌 윈람의 영향하에 있었고, 세인트
앤드류스 성당도 개혁 성향의 로기(G. Logie)에 의해 사제들이 훈련되
었다는 점이 그에 대한 반증이다.[30]
다른 한편 스코틀랜드 내의 개신교의 이단을 근절하고자 로마 교황

---

29) Wright, *Dictionary of Scottish Church History and Theology*, 876.
30) Dawson, The Face of ane Perfty Reformed Kyrk, 416; McRoberts, *The Medieval Church of St. Andrews*, 116-17.

이 세인트 앤드류스 대학교를 설립하였지만, 결과적으로 보면 낙스를
비롯한 세인트 앤드류 대학교 출신들이 스코틀랜드 종교개혁에 결정
적으로 기여한 인물을 배출시킨 대학교임을 보게 된다. 따라서 우리는
세인트 앤드류스 수도원과 성당, 그리고 세인트 앤드류스 대학교 내의
개혁 성향의 사람들이 스코틀랜드 종교개혁에 영향을 주었음을 부인
하기 어렵다. 이에 대해 낙스도 개혁 직전 세인트 앤드류스의 수도원
에 숨겨진(crypto) 프로테스탄트들이 있었다고 표현하면서, "세인트 앤
드류스의 여러 사제들이 자신의 분명한 신앙을 고백했고 이들은 자신
들 스스로 교황과 미사 그리고 모든 미신에 대해 명백하게 적의감을
선언했다"고 그의 저서에서 서술하고 있다.[31]

또한 우리는 낙스와 윈람과의 논쟁을 통해 낙스의 초기 개혁, 즉
1547년 세인트 앤드류스에서의 설교와 목회를 통해 개혁자로서의 낙
스의 강한 소명의식을 알 수 있다. 낙스는 하나님 앞에 드리는 예배는
카톨릭의 미사처럼 성찬식을 베푸는 것보다, 설교 즉 말씀의 사역자
하나님의 나팔수로의 소명감을 갖고 세인트 앤드류스에서 개혁적인
설교를 하였고, 윈람과의 논쟁을 통해서 말씀에 근거한 교회론과 성경
적인 교회상을 강조하였다. 결국 낙스의 이러한 개혁적인 성향과 개혁
사상으로, 이후 1560년 '스코틀랜드 신앙고백서'가 채택되고, 1560년
8월 24일 스코틀랜드 의회가 로마 교황의 관할권을 폐지하고, 카톨릭
의 미사를 금지하는 개혁안이 통과되면서, 스코틀랜드에 정치와 종교
의 자유가 보장되는 종교개혁이 성취된 것이다.

---

31) *Works*, 4: 26; Marshall, *John Knox*, 4.

칼빈과 낙스

■

초판 1쇄 인쇄 / 2009년 6월 15일
초판 1쇄 발행 / 2009년 6월 20일

■

편　저 / 홍치모 • 권태경
펴낸이 / 민 병 문
펴낸곳 / 새한기획출판부
100-230 서울 중구 수표동 47-6 천수빌딩 1106호
☎ (02)2274-7809 • 2272-7809
FAX • (02)2279-0090

홈페이지 • http://www.saehan21.co.kr
E.mail • saehan21@chollian.net

■

출판등록번호 / 제 2-1264호
출판등록일 / 1991. 10. 21

정가 10,000원

ISBN 978-89-86234-99-2 03230
Printed in Korea